河北经贸大学学术著作出版基金资助

| 光明社科文库 |

近代日本在朝鲜的
殖民主义教育政策研究

曲 波◎著

光明日报出版社

图书在版编目（CIP）数据

近代日本在朝鲜的殖民主义教育政策研究 / 曲波著
. -- 北京：光明日报出版社，2022.11
ISBN 978 - 7 - 5194 - 6970 - 2

Ⅰ. ①近… Ⅱ. ①曲… Ⅲ. ①日本—教育侵略—教育
政策—研究—朝鲜—近代 Ⅳ. ①G531. 394. 3
②G531. 294. 3

中国国家版本馆 CIP 数据核字（2023）第 059269 号

近代日本在朝鲜的殖民主义教育政策研究

JINDAI RIBEN ZAI CHAOXIAN DE ZHIMIN ZHUYI JIAOYU ZHENGCE YANJIU

著　者：曲　波		
责任编辑：石建峰	责任校对：杨　茹　龚彩虹	
封面设计：中联华文	责任印制：曹　诤	

出版发行：光明日报出版社

地　　址：北京市西城区永安路 106 号，100050

电　　话：010 - 63169890（咨询），010 - 63131930（邮购）

传　　真：010 - 63131930

网　　址：http：// book. gmw. cn

E - mail：gmrbcbs@ gmw. cn

法律顾问：北京市兰台律师事务所龚柳方律师

印　　刷：三河市华东印刷有限公司

装　　订：三河市华东印刷有限公司

本书如有破损、缺页、装订错误，请与本社联系调换，电话：010 - 63131930

开　　本：170mm×240mm		
字　　数：207 千字	印　　张：15	
版　　次：2024 年 1 月第 1 版	印　　次：2024 年 1 月第 1 次印刷	
书　　号：ISBN 978 - 7 - 5194 - 6970 - 2		
定　　价：95.00 元		

前　言

　　日本侵略朝鲜期间，为了实现对朝鲜的永久统治，实施了一系列殖民主义教育政策。伴随着政治统治、经济掠夺和军事侵略，日本在朝鲜的殖民主义教育在不同时期呈现出了不同的特点。本书首先介绍了朝鲜自身传统教育的发展情况，即日本强占前朝鲜教育的基本概况，之后重点论述了自1910年日本强占朝鲜至1945年日本投降期间日本在朝鲜推行的殖民主义教育政策的变化及其实质，同时对朝鲜人民进行的反抗殖民主义教育的斗争也进行了考察。全书由绪论、本论和结论三部分组成。

　　绪论部分主要阐述本书的目的、意义，分析国内外学界的相关研究现状，并说明本书的研究方法。

　　第一章至第五章为本论部分。

　　第一章简要阐述了1910年日本强占之前，即朝鲜近代教育发展的基本概况。为了说明日本对朝鲜人教育的殖民主义性质，首先介绍了朝鲜自身传统教育的发展情况、19世纪末期朝鲜对近代教育的接受、政府引进近代教育制度以及民间建立近代学校的情况。1905年日本在朝鲜确立统监统治以前，由于邻国日本、清朝以及西方传教士的影响，朝鲜人已经认识到封建传统教育的弊端以及引进近代教育的必要性和紧迫性，继而在朝廷的主导下发布新学制，民间也开始兴办私学，基本确立了近代教育的基本框架，初步形成了近代学校教育体系。但统监府成立后，朝鲜主权名存实亡，日本操纵教育权进行学制修改，推行亲日教育，对朝鲜人进行殖民主义教育渗透，朝鲜自主发展近代教育的努力被迫中断。

第二章论述了日本在朝鲜殖民主义教育政策的确立以及朝鲜人对民族教育的坚持。1910 年 8 月日本强占朝鲜后，建立总督府，实行野蛮的武断统治。翌年，朝鲜总督府发布第一次《朝鲜教育令》，确立了"符合时势与民度、培养忠良之国民"的殖民主义教育的基本方针。在此方针的指导下，日本通过缩短教育年限、限制高等教育和师范教育等措施，在朝鲜建立了一套区别于日本国内的，简易而又"实用"的教育体系。为了对朝鲜人进行民族同化教育，日本采取多种措施在学校中普及日语教育。同时，为了培养为其所用的低级劳动者，实业教育受到统治者当局的重视。而对于朝鲜人自己设立的私立学校，日本采取的则是严厉的压制与取缔。尽管如此，朝鲜人并没有放弃自己的民族教育，他们利用书堂、私学、夜学等秘密进行民族教育，传播爱国反日思想。

第三章阐述了"三一"运动爆发后日本在朝鲜殖民主义教育政策的调整情况。慑于"三一"运动中朝鲜人反日情绪的高涨，同时也为侵略中国做准备，日本在朝鲜转而实行"文化政治"。在教育上，总督府发布第二次《朝鲜教育令》，标榜实行与日本国内"一视同仁"的教育方针。具体措施主要体现在扩充普通教育、建立京城帝国大学、加强同化教育和实业教育等方面。但是，这些政策的根本目的在于加强对朝鲜人的怀柔和分化，与日本国内和在朝鲜的日本人相比，民族差别教育依然存在。借此机会，朝鲜的一些有识之士开始探索新的民族解放之路，他们发起了"实力养成"运动，其中包括通过发展近代民族教育培养斗争力量，进而形成了一股教育热，民立大学设立运动和改良书堂运动就是其中的主要表现。在这个过程中，爱国学生也传承"三一"运动的民族独立意志，他们成立各种爱国团体，以同盟休学等形式抗议日本的殖民教育，先后发起了反对日本殖民统治的"六·十万岁"运动和光州学生运动。

第四章论述了日本全面发动侵华战争直至太平洋战争前在朝鲜实施的"皇民化"教育政策。1937 年 7 月后，为了把朝鲜作为稳固的后方基地，日本在朝鲜推出了极端的民族同化政策——"皇民化"政策，在发布第三次《朝鲜教育令》后，开始对朝鲜人进行"皇民化"教育。在学校课程内，通过调整课程内容和设置，如实行常用日语，增设精神教育课，利用体育课和音乐课等对学生灌输"皇民"思想。而在课程外，则通过强迫朝鲜人背诵"皇国臣民誓词"、创氏改名、参拜神社等进行"皇民"武装。在剖析了一系列极端的民族抹杀政策对朝鲜人的民族精神造成的危害后，本章对"皇民化"教育政策的本质进行了分析，并对朝鲜人反抗"皇民化"教育的斗争进行了考察。

第五章论述了日本发动太平洋战争到战败这一时期在朝鲜进行的战时体制下的非常教育政策。1941年日本挑起太平洋战争后，朝鲜被迫进入战时体制。1943年朝鲜总督府发布第四次《朝鲜教育令》，其基本方针是进行"国民炼成"，教育完全被纳入为军事、政治服务的轨道。强化精神教育、扩大工业教育、加强军事教育是战时体制下日本在朝鲜进行的非常教育措施，而对学生进行的兵役动员和劳动动员则进一步使教育丧失了其本来的功能，成为赤裸裸的为战争服务的工具。而对于战时体制下实行的非常教育政策，朝鲜人也进行了不屈不挠的反抗斗争。

结论部分综述了全书要点，重点阐述了日本在朝鲜进行的殖民主义教育的特点及其实质。

目 录
CONTENTS

绪　论

一、研究目的及意义

日本经过明治维新迈入近代资本主义国家行列后，走上了对亚洲邻国进行殖民侵略扩张的道路。伴随着日本对东亚各国的军事侵略、殖民统治和经济掠夺，教育也成为其侵略扩张的组成部分。为了对其占领的国家和地区进行永久的殖民统治，日本一方面加紧对东亚各国的殖民侵略，另一方面企图通过教育手段，强制性地输入"日本文化"与"日本价值观"，彻底地实行民族同化，巩固军事占领成果。日本推行的殖民教育，已经不是传递知识、繁衍文化等功能的一般意义上的教育，而是完全纳入军事、政治的轨道。但是，殖民教育毕竟也是一种教育行为，这就需要着眼于教育本身这一视角，仔细研究日本在其占领地进行殖民教育的制度、方针、课程、教材、学生、师资等一系列问题，以阐明殖民教育的本质。

由于日本在各地的占领呈现割占地、殖民地、租借地等不同形式，日本在各地推行的殖民教育也呈现不同的特点。日本在朝鲜推行的教育是日本对其占领地殖民教育中不可忽视的重要组成部分，具有典型性，主要表现在：

第一，朝鲜是日本殖民侵略的国家中唯一整个国土被强占的国家。第二，日本在朝鲜推行殖民统治和殖民教育时间长达35年。第三，日本殖民教育与殖民政治统治、经济掠夺、军事侵略等紧密联系，不同时期呈现出不同的特点。第四，日本虽然通过武力占领了朝鲜，通过朝鲜总督府强制推行殖民主义教育，但朝鲜人民的反抗斗争从未中断。也就是说，日本在朝鲜推行的殖民教育是伴随着殖民者与被殖民者之间的相互矛盾、斗争进行的。

日本投降以后，日本在朝鲜的殖民主义教育政策及教育侵略受到日本及韩国学界的重视。而同样作为受日本殖民侵略和殖民教育的中国，对日占时期朝鲜教育鲜有人关注，研究成果也寥寥无几。有鉴于此，本书试图通过宏观阐述日本对朝鲜殖民教育政策的纵向结构，微观考察和分析其殖民教育政策实施的具体过程、内容等，探讨日本在不同历史时期对朝鲜实施的殖民教育政策的发展变化及特点，论证殖民教育与殖民统治侵略的内在联系，揭露殖民主义教育的实质。

本研究具有重要的学术意义。

首先，可以拓宽日本对东亚各国侵略历史研究的范围。日本对朝鲜和中国等亚洲国家犯下的侵略罪行中，教育侵略是其重要组成部分。他们一方面企图以军事侵略来征服东亚各国，实现其"大东亚共荣圈"美梦，另一方面又攻心为上，利用各种教育手段，试图彻底泯灭殖民地人民的民族意识，将殖民地人民逐渐培养为低级劳动力和"皇国臣民"。改革开放以来，抗日战争史研究渐成"显学"，研究热潮迭起，成为中国学界一大亮点，但相对于军事侵略和经济侵略，教育侵略仍未受到学界广泛关注，对日占时期包括朝鲜在内的其他国家和其他地区殖民教育的研究成果更是寥寥无几。从不同的视角，用不同的研究方法关注和研究日本对东亚国家进行的殖民教育，探讨其教育实质，不仅有助于全面揭露日本帝国主义对东亚各国的侵略罪行，而且有助于拓宽学术研究领域，加强东亚各国学术交流与合作。

其次，本研究具有重要的现实意义。日本无条件投降虽已过去 70 多年，但时至今日，日本右翼势力仍在不断发表谬论，企图否认侵略战争、掩盖战争罪行，甚至美化战争，主张"侵略有功论"。在教育方面，他们把殖民教育作为侵略战争的"闪光点"努力使其显现出来，大肆颂扬殖民地教育的功绩，宣称其教育为殖民地"带来了先进的日本文化""抵制了西方的文化侵略"，为殖民地"培养了人才"等。本研究可从一个侧面有力揭露其侵略和殖民统治的本质，使右翼势力的诡辩在历史事实面前不攻自破。

二、国内外研究动态

（一）中国方面

在中国，虽然对日本在我国东北、华北等地的殖民教育研究比较活跃，但对于日本在朝鲜的殖民教育研究却比较鲜见，即便有所涉及，也多是简略的介绍。如，《日本侵华教育史》① 的"日本侵华教育与朝鲜、东南亚殖民地教育的比较"中，以 2 页的篇幅简要介绍了日本在朝鲜的殖民教育过程。《日本近现代教育史》② 在论述日本在台湾、"伪满"等地实行的殖民教育政策时，对日本在朝鲜推行殖民教育的内容和过程也有所涉及。另外，在一些日本史、朝鲜史的专著中，如《朝鲜简史》③《日本史》④，对日本在朝鲜的殖民教育也有所介绍。近年来，开始出现有关日占时期朝鲜教育的研究论文，如曲波的《日本在朝鲜的殖民主义教育政策探析——以 20 世纪 10 年代为中心》⑤，但研究方法单一，研究视野偏狭，相关研究人员寥寥无几。总体上来讲，日占时期朝鲜教育研究或日本在朝鲜的殖民主义教育研究尚处在一个起始阶段，研究范围、研究方法等还存在着许多薄弱环节与空白。

---

① 齐红深.日本侵华教育史［M］.北京：人民教育出版社，2002.
② 藏佩红.日本近现代教育史［M］.北京：世界知识出版社，2010.
③ 朴真奭，姜孟山，朴文一，等.朝鲜简史［M］.延边：延边大学出版社，1998.
④ 吴廷璆.日本史［M］.天津：南开大学出版社，1994.
⑤ 曲波.日本在朝鲜的殖民主义教育政策探析——以 20 世纪 10 年代为中心［J］.延边大学学报，2014，47（1）：86-92.

（二）日本方面

日本战败后直到 20 世纪 70 年代，专门研究其在朝鲜的殖民教育的专著比较少，只有《日本教育通史》类中对相关内容有所涉及。日本文部省编《学制 80 年史》① 在"外地教育"部分对朝鲜等地的教育制度进行了叙述，而这些叙述对殖民教育大体上持有美化和肯定的态度。当然也有一些有正义感的学者，站在反对侵略、反思侵略战争罪行的立场上，对日本在朝鲜实行的教育持以批判的态度。如石川松太郎、海老原治善、小泽有作等进步学者从明确战争罪责、促进中日友好的立场出发，努力揭露殖民地教育实质。他们通过《近代教育史》② 《现代日本教育政策史》③ 等专著，揭露日本在朝鲜实施的教育是旨在抹杀民族意识的日语教育和低级的实业教育。小泽有作在《民族教育论》④ 中则进一步指出，日本殖民教育的根本特征就是以同化——皇民化为目的，通过注入日本的历史、文化和生活方式，并教授近代生产技术的初步知识等进行殖民地经营。

进入 20 世纪 80 年代，日本学界对于日占时期朝鲜的殖民教育研究多以实证研究的方法，对总体历史结构的把握敬而远之，而埋头于所谓的个案研究，重视从细微的个别事例或一些局部的问题等微观上进行史实的叙述和考证，很少涉及教育目的、性质等"政治性"问题。由于日本"教科书事件"的影响，研究内容也多以教科书为主。《写在教科书中的朝鲜与日本：朝鲜初等教科书的推移》⑤ 通过对课程安排以及教科书内容的考察，叙述了 1895 年"小学教育令"的制定到 1979 年间初等教育的历史。同样，《日本在朝鲜教了什么》⑥ 也是通过对教科书内容的分析，实证考察

---

① 文部省. 学制 80 年史 [M]. 东京：大藏省印刷局，1954.
② 石川松太郎. 近代教育史 [M]. 东京：诚文堂新光社，1956.
③ 海老原治善. 现代日本教育政策史 [M]. 东京：三一书房，1967.
④ 小泽有作. 民族教育论 [M]. 东京：明治图书出版，1967.
⑤ 李淑子. 写在教科书中的朝鲜与日本：朝鲜初等教科书的推移 [M]. 东京：ほろぶ现代图书，1985.
⑥ 旗田巍. 日本在朝鲜教了什么 [M]. 东京：あゆみ出版，1987.

殖民教育的实态。《韩国的国语、国史教育：朝鲜王朝期·日本统治期·解放后》① 考察了朝鲜的日语、日本历史教育的状况。这些研究，力求"中立"或"客观"，以事论事，很少谈及教育目的、教育性质等深层问题。

20 世纪 90 年代，除《皇民化教育与殖民地国史教科书》②《日本统治末期朝鲜的日本语普及、强制政策》③ 等延续 80 年代实证主义研究方法的研究成果之外，值得注意的是日本学界出现了以藤冈信胜为首的所谓的"自由主义史观"。藤冈信胜在《侮辱的近现代史：现在是克服的时候》④《教科书中不教的历史 1，2》⑤ 等专著中，以极端狭隘的民族主义态度，主张和呼吁应该站在日本人的立场思考日本的历史，声称近代日本发动战争是为了维护日本的国家利益和生存权利。他大肆颂扬其殖民教育为殖民地"带来了先进的日本文化""抵制了西方的文化侵略"、为殖民地"培养了人才"等。其他一些学者也随之主张"殖民地教育近代论"。如古川宣子在《日帝时代普通学校体制的形成》⑥ 中，强调日本强占时期的教育制度虽然是畸形的、殖民性的，但不能否定日本给朝鲜引入了科技教育内容、先进教育学制和体系、教员资格制等近代教育的内容与方法，并使朝鲜人通过规范化的学校制度和教育体系接受近代教育。也就是说，她从两个侧面思考日占时期朝鲜教育的双重性，即殖民性和近代性。

进入 21 世纪，日本学界开始出现了从多元视角研究殖民地时期朝鲜教

① 森田芳文. 韩国的国语、国史教育：朝鲜王朝期·日本统治期·解放后 [M]. 东京：原书房，1987.

② 礒田一雄. 皇民化教育与殖民地国史教科书 [M]//近代日本与殖民地 4. 东京：岩波书店，1993.

③ 井上薰. 日本统治末期朝鲜的日本语普及、强制政策 [J]. 北海道大学教育学部纪要，1997，73.

④ 藤冈信胜. 侮辱的近现代史：现在是克服的时候 [M]. 东京：德间书店，1996.

⑤ 藤冈信胜. 教科书中不教的历史 1，2 [M]. 东京：产经新闻，1996.

⑥ 古川宣子. 日帝时代普通学校体制的形成 [D]. 首尔：首尔大学，1996.

育的论文和著作。稻叶继雄的《宇垣总督时代的朝鲜教育》① 《山梨总督时代的朝鲜教育》② 分别通过对当时总督府内教育行政官员的思想和履历考察，分析他们对朝鲜教育政策制定方面所起到的影响和作用。佐野通夫的《日本殖民地教育的开展与朝鲜民众的对应》③ 则把考察的重点放在了朝鲜民众对日本殖民政策的应对上。他认为殖民地初期朝鲜民众对于日本开设的学校持回避的态度，20 世纪 20 年代以后开始渐趋接受。本间千景的《韩国并合前后的教育政策与日本》④ 一书，以 1905 年朝鲜沦为日本保护国到 1911 年朝鲜第一次《朝鲜教育令》颁布为止的日本教育政策变化为主线，考察了日本确立殖民教育政策的过程。《殖民地朝鲜的学校教员——初等教员集团与殖民地支配》⑤ 一文认为，作为殖民地教育的担当者，教员应着眼于教员中朝鲜人与"内地人"的差别、男性与女性的差别、在朝鲜培养的教员与"内地"招聘教员的差异、京城师范学校毕业者与其他师范学校毕业者的差异等诸多差异，要善于因地制宜。

综上所述，由于日本是直接推行殖民教育的当事国，对其在朝鲜的殖民教育研究比较活跃，不同时期呈现不同的特点。从学者的研究视角与立场而言，既有对日本殖民教育持批判态度的学者，也有公然主张"殖民教育有功"论或"殖民地教育近代化"论的学者，还有一些注重某一个侧面的实证研究，就事论事，很少涉及教育目的、教育性质的"中立"学者。在研究内容上，相对集中于日占时期日本对朝鲜的教育政策研究和学校教育过程的研究，对朝鲜民众的教育态度、教育心理以及朝鲜民众对殖民教育的抵抗等方面的"换位"研究较少。

---

① 稻叶继雄. 宇垣总督时代的朝鲜教育 [J]. 大学院教育学研究纪要，2001，4.
② 稻叶继雄. 山梨总督时代的朝鲜教育 [J]. 大学院教育学研究纪要，2005，8.
③ 佐野通夫. 日本殖民地教育的开展与朝鲜民众的对应 [M]. 东京：社会评论社，2006.
④ 本间千景. 韩国并合前后的教育政策与日本 [M]. 京都：思文阁出版，2010.
⑤ 山下达也. 殖民地朝鲜的学校教员——初等教员集团与殖民地支配 [J]. 九州大学出版会刊，2011.

（三）韩国方面

在韩国，对日占时期朝鲜殖民教育的研究相当活跃，成果也颇丰。下面主要从五个方面考察韩国学界在这方面所取得的研究成果以及存在的问题。

第一，从韩国教育通史的角度，全面概括叙述日占时期朝鲜殖民教育。李万圭的《朝鲜教育史（下）》①、吴天锡的《韩国新教育史》②、韩国教育史研究会的《韩国教育史》③ 等，对日本殖民教育的方针政策、殖民教育的实施以及朝鲜人对殖民教育的抵抗等进行了总体的把握和概括。朴尚万的《韩国教育史（中）》④、韩基彦的《韩国教育史》⑤、车锡基和申千湜合著的《韩国教育史研究》⑥ 等，主要着眼于日本在朝鲜实施殖民教育的过程，重点探讨殖民地教育的实质及影响。韩国教育研究所的《韩国教育史——近现代篇》⑦ 除对近现代时期朝鲜教育发展脉络进行简要梳理以外，还对学生运动、教员运动、新干会的教育抵抗活动等问题进行了论述。李惠英的《韩国近代学校教育百年史研究Ⅱ：日帝时代的学校研究》⑧ 一书也以百年史的宏观视角，梳理了朝鲜近现代发展沿革，强调日本殖民教育政策基调是皇民化和愚民化，而韩国人的行为则表现为双重性，即顺应和抵抗。上述研究成果，除采用了史料分析、史论结合的传统研究方法外，还运用了口述史的方法。因为是通史，多从宏观着眼，有利于从总体上把握日占时期朝鲜教育的基本脉络和轮廓，但也存在具体脉络和细节不清楚、很难做到史料突破等局限。

---

① 李万圭. 朝鲜教育史（下）[M]. 首尔：거름，1991.
② 吴天锡. 韩国新教育史 [M]. 首尔：现代教育丛书出版社，1964.
③ 韩国教育史研究会. 韩国教育史 [M]. 首尔：教育出版社，1972.
④ 朴尚万. 韩国教育史（中）[M]. 首尔：中央教育研究所，1957.
⑤ 韩基彦. 韩国教育史 [M]. 首尔：博英社，1963.
⑥ 车锡基，申千湜. 韩国教育史研究 [M]. 首尔：载东文化社，1969.
⑦ 韩国教育研究所. 韩国教育史——近现代篇 [M]. 首尔：草色出版，1993.
⑧ 李惠英. 韩国近代学校教育百年史研究Ⅱ：日帝时代的学校研究 [M]. 首尔：韩国教育开发院，1997.

第二，从民族主义的视角研究日占时期朝鲜民族教育的发展。孙仁铢的《韩国近代教育史》① 和卢荣泽的《日帝下民众教育运动史》② 分别对私学和民间主导的夜学、书堂、讲习会等教育机构开展的民族教育活动及其历史意义进行了考察。车锡基的《韩国民族主义教育的研究》③ 一书，则通过对民族教育机构开展的朝鲜语、历史、地理、音乐、体育等教育课程，以及学生抗日运动事例的考察，展示了朝鲜民族教育的抵抗。除了上述专著以外，金镐逸在《近代私立学校的设立理念研究》④ 一文中，把近代私立学校的设立理念归结为基督教主义、文化主义、民族主义；郑慧静在《1920，30 年代韩国近代教育思想的展开与评价》⑤ 一文中，把日占时期朝鲜近代教育的思想分为自由主义、社会主义及天道教三类。上述研究着眼于朝鲜人的民族教育抵抗及民众教育的实态，强调教育发展的内在规律，即强调如果没有日本的侵略，朝鲜可能会走上正常的近代化发展道路。这些研究在克服殖民史观的层面上具有积极的意义，但存在过于强调民族主义的倾向，缺乏对殖民教育的整体把握和论证。

第三，对学校教育中课程及教科书的研究。刘奉镐的《韩国教育课程史研究》⑥、咸宗圭的《韩国教育课程变迁史研究》⑦ 等，按不同历史时期整理和研究了与教育课程相关的法规、课程安排等内容。金翰宗的《朝鲜总督府的教育政策与教科书发行》⑧、许载英的《日帝强占期朝鲜总督府

① 孙仁铢. 韩国近代教育史 [M]. 首尔：延世大学出版部，1971.
② 卢荣泽. 日帝下民众教育运动史 [M]. 首尔：探求堂，1979.
③ 车锡基. 韩国民族主义教育的研究 [M]. 首尔：进明文化社，1976.
④ 金镐逸. 近代私立学校的设立理念研究 [J]. 史学研究，1973（23）：97–122.
⑤ 郑慧静. 1920，30 年代韩国近代教育思想的展开与评价 [J]. 韩国教育史学，2000，22（2）.
⑥ 刘奉镐. 韩国教育课程史研究 [M]. 首尔：教学研究社，1992.
⑦ 咸宗圭. 韩国教育课程变迁史研究 [M]. 首尔：淑明女子大学出版部，2003.
⑧ 金翰宗. 朝鲜总督府的教育政策与教科书发行 [J]. 历史教育研究，2009（9）：295–329.

的教科书政策与教科书编纂实态》① 立足朝鲜总督府时期的教科书政策和教科书出版发行,重点研究朝鲜总督府的教科书。另外,还有很多研究集中在修身、日语、朝鲜语及汉文、地理、历史等具体课程或教科书分析上。如李元浩的《日帝下修身科教育研究》②、崔勇基的《日帝强占期的国语政策》③、李秉谈的《日帝强占期初等学校地理教科书中体现的日本主义与殖民性》④、崔阳镐的《日帝统治下韩国初等国史教育课程研究》⑤等。以上研究多采用实证主义的研究方法,基于课程和教科书分析,重点揭露日本对朝鲜人进行的同化教育以及旨在泯灭朝鲜人民族意识的殖民教育实质。

第四,对不同阶段学校教育的研究。韩祐熙的《日帝殖民统治下朝鲜人的教育热研究——以 1920 年代公立普通学校为中心》⑥ 和吴成哲的《1930 年代韩国初等学校研究》⑦,分别对 20 世纪一二十年代的初等学校"教育热"进行了关注,韩祐熙指出,主导"教育热"并享受普通学校教育福利者主要是资产阶级,因此,应从经济层面深入考察"教育热"现象及其实质。而吴成哲认为,这一现象的出现不仅源于日本殖民者对低级劳动力的需要,而且朝鲜人的入学要求也是滋长"教育热"现象的重要原因。对中等教育的研究中,朴哲熙的《殖民地时期韩国中等教育研究

① 许载英. 日帝强占期朝鲜总督府的教科书政策与教科书编纂实态 [J]. 东洋学, 2009 (46): 43-64.
② 李元浩. 日帝下修身科教育研究 [D]. 釜山: 釜山大学, 1997.
③ 崔勇基. 日帝强占期的国语政策 [J]. 韩国语文学研究, 2006 (46): 9-32.
④ 李秉谈. 日帝强占期初等学校地理教科书中体现的日本主义与殖民性 [J]. 日本语文学, 2010, 47.
⑤ 崔阳镐. 日帝统治下韩国初等国史教育课程研究 [J]. 历史教育, 1990 (48): 47-116.
⑥ 韩祐熙. 日帝殖民统治下朝鲜人的教育热研究: 以 1920 年代公立普通学校为中心 [J]. 教育史学研究, 1990 (2-3): 121-135.
⑦ 吴成哲. 1930 年代韩国初等学校研究 [D]. 首尔: 首尔大学, 1996.

（1920—1930）》① 一文，除史料分析外，还特别运用口述资料，考察了1920—1930 年朝鲜高等普通学校的课程、纪律、课外活动等，并通过朝鲜人中等学校与在朝日本人中等学校的规模、设施、毕业后去向等方面的比较，揭示了日本对朝鲜人教育的殖民性。朱益钟在《1930 年代中叶以后朝鲜人中等教育的扩充（1935—1943）》② 一文中，运用经济学的分析方法，从需求与供给两方面入手，认为朝鲜和日本分别是教育服务的消费者和供给者，这一时期中等教育的扩充不仅与日本的军需工业和皇民化政策有关，而且与朝鲜人的教育需求有关，朝鲜人对未来就业机会和社会地位的渴望，助长了朝鲜人的教育需要，由此导致了朝鲜人"教育热"的出现。他的这种论证和结论，引发了一些争议，尤其遭到了一些民族教育者的反驳和谴责。高等教育研究中，车锡基的《日帝下民立大学设立运动》③ 对朝鲜人自主创办大学的过程进行了考察。郑善伊的《京城帝国大学的性质研究》④ 对日本在朝鲜设立的唯一一所大学——京城帝国大学的设立及其运营进行了研究，认为日本设立京城帝国大学的目的，并不是为了牵制朝鲜民立大学设立运动，而是根据其殖民地统治需要及殖民政策的变化而做出的决定。

第五，对日本的教育政策进行宏观的把握和考察。郑在哲在《日帝对韩国殖民地教育政策史》⑤ 一书中，运用大量史料，集中分析了日本的教育政策、教育方针、教育课程、教科书内容等，认为日占时期朝鲜教育旨在抹杀朝鲜人的民族性，是强制把朝鲜人化为所谓"日本臣民"的过程，因此教育完全超出一般教育的轨道，是赤裸裸的殖民同化教育。此书过于

① 朴哲熙. 殖民地时期韩国中等教育研究（1920—1930）［D］. 首尔：首尔大学，2002.
② 朱益钟. 1930 年代中叶以后朝鲜人中等教育的扩充（1935—1943）［J］. 经济史学，1998（24）：97-137.
③ 车锡基. 日帝下民立大学设立运动［J］. 教育问题研究，1989（2）：1-9.
④ 郑善伊. 京城帝国大学的性质研究［D］. 首尔：延世大学，1998.
⑤ 郑在哲. 日帝对韩国殖民地教育政策史［M］. 首尔：一志社，1985.

集中在对教育令、教科书等内容的静态分析上，缺乏对朝鲜人和日本殖民者间相互对立以及相互妥协等曲折过程的动态把握。弘文宗的《日本在朝鲜的殖民地教育政策 1910—1945》① 一书，在前半部分分别介绍了殖民教育的类型、理论背景、日本教育通史及日本殖民政策的理念根源，这些内容为日本殖民教育研究提供了一定的理论框架和背景知识。基于这种理论根基，其书的后半部分对日本在朝鲜的殖民教育政策进行了较为深入而细致的梳理。金在祐的《朝鲜总督府教育政策的分析研究》② 一文，对朝鲜总督府的教育政策进行宏观梳理，认为日本在朝鲜推行的教育政策是为了适应统治殖民地人民、镇压民族教育、抹杀民族意识的需要而制定的，有其深刻的历史背景和现实需要。他对日本的教育政策本质进行了宏观的论证和分析，但没有进行历史分析，因此未能体现出不同历史背景下日本殖民教育政策的变化轨迹，而且对于朝鲜人的教育应对也未涉及。

综上所述，韩国学界对日本在朝鲜殖民教育的研究成果最为丰富，但也存在一定的问题。在研究内容上比较分散，具体领域和个别问题的研究成果较多，即微观研究较多，宏观着眼较少。在研究视角上，尤其是涉及民族教育部分时，不免有一些极端民族主义或狭隘民族主义色彩过浓的问题，不能客观对待日占时期殖民地教育。还有一些学者受"殖民地近代化"论的影响，研究视角和观点上不同程度地带有"殖民地教育近代化"的倾向。

（四）朝鲜方面

南北分裂后，朝鲜对日本的殖民教育政策也进行了一定的关注与研究。但由于现实条件的制约，笔者无法对朝鲜学界的相关研究状况进行全面的考察，目前掌握的仅有朴德俊的《朝鲜近代教育史》③ 一书。作者从马克思主义唯物史观出发，考察和分析朝鲜近代教育的发展过程以及日本

① 弘文宗. 日本在朝鲜的殖民地教育政策 1910—1945 [M]. 首尔：学志社，2003.
② 金在祐. 朝鲜总督府教育政策的分析研究 [D]. 首尔：汉阳大学，1987.
③ 朴德俊. 朝鲜近代教育史 [M]. 首尔：한마당，1989.

强占朝鲜前后的教育政策,认为日本对朝鲜施行的教育是殖民地奴化教育。与此同时,作者对朝鲜民族教育以及朝鲜人对日本奴化教育进行的不屈不挠的斗争也不吝笔墨。遗憾的是,该书的研究范围仅截止到 20 世纪 20 年代,之后朝鲜对日本殖民教育政策的研究状况则无从了解。

三、研究方法

第一,坚持马克思主义唯物史观的基本观点,注重吸收、参考国内外的相关研究成果,立足史实,史论结合、史论并重,对日本在朝鲜推行的殖民主义教育政策进行客观地剖析和论证,防止以偏概全、以点带面。

第二,采用宏观与微观相结合的方法,以日本对朝鲜教育政策的纵向变化为主线,着眼于教育本身,即深入研究教育方针、学制、学校的课程、教材、师资等教育内部的微观问题,同时把视线转向外部,着重分析教育同政治统治、经济掠夺、军事侵略、文化武装等外部宏观背景的密切关系,点面结合,揭示日本殖民教育政策的发展脉络和基本内容。

第三,运用比较研究方法。在论述相关问题时,将日本在朝鲜推行的针对朝鲜人的教育政策与针对在朝鲜的日本人的教育政策以及同一时期日本国内的教育政策进行比较,充分揭露日本在朝鲜推行的殖民主义教育的本质。另外,本书还将日本不同时期在朝鲜实施的殖民教育政策进行比较,并阐释其原因。其中主要分为五个时期,划分的依据主要有两个:一是日本当局发布的教育法令,即四次《朝鲜教育令》的发布;二是发生的重大历史事件,如《乙巳条约》《日韩合并条约》的签订,以及"三一"运动、中日战争、太平洋战争的爆发等。

第一章

日本强占前朝鲜教育的发展概况

日本虽然于 1910 年正式开始对朝鲜进行殖民统治，进而实施殖民主义教育，但要全面分析并研究日本殖民主义教育的特点、性质以及对朝鲜造成的影响，还需要对日占前朝鲜教育发展的基本情况进行考察。本章着重论述 19 世纪末朝鲜传统封建教育的发展情况、对近代教育的感受以及统监府时期日本对朝鲜教育的殖民主义渗透。这里的近代教育主要是相对于东亚国家的传统儒家教育而言，源于西方欧美国家的教育制度、内容与理念等。

第一节 封建传统教育制度及运行

一、教育机关与教育思想

19 世纪末，接触西方近代文明以前，朝鲜教育历经数千年发展，逐渐形成了一套相对完整的教育制度和体系。

朝鲜的教育机关主要由成均馆、四学、乡校、书院及书堂构成。从教育水平来看，成均馆相当于高等教育机关，四学、乡校和书院属于中等教育机关，书堂进行初等教育。在行政管理上，成均馆和四学只在京城设置，由国家直接设立、经营与维持，最高行政机关议政府下设的礼曹对其进行管理。乡校由地方官厅负责，礼房对其进行管理，书院及书堂由个人进行经营。在法令与规定上，朝鲜王朝初期制定的《学令》与《经国大典》是各教育机关运行的基本法规，对学生课程、每日活动、读书、讲经、成绩以及学生的言行等各项制度进行了规定。下面分别介绍各教育机关的教学与运行。

（一）成均馆

成均馆相当于近代的大学，其前身是创办于高句丽时期的太学，兼有祭祀和教育功能。根据《经国大典·吏典》规定，馆内设官员 38 人，"成均馆掌儒学教诲之任"，分别为知事、同知事、大司成、司成、司艺、祭酒、司业、直讲、典籍、博士、学正、学录和学论。① 馆内招收具有进士或生员资格的儒生，定员为 200 人。

由于儒学是朝鲜王朝的统治思想，成均馆的学习科目也以儒家经典为中心，主要有"四书五经"及《近思录》《性理大全》《通鉴》《左传》《宋元节要》《经国大典》《东国通鉴》等，这些科目与朝鲜科举考试中文科考试的内容是相对应的。在讲授方法上，相对于学官的讲解，更强调儒生的个人学习。对于所学内容，儒生要回答学官的质询，学官满意后方可进行后面内容的学习，因此每个儒生的学习内容和进度各不相同。在学习内容的考核上，主要有学官日讲、礼曹月讲、学官旬制、议政府和六曹的堂上官每年 3 月 3 日和 6 月 6 日进行的年考。学官日讲与礼曹月讲为讲经考试，学官旬制与春秋年考为制述考试。讲经即对某经书的部分内容进行背诵与讲解，制述意为写某种文体的文章，如学官旬制的上旬文体为疑、议、论，中旬为赋、表、颂、铭、箴，下旬为对策与记。《经国大典·吏典》讲经考试成绩记为"通""略""粗""不"四等，制述成绩共分九个等级。② 这些考试成绩在官员推荐和文科考试中起一定的参考作用。此外，

---

① 经国大典，吏典，京官职，正三品衙门，成均馆．
② 经国大典，礼典，诸科，评价．

成均馆的学生还可通过各种特殊考试直赴文科初试、会试、殿试，或给予特别的恩典，如三年举行一次的式年试。文科初试中，通过成均馆的馆试选拔 50 人，在馆学习 300 天以上的进士或生员给予应试的资格。

成均馆承担了"明人伦，成人才"① 的教育使命，其教育目的不仅在于学问的学习，还致力于培养国家统治所需要的人才和官吏。在学习内容和考核形式等方面，成均馆都与选拔官员的科举制有着密切的关系。成均馆作为朝鲜的最高学府，不仅推动了朝鲜儒学的发展，也为朝鲜王朝培养了大批治国理政的人才，成均馆教育是朝鲜传统高等教育制度发展的最高峰。

（二）四学

四学位于京城，与成均馆一样同为官学，分别为东学、西学、南学及中学，各招收 100 人。8 岁以上，具有良人② 以上身份的人可以入学，学生不限于京城，地方学生经过推荐也可入学。四学的教育思想、方法与成均馆相同，只是学习内容要简单。学习科目以《小学》和"四书"为主，《孝经》《三纲行实》《朱子家礼》《史略》也广泛学习。四学的学生可以参加成均馆举行的升补试，合格后进入成均馆继续学习，也可参加生员试和进士试。

四学内设教授与训导各两人，"掌训诲所管儒生"。《经国大典·吏典》对学生成绩的评价有讲经和制述两种形式，主要通过学馆内日讲、礼曹月讲、四学合制等进行。其中，四学合制的讲经考核内容为"四书"，要求背诵，每学选拔 10 人，共 40 人；童蒙考《小学》，背诵 4 处，每学选拔 10 人，共 40 人。共计 80 人通过合讲试取。制述考试中，每学选 40 人，共 160 人，由大司成试取。《经国大典·吏典》学馆与礼曹的讲经考试成绩在年末时经过综合计算后报告给国王，在升补试或进士试、生员试中作为参考。

---

① 郑道传．三峰集（卷 7），朝鲜经国典，学校，1869.
② 良人指非奴婢的一般百姓。

（三）乡校

乡校的渊源可以追溯到三国时期，朝鲜时达到繁盛，每个郡设置一所。乡校属于地方中等教育机关，由各道的首领监司负责监督与管理。虽由地方财政运营，但为了鼓励地方发展教育，国王也经常下赐学田，派遣守令和教授官负责乡校的设置与教育，并把乡校的发展情况作为考核地方官员的评判标准之一。①

乡校在制度上模仿了成均馆，不仅供奉儒家先贤，也兼具教育功能。校内设教授、训导和学长，人数和职责根据学校规模大小而不同，学生数量多的 90 人，少则 30 人。② 学习科目分为儒家经典、史书、文学，最主要的是"四书五经"、《小学》《家礼》，其次是《孝经》《性理大典》《三纲行实》《近思录》《通鉴》《宋元节要》《楚辞》《柳文》《古文珍宝》等。

乡校学生的考核形式也分为讲经和制述。讲经为每天进行的日讲，制述由守令每月进行两次，为月课，月末将成绩优秀者报告给观察使，减少其户役。每年六月的都会也进行讲经和制述考试，给予成绩优秀者直接参加生员、进士试复试的特别资格。对于日讲、月课成绩不好者，则使他们转学译、医、律或做书吏（一种下级官吏）。

除学校教育外，乡校还发挥了社会教育的功能。通过把《三纲行实》翻译成韩文，举行讲习会，向妇女和儿童讲授。养老礼、乡饮礼、乡射礼等仪式的举行，也对敬老、礼仪、德行等方面的教化起到了推动作用。③

（四）书院

朝鲜最早的书院受到朱熹白鹿洞书院的影响，由丰基郡守周世鹏于 1543 年建，名为白云洞书院。1550 年，名儒李滉建立绍修书院，并受到国王的赐匾，为赐额书院。此后的书院也多受到朝廷下赐的牌匾、书籍、田

---

① 资料来源：国史编纂委员会．韩国史数据库．
② 吴天锡．韩国新教育史［M］．首尔：现代教育丛书出版社，1964：28.
③ 吴天锡．韩国新教育史［M］．首尔：现代教育丛书出版社，1964：29.

地、奴婢等，可见书院是由个人设立的民间教育机关，政府对其实行支持和奖励政策。

书院一般由士林人士建立于乡野之中，建有奉祀名儒先贤的祠和进行教育活动的斋，同成均馆和乡校一样，兼有教育和祭祀的功能。书院的儒生都为地方青年子弟，教师一般由上有司、山长、洞主、首任、院长等担任，大多是可为人师表的退休官员、隐退之士或博学德高之人。来书院学习的儒生大都以参加科举考试为目的，各书院的学习内容虽有不同，但《小学》、"四书五经"是必学的教材。儒生的学习和考核主要是讲经和问答，讲经按时间分为日讲、望讲、月讲和旬讲。

由于朝廷对书院的支持，书院数量一度迅速扩大，朝鲜肃宗时期一个道内达到了八九十所。① 但到了 17 世纪中后期，书院的弊端和问题开始显现，书院逐渐成为士林势力的聚集之地，激化了门阀派系和朋党政治。大院君主政时期，实行了裁撤书院的政策。19 世纪中叶后，大多数书院已经丧失了其教育功能。②

（五）书堂

书堂源于高丽时期，是由纯粹的民间力量设立的初等教育机关。与官学相比，书堂数量众多，设置于各个村落，主要针对一般百姓子弟提供最初级的教育。

书堂的成立比较简单，一名训长和一间教室即可，训长并不需要学问深厚，对汉文有一定认知就可以担任。一般有四种成立方式，一是训长自身为了生计或事业经营书堂；二是较富裕的有志人士成立书堂教育自家子弟；三是几人联合共同招收一名训长成立书堂；四是一个村子设置一个书堂。③ 书堂的学童年龄大小不一，7、8 岁和 15、16 岁的较多，也有更大的。

---

① 国史编纂委员会. 韩国史（10）[M]. 首尔：探求堂，1981：120.
② 吴天锡. 韩国新教育史 [M]. 首尔：现代教育丛书出版社，1964：31.
③ 吴天锡. 韩国新教育史 [M]. 首尔：现代教育丛书出版社，1964：32.

书堂的学习科目一般从《千字文》开始，以后逐渐学习《童蒙先习》《通鉴》《小学》《四书五经》《史记》唐宋文及唐律。除了讲读这些书外，还进行制述和习字。完成书堂教育后，学童可进入上一级学校，即乡校或四学继续学习。

朝鲜传统教育制度下，没有国家组织建立的初等教育机关。书堂以其简单灵活的组织形式，通过教授初步的汉文和儒学知识，承担了一般百姓子弟的初等教育任务，其意义是不言而喻的。

以上考察了朝鲜传统封建教育机关的设立、运行及教育内容等，可以发现这些教育机关之间呈现了一定的阶梯形态，但联系不紧密；教育内容主要以汉文儒家经典为中心，不能学以致用；政府官学对教育对象存在限制，能够接受中、高等教育的多数为特权阶层。到了朝鲜王朝末期，当日本帝国主义和西方列强加紧侵略包括朝鲜在内的亚洲国家时，朝鲜这种传统教育制度、教育思想、教育内容和方法已经远不能满足当时的时代需求。因此，当近代教育制度传入时，朝鲜对其打开大门，敞开了怀抱，对传统教育机关或废除，或进行了近代化改良。

二、科举制度

朝鲜的科举制度受到中国的影响，建立于高丽时期，朝鲜王朝时期沿袭了这一制度，并进行了整备。科举是朝廷选拔高级官吏的最主要手段，所有的官学教育都是围绕科举进行，儒生们的向学目的也是期望通过科举走向仕途，实现个人发展，因而科举与教育有着非常密切的关系。朝鲜的科举考试分为生员进士试、文科、武科和杂科。

（一）生员进士试

生员进士试选拔生员和进士。完成四学或乡校学习的儒生可以参加生员进士试，合格者获得成均馆的入学资格，而后可以参加文科考试。生员进士试可以说是文科的预备考试，等于提前摘得了参加文科考试的资格。

生员试的考试科目是五经义和四书疑各一篇。五经义是在《诗经》

《书经》《周易》《礼记》《春秋》中每书各出一题，之后改为选其中之一出题。四书疑是在《论语》《孟子》《大学》《中庸》中出一题。进士试的考试科目是诗、赋各有一题，后改为二者择一。

生员试和进士试都需经过初试、复试两轮考试，初试选拔生员和进士各100人进入复试。初试在京城进行首尔试，地方进行乡试。除了这种正规初试外，儒生还可通过升补试、合制、公都会等形式，获得复试资格。升补试是成均馆的大司成对四学的儒生进行的诗、赋考试。合制也是针对四学的儒生，分为讲经和制述。公都会针对四学和乡校的儒生，每年6月，三品以下的文臣对四学的80人进行讲经或诗、赋考试，选拔10人进入生员进士试的复试，地方各道的观察使每年6月设立都会所，令文官对道内乡校的儒生进行讲经和制述考试，在忠清道、全罗道和庆尚道每道选5人，其他道各选3人进入复试。①

复试在京城举行，最终生员和进士各选拔50人。考试结束后，发布合格者的名单，即放榜，并举行放榜仪式。国王端坐于宝座之上，文武百官列于两侧，合格者依次上前向国王参拜行礼，并接受下赐的白牌和酒果。生员和进士还与文科及第者一起骑马进行游街庆祝，之后举办闻喜宴、恩门宴款待亲人和试官。

考取生员、进士后，进入成均馆继续学习，文科考试及第后走上为官之路是最顺利的路线，但这只限于少数人。朝鲜王朝举行的229次生员进士试中，合格者共47748人，502年中相当于每年选拔95人，而这些人中只有约占6.4%的7438人通过文科考试及第。② 剩下的人中，一部分人通过荫试③或取才④获得官职，另一部分人也可凭借两班的身份，有权对地方乡民、下层民众进行教化，获得纳税、兵役、婚姻等方面的各种特权。

---

① 国史编纂委员会．韩国史（10）［M］．首尔：探求堂，1981：129.
② 国史编纂委员会．韩国史（23）［M］．首尔：探求堂，1994：345.
③ 荫试是儒生不通过科举，凭借功臣或现任堂上官的子孙的身份成为官员。
④ 取才是选拔下等官员的考试。

因此，哪怕不能文科及第，儒生们也奋力成为生员或进士。

（二）文科

文科考试选拔文官，为式年试，每三年举行一次，具有生员或进士资格的儒生可以参加。参加式年试需经过三次考试，分别为初试、复试和殿试。初试于式年的上一年秋天举行，复试和殿试在式年的春天举行。

初试要经过初场、中场和终场三场考试，中间各相隔一天。初场考经学，中场考诗、赋、表，终场考时务策，但不同时期也有调整。初、中、终场的分数计算在一起，作为最终成绩。初试在首尔、成均馆和各道举行，称为首尔试、馆试和乡试，分别选拔 40 人、50 人和 240 人。首尔试针对京城和京畿道内没有进入成均馆内学习的生员、进士。馆试针对成均馆的儒生，在成均馆获得 300 点，即在成均馆学满 300 天就可以参加。乡试在该地的生员进士试结束后的同一地点举行，只是考试科目和录取人数有所差别。

复试也分为初场、中场和终场，考试科目与初试相同。但复试有"科落制度"，在初场讲经中，如果每门的成绩不能达到"粗"以上，不能参加后两场考试。复试选拔 33 人，进入最后的殿试。

殿试是国王亲临现场对经过复试选拔的 33 人通过考试决定他们为官等级。殿试的考试科目几经变化，《经国大典》规定考对策、表、笺、箴、颂、制、诏其中之一，但一般都是考对策。殿试惯例是由作为考试官的读券官进行出题，征得国王的同意后再由儒生们作答，有时也会由国王亲自出题。由于殿试只是决定考试者的为官等级，因此很少有人落榜。如果文章没有完成或文理不通，可以等到下一式年重新参加殿试。

由于录用人数和考试次数的限制，式年试并不能满足儒生进行科举考试的要求和国家对人才的需求。因此，一般在国家有庆事或给文武百官和成均馆儒生鼓舞士气时，朝廷还另设一些不定期的别试，主要有增广试、别试、庭试、谒圣试、春唐台试、外方别试、黄柑试等，这些考试在考生资格或难度上与式年试相比会有所降低。

（三）武科

武科是选拔武官的考试，同文科一样每三年举行一次式年试，除了贱人①以外的人都可参加。武科式年试也分为初试、复试、殿试三个阶段。

初试在式年前一年的秋季举行，分为训练院②举行的院试和各道兵马节度使主管的乡试，院试选拔 70 人，乡试选拔 120 人。初试的考试科目只有武艺，包括木箭、铁箭、片箭、骑射、骑枪、击球，之后在保留了木箭、铁箭、片箭基础上，又增加了骑刍、柳叶箭、鸟铳、鞭刍。③

复试于式年的春季在首尔举行，共选拔 28 人给予武官的任命资格。复试的考试科目分讲书和武艺，其中武艺的考试内容与初试相同，讲书考察对"四书五经"（择一）、"武经七书"（择一）、《通鉴》《兵要》《将鉴》《博议》《武经》《小学》（择一）及《经国大典》的阅读、背诵和理解。

殿试是对通过复试的 28 人进行为官等级的评定。殿试考骑击球和步击球，后在武艺 11 技中选择 1 或 2 个进行考定。

除式年试外，武科也设有各种别试，主要有增广试、谒圣试、重试、拔英试、庭试、观武才、外方别试、登俊试、进贤试等。

朝鲜王朝后期几次战乱的发生，使得国家对武艺人才的需求激增，因此武科通过增加式年和别试的举办次数、降低甚至取消身份限制等手段来增加武官的录用人数。这也导致武科的权威性降低，两班子弟避而远之，下层人民则利用其上升身份、免除赋役。

（四）杂科

杂科是选拔技术官员的考试，有医科、译科、阴阳科和律科，其中译

---

① 贱人一般指奴婢及从事曲艺、巫术、屠宰、娼妓等人。

② 训练院主管武艺训练、兵书习读，并选拔武艺人才。

③ 木箭、铁箭、片箭、柳叶箭、鸟铳都是对不同距离的标物射箭；骑射是骑马对相隔一定距离的多个标物射箭；骑枪是骑马对相隔一定距离的几个稻草人投矛；击球是骑马用木棍把放在前方一定距离的球击入球门；骑刍是骑马对相隔不同距离的几个稻草人射箭；鞭刍是骑马用铁鞭击打相隔一定距离的几个稻草人。这些技艺加上讲书，为武艺 11 技。

科包括汉学、蒙学、倭学和女真学，阴阳科包括天文学、地理学和命课学。杂科设有式年试和增广试，通过初试、复试两次选拔，考试科目主要是相关的专业书、经书及《经国大典》。各科的选拔人数和主管官厅如表1-1所示。

表1-1　杂科选拔人数与主管官厅

类别		初试选拔人数	复试选拔人数	主管官厅
译科	汉学	中央23 黄海道7 平安道15	13	司译院
	蒙学	4	2	
	倭学	4	2	
	女真学	4	2	
医科		18	9	典医监
阴阳科	天文学	10	5	观象监
	地理学	4	2	
	命课学	4	2	
律学		18	9	刑曹

资料来源：国史编纂委员会. 韩国史（10）[M]. 首尔：探求堂，1981：182.

　　杂科选拔的技术官员虽都是朝廷实行各项政策不可或缺的，但不论从观念还是制度上，杂学都受到两班阶层的排斥。从杂科选拔的人数相对较少，选拔考试中没有殿试这一程序也能看出杂科的地位。因而，杂科也逐渐成为下层民众谋求身份地位上升的道路之一。

　　从制度上来看，通过科举考试选拔官员，激励儒生钻研学问的同时，也为青年子弟的为官开启了公平竞争之路。但到了朝鲜王朝后期，随着政治经济发展的逐渐衰落，科举的诸多问题显现出来。两班统治阶级为了自身利益，利用权力通过各种手段谋求在科举考试中的特权，如通过别试降低考试资格和难度、在考试过程中徇私舞弊、操纵官员的任用等。另外，科举自身的弊端也凸显出来，如考试内容较单一空疏，缺少自然学科等。因此，朝鲜亟须一种新的制度来取代科举制。

第二节　对近代教育的接受

一、日本与清朝的影响

近代教育制度产生于西方。朝鲜曾被西方视为"隐士之国"，开港前直闭闭锁国。东亚三国中，日本较早就对西方近代教育产生了兴趣，也最早建立了近代教育制度。在幕府时期，日本便通过洋学书籍、派遣使节团及留学生等途径，开始了解并学习西方的近代教育制度。[1] 明治维新之后，日本开始"求知识于世界"，确立了近代教育发展的总方针。1872 年9 月，明治政府颁布《学制》，规定了中央集权的教育行政体制、系统的学校教育制度、实用科学的教育内容与方法，标志着日本近代教育体制的初步创立。[2] 此后经过逐步修正与修改，1886 年各级《学校令》的发布，标志着日本完全确立了近代教育体制。

1875 年"江华岛事件"后，朝鲜被迫与日本签订《江华岛条约》，自此朝鲜国门打开，成为从传统封建社会走向近代社会的重要转折点。以此为契机，朝鲜开始以派遣修信使、游览团、留学生等形式，考察日本经济、教育、军事等方面的发展情况。

1876 年4 月至8 月，朝鲜派出以金绮秀为修信使的绅士游览团访问日本，这是朝鲜开港后首次正式向外派遣使节团。使节团不仅参观了比谷练

---

① 藏佩红．日本近现代教育史［M］．北京：世界知识出版社，2010：8.
② 藏佩红．日本近现代教育史［M］．北京：世界知识出版社，2010：26.

兵场、兵学寮、近卫步兵营、炮兵本厂等练兵场所与武器制造厂，还考察了包括书籍馆、开成学校、女子师范学校、元老院议事堂等教育机关。①这些见闻载于《日东记游》，介绍了日本明治维新后的社会面貌，包括近代教育制度的完备情况。对于日本的学校，书中记录"所谓学校，不一其名，有开成学校，有女子学校，有英语学校，有诸国语学校，师范郑重，教授勤挚，则无过功利之学耳，孜孜砲砲，不舍昼夜，盖其巧不可及，而其勤尤不可及"②，见闻内容把学校教育与富国强兵紧密联系了起来。

1880 年 7 月，以修信使金弘集为首的一行 58 人东渡日本，这次访日虽是为了与日本就《江华岛条约》中的一些条款进行交涉，但对日本的实际发展情况进行考察也是目的之一。对于日本的教育，金弘集认为："朝鲜有必要学习的是各地均设立学校，不仅妇女儿童，皇室贵族也进入学校学习，官民共同倾力于教育，然后投身于产业发展中去。"③

1881 年 2 月，洪英植、鱼允中、朴定阳等 62 人组成的绅士游览团赴日本停留了 70 多日，视察了日本各地的行政机关、军事、工业、学校等的发展状况，其中学校包括农业学校、女子学校、外国语学校、师范学校、机关学校、户山学校、海军兵学校、士官学校、大学等。④ 在这次游览团访问后，随员中的俞吉濬与柳定秀进入了庆应义塾，跟随福泽谕吉学习政治学与经济学，尹致昊进入中村正直开办的同人社学习，成为朝鲜最早的留学生。俞吉濬在福泽谕吉家中停留期间，阅读了大量的西方书籍，并对自己的国家产生了担忧。他在《西游见闻》的序文中记录："最初对于西方文明产生兴趣是由于见到了日本的文明开化。我们的国民也应了解西方国家的文化与制度。"⑤ 此外，还有一些随员成为留学生在日本参加制造技术、军事训练等方面的学习。其中包括：金亮汉进入横须贺造船所学习汽

---

① 赵恒来. 开港期对日关系史研究 [M]. 坡州：萤雪出版社，1973：27.
② 国史编纂委员会. 修信使记录 [M]. 首尔：探求堂，1974：65.
③ 国史编纂委员会. 修信使记录 [M]. 首尔：探求堂，1974：153.
④ 孙仁铢. 韩国教育史研究 [M]. 首尔：文音社，1998：222.
⑤ 俞吉濬. 西游见闻（影印版）[M]. 坡州：景仁文化社，1969：序文.

船制造技术，于1883年5月取得毕业证；孙鹏九进入品川工作分局玻璃制造所学习；金镛元、王济应、宋宪斌、沈宜永进入大阪造币局学习金银分析技术；朴泰庆与金在愚留学大版学习制铜与制革技术；张大镛、申福模进入陆军户山学校；李银乭进入陆军教导团学习。①

1882年4月，朝鲜派修信使朴泳孝与金玉均、徐光范等访问日本，这次访问后，随员中有10人留在日本继续学习。半年时间里，他们访问日本各地，切身感受到了日本明治维新后发展的新面貌。尤其是金玉均与福泽谕吉、后藤家一郎等日本朝野名士及驻日本的欧美国家外交官相交，与他们探讨国家发展之路。1883年3月，金玉均还利用作为捕鲸使的机会从日本银行筹款组织了徐载弼等61名朝鲜青年弟子留学日本，在东京学习日语后进入陆军户山学校、庆应义塾、横滨海关等地学习。②

朝鲜另一个接触西方先进文明制度的通道就是清朝。19世纪末的清朝，传统的封建主义教育也在1840年鸦片战争后开始走向解体，中国教育开始了近代化进程。林则徐、魏源、龚自珍等为首的一批先进人物开始"睁眼看世界"，提出了改革封建教育、向西方学习的思想。自19世纪60年代到90年代的洋务运动中，洋务教育是其中一个重要组成部分。在洋务派的主导下，开办各种新式学堂的同时，也向海外派遣留学生。戊戌变法中，以康有为、梁启超为代表的资产阶级维新派人士对旧的科举教育体制进行了猛烈的抨击，呼吁建立新的学校制度，发展新式教育，开放女子教育。在此影响下，清政府建立了中国历史上第一所国立正规大学——京师大学堂，废除了八股考试，引进西方先进学制，各地建立起新式学堂，这些举措极大地推动了中国教育近代化的进程。1902年，清政府公布了"壬寅学制"，规定了一个较为完整的学校系统。在此基础上，1904年又公布

---

① 李光麟. 开化初期韩国人的日本留学. 开化党研究［M］. 首尔：一朝阁，1985：48-51.

② 李光麟. 开化初期韩国人的日本留学. 开化党研究［M］. 首尔：一朝阁，1985：53.

了"癸卯学制"，包含了从小学到大学的完整体系，同时对学校系统、课程设置、学校管理等都做了具体的规定。此后，全国学制渐趋规范统一，新式教育得以迅速发展，为中国教育的近代化开辟了道路。

在朝鲜半岛历史上，中国的政治、经济、文化、教育等各方面发展一直对其有着强有力的影响。朝鲜开港之前，始终与清朝保持着密切的交往，主要通过清朝接受先进的制度。尤其18世纪后半期朝鲜王朝形成"北学派"，主张积极学习、中国的先进技术和文化，以达到国富民强的目的。当清朝在鸦片战争中失败后，开始积极学习引进西方的技术和制度，也促使朝鲜的统治者和有识之士开始关注并进行效仿。同时，在清朝开始向近代教育迈进的过程中，大量反映清末新思想潮流的著作也在朝鲜传播开来，如魏源的《海国图志》和徐继畬的《瀛环志略》，为初期朝鲜人了解世界打开了窗口。

1880年，金弘集作为修信使停留日本期间，访问了清朝驻东京公使馆，与公使何如璋、参赞黄遵宪就世界时局、对外通商及朝鲜的对外政策等进行了广泛交流，认识到了自主近代化与富国强兵的重要性。《高宗实录（卷17）》记载，此次会谈后，黄遵宪将其撰写的《朝鲜策略》与郑观应的《易言》赠与了金弘集。《朝鲜策略》除了建议朝鲜开展"亲中国、结日本、联美国"的外交政策外，还强调了朝鲜为富国强兵引入西方科学技术和制度的必要性，这对当时的朝鲜产生了很大的影响。《易言》作为介绍西方先进文明与技术的书籍，1883年被翻译成朝鲜文在朝鲜流传，对朝鲜开化思想的传播与扩散产生了深刻影响。1880年前后，朝鲜向日本、清朝派遣留学生学习新技术、设立机器局和邮政局、购买火轮船等行为，其思想基础就是《易言》。[①]

如同向日本派遣游览团与留学生一样，朝鲜也向清朝派出了青年子弟进行访问与学习。1881年，领选使金允植带领朝鲜青年子弟访问天津，在

---

① 李光麟. 韩国开化史研究 [M]. 陈文寿，译. 香港：香港社会科学出版社，1999：32.

这一年中他们学习了清朝从西方引进的新式武器制造、操练法等技术。①
一行人中包括了 38 名留学生，分别为两班出身的 20 名学生与 16 名中人出
身的工匠，年龄在 16~40 岁之间。此时清政府的洋务派正在展开轰轰烈烈
的洋务运动，天津也是开展洋务运动的主要地点之一，并在这里设立了水
师学堂。因此，朝鲜的青年子弟在这也目睹了清政府引进西方技术和制度
的政策与实况。但由于当时日本的近代化发展与进程走在了清朝的前列，
因而朝鲜向清朝派遣的考察团与留学生在数量与规模上相比较为逊色。

　　综上所述，朝鲜在没有与西方国家建交的状态下，通过向日本、清朝
派遣访问团、留学生等形式间接接触到了西方的近代思想和制度，扩大了
视野和见识，形成了一股开化思想势力，其中很多人成为开化派的中坚力
量，如金玉均、朴泳孝、洪英植、徐光范、俞吉濬等。这些人归国后向朝
廷上报自己的所见所闻，并有人受到重用，担任要职。以此为契机，也让
更多的朝鲜人意识到朝鲜封建教育的弊端和引进西方近代教育、建立近代
学校的必要性，为朝鲜逐步引入近代教育制度创造了基本条件。当然，这
种新思想虽然遇到一些守旧势力的阻碍，但建立新式学校，进行近代教育
的星星之火已经燃起。

二、近代教育机关的滥觞

　　开港后朝鲜对近代教育的接受，不仅体现在向日本、清朝派遣使节团
和留学生进行考察学习上，还体现在开始着手建立近代学校，开展近代教
育上。

　　元山是根据《江华岛条约》规定，朝鲜最先开放的东海岸港口，这里
的人们较早接触到了日本的近代思潮。为应对日本的侵略之势，以图自
强，元山首先对原有书堂进行改良。1883 年春，德源府民众向府使兼元山
监理的开化派官员郑显奭请求建立新式近代学校，朝廷准允后，众多民间

---

① 国史编纂委员会. 韩国史（15）[M]. 首尔：探求堂，1983：325.

人士和官员共同出资合建了元山学舍。《春城志》记载了当时官民共同出资的情况，包括 118 位元山民间人士共出资 5325 两、元山居民捐出 240 两、府使兼元山监理郑显奭出钱 100 两、经略使鱼允中出钱 100 两、承旨郑宪时出钱 100 两、受雇于元山海关的中国人、英国人、美国人共出钱 760 两。①

元山学舍分为文艺班和武艺班，文艺班招收 50 人，武艺班招收 200 人，学制为 1 年。在教学科目上，两个班共同教授的科目有算术、物理、机械、农业、养蚕、采矿、日语、法律、地理等实用学科与近代学科，文艺班单独教授经义，武艺班另外开设兵书与射击课。

1895 年学制改革后，元山学舍改为元山小学校，继续开展近代教育。元山学舍是朝鲜开港后建立的第一所近代学校，他的创办说明民间力量先于政府表现出了近代化意愿，从这点上看，其意义是非常大的。②

为了处理西方国家的各种外交事务，朝鲜政府也开始意识到培养外语译员的必要性。此外，1881 年领选使金允植一行在北京停留期间曾考察过清政府设立的同文馆，也认识到朝鲜有必要设立同类教育机构，并上疏朝廷。1883 年 4 月，朝鲜仿照清朝的同文馆设立同文学。同文学附设于主管外交和通商的统理机务衙门③之下，在《统理交涉通商事务衙门章程》中，对同文学的招生与职能有如下规定：

> 设同文学 掌培植人才 人才非学校不出 非考试不尊 宜择听俊
> 子弟 自满十五岁者肄业 其中先学外国语文 次及政治理财之道 各
> 以其性之所近 力之所优 分科考取 以备任使 倘有好学深思之士 无
> 论在官去官 虽年逾既壮 亦不阻其往肄

---

① 资料来源：国史编纂委员会韩国史数据库.
② 姜万吉. 韩国近代史 [M]. 首尔：创作与批评社，1994：287-288.
③ 统理机务衙门是朝鲜第一个主管外交和通商的近代机构，仿照清朝的总理衙门于 1881 年 1 月设立。

　　同文学 宜广备书籍 讲求有用之事 督率教习 严课生徒 以掌教
一员领之 主事副之 再准驳民间 刊布书籍 并开设新闻报馆 均归本
学节制①

　　可以看出，同文学主要教学科目为外语，除教育功能外，还进行书籍
与报纸的刊发。开办当年，同文学招收了 40 名学员，分上午班与下午班，
金晚植担任掌教，聘请清朝人吴仲贤与唐绍威为教师，当年 7 月又聘请英
国人 T. E. Hallifax 接管并教授英语。成立初期，朝鲜政府积极支持同文学
办学，但由于 T. E. Hallifax 是一名电信技师，不善经营学校，后期出现了
管理上的混乱，政府支持也随之减少，同文学于 1886 年 8 月停止运营。

　　同文学虽然教学内容较为单一，但在为朝鲜外交事务培养所需的外语
人才、传播西方先进思想方面发挥了一定的作用，很多学生投身社会后非
常活跃，有些人担任了辅佐外交事务的参赞官及海关职员，著名的启蒙运
动家、曾任独立协会副会长和皇城新闻社社长的南宫檍也曾在此学习。

　　为了弥补同文学在教学内容和运营上的不足，1886 年 9 月，朝鲜在同
文学的基础上创立了育英公院，成为一所真正意义上的近代学校。在朝鲜
国王的要求下，育英公院从美国招聘 3 名青年教师，而后制定了《育英公
院设学节目》，这是朝鲜最早的新式学制，对学校的各种运营规则做出了
规定。《高宗实录（卷 23）》记载，节目共分十八条，摘抄部分主要内容
如下：

　　建置学舍，曰育英公院。内务府修文司堂上勾管事务，另定
主事，依该堂上指令办理施措。堂上间一日仕进，主事课日
仕进。

　　院设左右，各充学员，课日肄习。

---

①　资料来源：国史编纂委员会韩国史数据库．

另拣科第出身，忝下年少之原文通畅，门第才俊者，限十员，充左院学习。如汉文经史原当始终不已，亦勤课西语，无或间断。推诸课程，分途攻力，各随才识。或值除职，无碍往来，且虽升资，其卒业前不许废课务，期平生需用之方。每日卯进申退，课习时刻，一如右院式。

拣选才质聪慧年十五至二十余者，限二十人，充右院肄习。

学习之时专心听业，均不准汗漫喧哗，偷暇杂戏。

学徒课目，早起于上午六点，朝饭于七点，昼尖于十二点，夕饭于下午六点，就宿于十点，不准逾限。而冬则上午七点早起，下午十二点就宿。

每日学习之时，必以六时为定，而自上午九点初始，至十一点终止；又自下午一点初始，至三点终止，分二次学习。

学徒起宿与课习时刻，必趁号钟，勿敢违误。

学徒未领教师卒业状前，常令在院学习，不准营求他技。

考艺勤慢，分有月课季考、岁试、大考。

每日学习次第

读书；习字；学解字法；算学；写所习算法；土理；学文法

初学卒业后所学诸条

大算法；各国言语；诸般学法捷径易觉者；格致万物（宜学、农理、地理、天文、机器、花卉、禽兽、草木）；各国历代；政治（与各国条约法及当国用兵之术）

以上内容可以概括为：班级分为左院和右院，左院学员从年轻的现职官吏中遴选10人，在家学习。右院从15岁至20岁的年少聪慧者中选拔20人，寄宿学习。除教学时间外，还具体规定了寄宿生的起床和就寝时间。除参酌阳历和阴历确定的假期以外，不得缺席。育英公院以英语教学，采用英语教科书。在学生掌握一定程度的英语后，引入自然科学和数学等内容。教学内容最初是读书、习字、解字、地理等，完成后学习各国语言、数学、自然科学、历史、政治、地理等。考试有月末考、年末考及大考，大考及第者准予毕业并授官职。可以看出，这些内容详细列举了学校运营涉及的大部分规则，基本模仿了西方的学校制度，反映出朝鲜对近代教育的积极接受态度。

在实际运营中，由于学生都是现任官吏或高官子弟，前者经常因为公务而缺席，后者因为很容易获得官职而学习热情不高，还有一些人受传统和保守思想束缚，对这种新式教育方法和目的缺乏认识。而外国教师一味采用西式教育方法，时常与学生发生冲突。[1] 1889 年起，育英公院的左院停止招生，右院也于 1894 年落下了帷幕。

如上所述，开港初期，朝鲜为了实现近代化与富国强兵而努力引进近代教育。从民间力量参与建立的元山学舍到朝鲜政府主导建立的同文学与育英公院，都是朝鲜对近代教育接受的表现。但在当时西式教育思想和方法没有被完全理解，传统保守思想仍然占据支配地位的社会背景下，很难在短时间内取得巨大的可视性成果。在经历了甲申政变与甲午更张两次大变革后，朝鲜终于正式迈出了引入近代教育的改革步伐。

三、西方传教士与近代教育的传入

随着朝鲜的开港，朝鲜与美国于 1882 年签订《朝美修好通商条约》，之后相继与英、德、意、法等欧洲国家也签订了类似的条约，朝鲜对欧美国家敞开了大门。此后，西方基督教传教士的传教活动逐渐在朝鲜活跃起来。与天主教不同的是，基督教传教士通过医疗和教育手段进行传教，逐渐在朝鲜站稳了脚跟。

1884 年 9 月，美国长老教会传教士、医生艾伦来到朝鲜。艾伦受到朝廷信任起因于朝廷重臣闵泳翊在甲申政变中被刺，经过艾伦的精心治疗，

---

[1] 李光麟. 韩国开化史研究 [M]. 陈文寿，译. 中国香港：香港社会科学出版社，1999：149-150.

三个月后便完全康复。借此机会，艾伦提出了建立国立医院的建议。1885年4月，经国王同意，朝鲜历史上第一所近代国立医院建立起来，名为广惠院，延世大学的历史也从此开始。医院不仅进行医疗活动，还招收学生进行西方医学教育。

同样是美国长老教会传教士的安德伍德于1885年4月来到朝鲜，开始在广惠院教授物理和化学。1886年，安德伍德建立了孤儿院，同时也作为孤儿学校，免费提供住宿和饮食，这成为儆新学校的前身。著名的独立运动家安昌浩青年时曾在这里一边当学生学习英语，一边当老师授课，度过了几年的时光。①

1885年7月，美国监理教派传教士阿彭策勒来到首尔。翌年，阿彭策勒就开始借用一个小教室招收学生，教授英语。起初只有两名学生，1887年增加到了67人，并且新建了校舍，设有讲堂、教室、图书室等。② 国王还亲自为学校赐名"培才学堂"，表现出对这种新式学校的关心和鼓励。

几乎与培才学堂同一时期设立的学校是成为朝鲜女子教育先驱的梨花学堂。1885年6月，美国监理教派传教士斯克兰顿夫人来到朝鲜后，就开始着手准备设立女子教育机关。1886年学校开始上课，起初只有一名女学生，到了1887年学生人数达到了18人，并由朝鲜的王后赐名"梨花学堂"，此为梨花女子大学之滥觞。在当时的朝鲜，摒弃传统偏见把女性从家庭中解放出来，让女性也接受教育这件事本身就具有非常大的进步意义，因此梨花学堂的开办在朝鲜教育史上也是极为重要的一页。

以上列举了开港初期传教士在朝鲜开办学校的几个典型事例，虽然这些学校试图通过免费提供学习用品和食宿、不收取学费等慈善方式招揽学生，但并没有马上被朝鲜人普遍接受，一度面临招生困难的状况。究其原因，一是开港初期很多人对近代教育认识不足，依然倾向于传统的儒家经学教育；二是由于朝鲜是被迫开港，造成不少人对西方没有好感，抱有偏

---

① 儆新中·高等学校. 儆新八十年略史［M］. 首尔：儆新中高等学校，1966：38.

② 培才中·高等学校. 培才史［M］. 首尔：培才中高等学校，1955：49.

见或恐怖心理；三是一直以来的男尊女卑思想，使朝鲜人并没有女子教育意识。因此，初期进入这些学校学习的人主要是一些希望通过学习英语而走上为官之路的青年以及下层贫困民众的子女，培才学堂刚开办时的招生情况就说明了这一问题。

对于这种新的语言的学习，朝鲜人把其视为登上更高一层官职的垫脚石。……我们的教会学校从 1886 年 6 月 8 日开始上课，一直到 7 月 2 日，共有 6 名学生。不久后，一名学生因为"村里有事"而离开，一名学生认为"6 月份不适合学外语"而走掉，另一名学生说"家里有丧事"后再也没来。……10 月 6 日，有 20 名在校生，实际出席的人数是 18 人。①

梨花学堂在初期也面临了同样的问题。

在搬进新校舍的前 6 个月，学校的课程是在 Scranton 的家中进行的，从给一个学生授课开始。所谓的学生是一位政府官员的妾，这位官员希望她学习英语，日后成为王后的翻译，这位女人只在这里学习了 3 个月。第一个长时间在这里学习的学生在金夫人离开后一个月的 1886 年 6 月到来。这个女孩来到这里的原因是因为贫困，过了几天她的母亲就想宁愿忍受困难也不能把自己的女儿交给外国人。邻居们也责备她是坏女人、没有亲情的母亲，要不怎么会把自己的孩子交给那位老夫人。他们说短时间内可以吃饱喝足还不错，但以后要把孩子带到美国去，她的命运该如何啊。因此，在写了女孩绝对不会离开这个国家的保证书之后，她的母亲才稍稍打消了顾虑，几个月后这个女孩也安心了下来。第

---

① L. G. Paik. The history of protestant mission in korea［M］. 平壤：Union Christian college press，1929：120-121.

二个到来的学生是一个没有家的乞儿，她的母亲曾在城门外被 Scranton 医生治过病。朝鲜人对这个女孩给予了极大的关注，在了解到她在这里没有受到不当的待遇后，他们开始逐渐信任这位西洋夫人。在搬到山坡上的新家时，已经有 4 名学生，正月里增加到了 7 名。①

可以看出基督教学校在朝鲜从无到有，规模和学生人数逐渐扩大。初期虽然经历了招生困难，但经过一段时间的发展，不论是民间，还是朝廷，都对这些学校产生了不小的热情。普通民众希望接受新式近代教育后能在朝廷中担任官职，甚至在年轻人中形成了一股英语热。朝廷希望通过近代学校培养所需的近代化人才，培才学堂和梨花学堂分别是在国王和王后的支持下建立的事实，也充分说明了朝廷统治者对此表现出来的关注。另外，基督教学校的教育理念也能被朝鲜人接受。例如，对于梨花学堂的教育，Scranton 说："我们的目标不在于使这些女孩儿适应外国的生活、衣服和环境。……我们只是满足于让她们成为比朝鲜人更好的朝鲜人。我们希望朝鲜人对朝鲜的事物抱有肯定的态度，而进一步通过基督教的教理使她们成为完美无缺的朝鲜人。"② 可见，虽然培养基督徒是这些学校的主要任务，但他们尽量尊重朝鲜的风俗和传统，尽力培养符合朝鲜社会需要的人才，这也是当时基督教采用的一种渐进主义政策，使得朝鲜人对基督教学校的态度逐渐发生转变。

初创时期，这些基督教学校虽然在名义上是学校，但实际上并不完全具备学校应有的教师、规模和设施，教育内容上也不可避免有一些不足之处。除培才学堂外，其他学校基本上都属于初等学校。③ 英语和圣经是这些学校共有的教学科目，梨花学堂还开设了算术、朝鲜语、唱歌、历史、

---

① Scranton. Woman's work in korea [J]. The korean repository, 1892, 3 (1)：3-4.
② 梨花八十年史 [M]. 首尔：梨花女子大学出版部，1968：137-138.
③ 吴天锡. 韩国新教育史 [M]. 首尔：现代教育丛书出版社，1964：71.

习字等。① 培才学堂在建校之初便开展了中等教育教学，大部分学生也都属于青年层，刚开始主要学习英语，1890 年开始进一步教授汉文、天文、地理、生理、数学、手工等。② 除这些正规科目外，培才学堂还举行一些课外活动，如演讲会、讨论会等，给学生提供发表思想、学问研究、政治训练的机会③，这在朝鲜的传统教育中是史无前例的。培才学堂不仅在教育内容上领先一步，在学校的经营和管理上也逐渐步入正轨。建校四年后，培才学堂制定了《学则》④，对学校的学期、一天的上课时间、入学与退学程序、学费、成绩单发放、奖励等做出了规定，体现了近代化的教育管理方式。

朝鲜开港后基督教传教士开始在朝鲜建立近代学校，开展近代教育，给朝鲜社会带来了非常大的影响。首先，他们把西方教育制度直接带到朝鲜，为朝鲜输入新学问、新知识打开了通道。其次，通过接受西方教育以及和西方教师的接触，西方的制度和思想也被介绍到朝鲜，使一直对西方抱有轻视态度的朝鲜人摒弃夜郎自大的固有观念，进一步认清自己的位置。另外，这些学校让贵族和平民的子弟无差别地共同接受教育，打破了阶级思想，建立了教育机会均等的规则。最后，基督教学校倡导女子教育，传播了男女平等的思想。

第三节　近代学校制度的初步确立

一、新学制与政府官学的创办

朝鲜打开门户登上国际舞台后，建立和建设近代国家成为时代赋予的

---

① 梨花八十年史 [M]. 首尔：梨花女子大学出版部，1968：35.

② 吴天锡. 韩国新教育史 [M]. 首尔：现代教育丛书出版社，1964：72.

③ 培才中·高等学校. 培才史 [M]. 首尔：培才中高等学校，1955：60

④ 培才中·高等学校. 培才史 [M]. 首尔：培才中高等学校，1955：52-54.

新的历史使命，传统的教育制度和方式已经不能满足这种要求，引进近代学校教育成为时代所需。在这一历史背景下，朝鲜政府表现出了对近代文化制度的接受态度。朝鲜正式在制度上确立新学制，始于1894年的甲午更张。

1894年7月，朝鲜政府颁布《议政府新官制法案》，改革官制，废除了之前主管学事的礼曹，新设立学务衙门（后改为学部），主管教育问题。这次改革中，科举制的废除具有划时代意义，开始实行不问身份高低贵贱、量才选用的官员任用原则，官员选考以"国文、汉字、写字、算术、国内政略、外国事情"等实用科目取代以往的四书五经，并废除文武尊卑的区别。① 同时，新成立的学务衙门还发布了如下告示，表明了朝廷施行近代教育、培养近代人才的改革态度。

　　现在看来，时局已经大变。所有的制度都应该进行革新，但英才教育最为当务之急。因此，国家建立小学校与师范学校，首先在京城推行，上至公卿大夫、下至平民百姓的子女都进入学校学习。这是培养拯救时代、为国家内修外交贡献力量的人才的大好机会。以后要依次建立大学和专门学校。希望有志之士都努力接受教育，为圣世大展宏图。②

1894年10月25日，井上馨被任命为日本驻首尔的特命全权公使。自此，朝鲜的这次内政改革开始受到日本方面的干涉。11月，井上馨向朝鲜国王和大臣提出了新的改革方案。其核心内容与以前所颁布的改革方案没有多大区别，不同的是，这次的新方案企图通过要求"国王亲政"和招聘外国顾问来达到控制朝鲜统治权的目的。此后的改革虽然有日本的干涉，但不能说全部都是日本方面的意志，一些措施还是进步和符合朝鲜人民利

---

① 国史编纂委员会. 韩国史（17）[M]. 首尔：探求堂，1984：292.
② 朴定阳. 朴定阳全集（4）[M]. 首尔：亚细亚文化社，1984：268.

益的。

在教育方面，1895 年 1 月 7 日高宗发布的《洪范十四条》中，也包含了"国中聪俊子弟广行派遣，以传习外国学术技艺""用人不拘门第，求士遍及朝野，以广人才登庸"这样对近代教育的吸收政策。同年 2 月，高宗皇帝专门下发了《教育立国诏书》，可见朝廷自上而下推行新教育的决心和态度。《诏书》主要强调了新教育的重要性和发展纲领，部分内容如下：

> 不致力于发展教育，国家稳定实难实现。纵观世界形势，凡是富强独立的国家，都是人民知识开明。知识的开明源于教育之发展，教育实为保存国家的根本。因此朕居于君主与人师之位，亲自负起教育之责。教育也有其方法，首先要分清虚名与实效的区别。以读书、习字埋头于古人的糟粕之中，不识时势大局，即便其文章凌驾古今，也只不过是毫无用处的一介书生。朕发布教育纲领，摒弃虚名，注重实用。首先培养德育……其次培养体育……再培养智育……这三个方面即为教育的纲领。朕命令各方广立学校，培养人才，以臣民们的学识为国之中兴建功立业，凭借你们忠君为国之心培养德、体、智的发展。王室的安危在于臣民之教育，国家的富强也在于臣民之教育。①

可以看出，《诏书》提出了摒弃以儒学经典为中心的传统教育内容与方式，强调推行新教育的必要性，并把其提高到事关江山社稷安危的高度，同时以德、体、智作为新教育的三大纲领，呼吁民众积极接受新教育以实现"国之中兴"。为此，朝廷于 1895 年 4 月发布了《首尔师范学校官制》，这是朝鲜最早的近代学校法规。紧接着，朝廷相继发布了一系列学

---

① 宋炳基等．韩末近代法令资料集（1）［M］．首尔：韩国国会图书馆，1970：180-181.

校官制与规则，开始实行新学制，以时间顺序排列如下：

首尔师范学校官制	1895 年 4 月 16 日
外国语学校官制	1895 年 5 月 10 日
成均馆官制	1895 年 7 月 2 日
小学校令	1895 年 7 月 19 日
首尔师范学校规则	1895 年 7 月 24 日
成均馆经学科规则	1895 年 8 月 9 日
小学校规则大纲	1895 年 8 月 12 日
补助公立小学校规则	1896 年 2 月 20 日
医学校官制	1899 年 3 月 24 日
中学校官制	1899 年 4 月 4 日
商工学校官制	1899 年 6 月 24 日
外国语学校规则	1900 年 6 月 27 日
中学校规则	1900 年 9 月 3 日
农工商学校官制	1904 年 8 月 8 日

可以看出，这些官制和规则基本上覆盖了近代学校的构成体系，完全颠覆了朝鲜的传统教育体系。下面通过分析几个法令的主要内容，更加全面地窥探新教育的面貌与特点。

《小学校令》

1. 目的

小学校注意儿童身体的发育，授予国民教育的基础和生活中所需的普通知识与技能。（第 1 条）

2. 种类

小学校分为官立、公立及私立三种。官立由国库、公立由府

或郡、私立由个人负担。(第2,3条)

3. 修业年限

小学校分寻常与高等两科。在修业年限上,寻常科为3年,高等科为2年或3年。(第6,7条)

4. 学习科目

寻常科的学习科目为修身、读书、作文、习字、算术、体操。可根据情况不同,经过学部大臣的许可,除去体操,另加朝鲜地理、历史、图画、外国语中的一科或数科。可为女子加入裁缝。高等科的教学科目为修身、读书、作文、习字、算术、朝鲜地理,朝鲜历史、外国地理、理科、图画、体操。可为女子加入裁缝。可根据情况不同,经过学部大臣的许可,加入外国语一科,除去外国地理、外国历史、图画中的一科或数科。(第8~10条)

5. 学龄与就学

8岁至15岁中的8年为学龄。各个府、郡必须设立使学龄儿童入学的公立小学校。(第16,17条)

《中学校官制》

1. 目的

中学校为从事实业的人教授正德、利用及厚生之道,图求中等教育的普及。(第1条)

2. 修业年限

中学校的修业年限为7年,分为寻常与高等两科。寻常科为4年,高等科为3年。(第2,3条)

3. 学习科目及程度

中学校的学习科目及程度由学部大臣另行规定。(第4条)

《首尔师范学校官制》

1. 目的

首尔师范学校以培养教员为目的。（第1条）

2. 教育年限

首尔师范学校设本科与速成科。本科为2年（1899年改为4年），速成科为6个月。（第2，3条）

《首尔师范学校规则》

1. 学习科目

本科的学习科目为修身、教育、国文、汉文、历史、地理、数学、博物、化学、习字、体操。（第3条）

为了缓解小学教员的急需，速成科的学习科目为修身、教育、国文、汉文、历史、地理、数学、理科、习字、作文、体操。（第5条）

2. 入学与招生

本科入学者为年龄在20岁以上，25岁以下，速成科为22岁至35岁。（第14条）

本科招生100名，速成科招生60名。（第33条）

《外国语学校规则》

1. 学习科目

除外国语外，以外国语教授普通学问，以汉文教授读书、作文及本国历史与地理。（第1款第1条）

2. 学校种类

分别设立日语、英语、法语、汉语、德语学校。（第1款第2条）

3. 修业年限

日语及汉语为3年，英、法、俄、德语为5年。（第1款第3

条)

4. 入学年龄

入学者年龄为 15 岁至 23 岁。（第 4 款第 2 条）

从以上几个法令规定中可以看出，新实行的学制完全不同于朝鲜旧的教育制度，在形式上基本确立了近代阶梯式学校教育体系，在教育内容上完全摆脱了旧式封建伦理道德教育和封建经学教育，在教育对象上也从精英阶层走向普通大众。但因为在短时间内就编制并发布这些法规，也难免存在一些问题。比如，上、下级学校之间的联系不是很明确，没有说明进入上一级学校的资格是否以下一级学校的毕业为前提或者应该具备什么条件。再就是由于甲午更张受到日本方面的干涉，改革的新学制很大程度上模仿了日本的学制，教育年限、教学科目、学校教育目的等多与日本相似。但这些问题并不影响新学制的重大意义，新学制不仅废除了旧的教育制度，而且从法律上肯定了近代教育制度，从而确立了朝鲜教育的近代化发展方向。

各级学校官制和规则发布后，各级新式学校逐渐建立起来。1895 年，首尔师范学校、小学校、外国语学校、法官养成所相继成立，1899 年设立了京城医学校、商工学校（1904 年改名为农工商学校），1900 年设立了首尔高等学校、矿务学校。这些学校中，除小学校和外国语学校外，均设立一所。截止到 1905 年，首尔建立了 10 所小学校，地方建立了 50 多所小学校。① 各种外国语学校比较受欢迎，因为对于学生来说学习外国语相对容易就职，对于政府来说在当时的社会背景下，也需要大量的外语人才，因而比较重视外国语教育。

同所有新事物的发展规律一样，这些新式学校在建立初期也面临了很多困难。首先来自人们的思想意识，朝鲜在毫无准备下开港，对于坚守了

---

① 高桥宾吉. 朝鲜教育史考［M］. 首尔：帝国地方行政学会朝鲜本部，1927：106.

数千年传统的朝鲜人来说，不可能马上就接受这种新的制度。庶民百姓自不必说，很多上层官宦仍然对传统的教育模式心存依恋。其次，政府虽然对新式教育持积极态度，却缺乏雄厚的财政基础，在建立各种学校方面力不从心。再次，缺少能够担当近代知识教育任务的教师，教科书的编纂也不可能在短时间内完成。因此，朝鲜虽然初步确立了发展近代教育的基本框架，但离完全确立近代教育制度，还有一定的差距，也需要一定的时间。

二、民间私学的兴起

当朝鲜政府以极大的热情引进西方近代教育、兴办各种学校以达到富国强兵目的的同时，民间也开始涌动起开办私学的潮流。

民间人士创办的学校中，较早的是闵泳焕于1895年创立的兴化学校。闵泳焕是朝廷闵氏一族中举足轻重的人物，也是一位爱国志士。闵泳焕在34岁时以特命全权公使的身份赴美国、英国、荷兰、德国等国考察，并参加了俄国皇帝尼古拉二世的加冕仪式。回到朝鲜后，深感外国语教育的必要性，于是创办了兴化学校。主要教授英语、日语和测量技术，分为寻常科、特别科和量地科。① 1905年11月，闵泳焕在听闻朝鲜与日本签订《乙巳条约》的消息后，愤然自决。闵泳焕去世后，学校也在朝廷与各方支持下继续维持，直到1911年被迫关闭。当时的报纸中，记载了学校发展的面貌，其中最突出的特点是"行爱国之义，唱爱国之歌"的爱国主义教育，从中可以一窥学校的办学宗旨和教育理念。

> 至今，学徒日盛，有屋舍不容之难。计划校舍扩张之事，良
> 可贺矣……行爱国之义，唱爱国之歌，皆如学校菽粟茶饭。兴化
> 学校乃闵忠正心力所存，精神所寓。一般学徒朝夕于此，肃然如

---

① 简报. 兴校放学（第二版）[N]. 皇城新闻, 1900-7-13.

见其容止仪观，依然如闻其谕谕勤勉，慷慨激动及忠爱奋发自不
能已矣。此于有形教育中得其无形教育者深矣。①

1896 年，同为闵妃戚臣的闵泳绮建立了中桥义塾，教授日语、英语及
汉文。②

1899 年，安昌浩在其家乡江西地方建立渐进学校，这是最早实行男女
共学的小学校。③ 如同校名一样，学校的设立目的就是希望通过渐进的学
习来培养民族力量。1907 年，安昌浩又创办了大成学校。④

1901 年，徐光世等人创办洛渊义塾，后改为普光学校，教授日语和普
通学科。⑤

1902 年，梁在实建立牛山学校。⑥

1904 年，青山学院作为李相卨、李昇薰、李东宁等组织的秘密独立运
动团体新民会的机关学校被建立。

1905 年，严柱益建立养正义塾。⑦ 严柱益曾于 1904 年前往日本考察，
目睹了日本学习西方先进文化制度的盛况。回国后深感普及近代教育实为
当时朝鲜的第一要务，从而创立了养正义塾，意为"蒙以养正，养心正
己"，最初主要教授法律，1913 年后成为高等普通学校。

1905 年 5 月，李容翊以开展法律教育为目的建立普成学校，后发展为
普成专门学校⑧，是现今高丽大学的前身。李容翊是一位誓死效忠朝鲜王
室、坚决反抗日本势力的爱国志士，他曾于 1907 年在海参崴（符拉迪沃
斯托克）留下遗嘱"在恢复国权之前，死后绝不把灵柩移回朝鲜"。在其

---

① 论说. 兴化学校（第一版）［N］. 大韩每日申报，1906-7-20.
② 资料来源：国史编纂委员会韩国史数据库.
③ 同上。
④ 同上。
⑤ 同上。
⑥ 同上。
⑦ 同上。
⑧ 同上。

思想影响下，普成学校以"广开学校、教育人才、以复国权"为理念，开展教育活动。

1905 年 5 月，闵泳徽设立徽文义塾。① 闵泳徽初期在政治上比较保守，主张依靠清朝、俄国的势力把日本排挤出朝鲜，对日本持坚决反抗态度。随着日本的侵略野心逐渐暴露，他更加认识到唯有依靠教育培养人才，才能抵挡日本的侵略，因此创办徽文义塾。徽文义塾成立后，闵泳徽把毕生收藏的图书都捐赠给了学校图书馆供学生阅读。此外，作为学校的附属机构，还成立了徽文馆，主要出版教科书和其他出版物。1906 年，闵泳徽还组织成立了普成中学校。

以上列举了甲午更张后，朝鲜民间人士自发自费建立的私学。这些学校中，主要教授英语、日语等外国语以及其他近代文化和科学技术知识，不论在形式上、内容上还是思想上都体现了和旧式教育完全不同的特点。这些学校设立的目的是希望通过引进近代教育，学习西方先进的文化知识，培养近代人才，从而促进国家的文明开化。而且这些学校的设立者大都是在朝廷担任要职的官员或地方有志人士，具有相当程度的社会影响力，对朝鲜引进近代科学文化、逐渐形成新学之风产生了重要影响。但这些学校也有一些不足之处，如对修学年限、教育内容、升学等没有明确统一的规定，学校教育层次基本属于初等教育，有些学校的名称还保留了以往教育机关的色彩，体现了向近代教育过渡阶段的性质和特点。

随着 1905 年 11 月朝鲜与日本签订《乙巳条约》，恢复国权、独立自主成为摆在朝鲜人民面前的新课题，私立学校的教育理念也从文明开化转变为抗日救国，希望通过实行近代教育培养民力而实现民族的自强独立，这在学校的设立数量和发展上也有所反映。1905 年以后，有志人士在各地纷纷建立学校，新学之潮风靡全国。据统计，1895—1904 年私学的设立数

---

① 资料来源：国史编纂委员会韩国史数据库.

量为 134 所，而 1905—1909 年私学的设立数量激增到了 1508 所。① 日本
人的调查报告中也反映了当时私学设立的热潮。

> 　　国家灭亡是因为痼习旧学，想要恢复国权、自主独立，研究
> 新学、取其精华是当前一大急务。这种观念正逐渐在朝鲜人的头
> 脑中深深扎根，支配了各地的人心。而且各地官员也极力鼓吹这
> 种思想，促求学校的设立，这显然已经成为一种风气，各地每天
> 都有学校建立，反而都有了滥设的倾向。……学校设立风潮的勃
> 兴虽然是令人欣慰的现象，但设立的动机着眼于恢复国权，除了
> 京畿、忠清道的一部分两班子弟对新学还有所顾忌外，其他各地
> 都争相志愿新学。以恢复国权为目的的学校设立动机，是不得不
> 需要关注的一大重要事件。(《警察月报》，1910 年 7 月第 1 号)

在日常教学中，这些学校在校园中升起国旗，各种聚会中都高唱爱国
歌，教学的内容也注重对学生爱国心的培养，当时编纂的教科书就反映了
这一点。学部的《教科书用图书一览》中主要教科书目如下所示：

> 柳瑾：初等小学修身书
>
> 徽文义塾编辑部：高等小学修身书
>
> 徽文义塾编辑部：中等小学修身书
>
> 卢炳善：女子修身教科书
>
> 安钟和：初等伦理学教科书
>
> 申海永：伦理学教科书
>
> 尹泰荣：师范教育学
>
> 国民教育会：初等小学

---

① 金丁海.1895—1910 私立学校的设立与运营［J］.历史教育论辑，1987，11：134
（表 2）.

郑寅琥：最新初等小学

玄采：幼年必读

元泳义：国文读本

张志渊：女子读本

徽文义塾编辑部：高等小学读本

尹致昊：幼年字聚

姜华锡：妇女独习

郑寅琥：最新初等大韩地志

郑寅琥：最新高等地志

玄采：大韩地志

张志渊：大韩新地志

金建中：新编大韩地志

博文馆编辑部：问答大韩新地志

丁茶山：大韩疆域考

郑寅琥：初等大韩历史

柳瑾：新订东国历史

玄采：普通教科东国历史

玄采：中等教科东国历史

俞吉濬：大韩历史略

金泽荣：历史辑略

玄采：东西洋历史

玄采：万国史记

周时经：国语文典音学①

以上教科书大多以朝鲜语和朝鲜历史、地理为主要内容，着重强调爱

---

① 学部. 教科书用图书一览 [M]. 首尔：学部编辑局，1906：27-31.

国意识与民族意识的培养，而且很多编著者都是当时有名的学者和爱国人士。以当时私立学校广为使用的著名学者玄采所编的《幼年必读》一书为例，作者尤为强调："我国人尚泥旧习，昧于爱国诚故，此书专以唤起国家思想为主，以历史为总括，旁及地志与世界现状。"① 表 1-2 是《幼年必读》第一卷的目录。

表 1-2 《幼年必读》第一卷目录

1. 国家一	2. 国家二	3. 我们大韩国家	4. 平壤一
5. 平壤二	6. 平壤三	7. 平壤四	8. 地势
9. 地质	10. 山	11. 金刚山一	12. 金刚山二
13. 乙支文德一	14. 乙支文德二	15. 乙支文德二	16. 杨万春一
17. 杨万春二	18. 杨万春三	19. 江与原野	20. 我国面积
21. 百济一	22. 百济二	23. 百济三	24. 成忠一
25. 成忠二	26. 阶伯一	27. 阶伯二	28. 阶伯三
29. 气候	30. 人情	31. 宗教	32. 后百济一
33. 后百济二			

资料来源：幼年必读

从目录可以看出，书中内容主要为朝鲜历史与地理，旨在培养学生的爱国心和独立自主的精神，正如作者本人在《幼年必读讲义》序文中所指出的一样，"鸣呼，此书出而岂有补于时，但所愿者，松龄儿童，因此而发爱国心，至于自主独立则不佞之荣华，故何如哉，是为之志"。

综上所述，1905 年前后设立的私立学校在数量和设立目的上体现了明显的差异。1905 年以前，朝鲜的民间人士受到基督教人士开办学校的影响，开始尝试建立私学，一般以吸收西方近代文化、促进国家文明开化为目的，学校数量较少，教学内容也较单一，基本围绕外语、法律等内容展

① 玄采. 幼年必读 [M]. 首尔：徽文馆，1907.

开。1905 年以后，随着朝鲜的国权受到日本威胁，私学数量急剧增多，教学目的也转变为保护国权、独立自主，开始编纂以朝鲜语、朝鲜历史、地理为主要内容的教科书，激发朝鲜人的爱国情怀和民族意识。朝鲜民间私学的兴起，表明了朝鲜民间通过开办近代学校、学习近代先进知识，进而建设近代国家的努力。

第四节　日本的殖民主义教育渗透

一、对教育行政的操纵及学制修改

1904 年 8 月《第一次韩日协约》签订后，朝鲜被迫开始了所谓的"顾问政治"，政府各部都被安排了日本人参与官，1905 年 2 月经由日本政府推荐在首尔中学校担任教师的币原坦出任学政参与官。对于学政参与官的权限，在其雇佣合同书中有具体的规定。

　　第 1 条　币原坦作为大韩帝国学政参与官，对学部所管事务有审议、提案之责。
　　第 2 条　大韩帝国的学部大臣对有关教育的一切事项均向币原坦咨询，在经其同意后实施。币原坦参加与教育事项相关的议政府会议，相关意见要求学部大臣向议政府提交。①

可以看出，学政参与官对学部的行政事务有审议提案权，学部大臣的所有事务都要向币原坦咨询，不经其同意不能实施，而且币原坦可以参加议政府会议并有提议权，如此强大的权限意味着他可以左右朝鲜的教育政

---

① 资料来源：国史编纂委员会韩国史数据库.

策，由此开始朝鲜的教育行政开始受到日本人的干预。币原坦在朝鲜的工作并不是其个人行为，而是日本政府指挥监督的结果。在上述学政参与官雇佣合同签订后，日本外务大臣小村寿太郎对币原坦进行了以下内训：

第 1　贵官受到本大丞及在韩帝国公使的指挥和监督，学务上的重要事项务必提前征得帝国公使的同意后方可实施。

第 2　有关学务的重要事件，尤其与经费相关的要在事前同目贺田财务顾问商议，并征得其同意。

第 3　贵官要经常向本大丞报告韩国学务改革方案及其他有关学务的重要事项，报告经由在韩帝国公使交予本大丞。①

可见，币原坦表面上受雇于朝鲜政府，实际上受到日本外务大臣与驻朝日本公使的指挥和监督，进而说明了日本政府对朝鲜教育行政的干预。

1905 年 11 月《第二次韩日协约》，即《乙巳条约》签订后，朝鲜正式沦为日本的"保护国" 1906 年 2 月代表日本政府的统监府在朝鲜成立，朝鲜主权名存实亡，政治、经济、社会等各方面均受日本支配。教育部门也不例外，1906 年 6 月三土忠造被任命为学政参与官，开始为日本将来在朝鲜实施殖民教育做准备。根据 1907 年 7 月《第三次韩日协约》的规定，日本人开始担任朝鲜政府内的次官及高级官吏，内务官僚出身的统监府书记官俵孙一担任学部次官，成为学部的实际最高掌权者，由此朝鲜的教育行政权进一步被日本人掌握。

随着日本人开始插手朝鲜的教育行政，学部官制被逐步修改。币原坦出任学政参与官 10 日后的 1905 年 2 月 26 日，新的学部官制发布。与 1895 年发布的学部官制相比，学务局的事务内容除了"学龄儿童入学的相关事项"部分被删除外，其他部分没有变化。1907 年 12 月，学部官制被全面

---

① 资料来源：国史编纂委员会韩国史数据库.

修改，学部掌管的事务被进一步细分化和组织化。学务局的管理事项由过去的五项增加为九项，编辑局的管理事项也由原来的一项增加为四项。1908 年，《学部分科规程》出台，规定学务局分为第一科和第二科。学部的官制改革基本由日本人操纵，因此日本人官员也被安排到各部门中。1909 年 7 月，学部共有职员 78 人，其中日本人 37 人，占比 47%。而 1905年 11 月，学部的 17 人中，只有 4 人为日本人，占比约 24%。① 因而可以说，日本人牢牢掌握了朝鲜的学部行政。

统监府成立后，学校制度在日本人的操纵下被修改。1906 年 8 月开始，学部相继发布了各级学校令，分别是《师范学校令》《高等学校令》《外国语学校令》《普通学校令》《高等女学校令》《私立学校令》及《实业学校令》，各种学校令的《施行规则》也陆续发布。从这些法令中可以看出，修改后的学校制度主要由普通学校、高等学校、高等女学校、师范学校、外国语学校、实业学校构成。与之前的学制相比，修改后的学制主要在以下几个方面发生了变化。

学校体系上，之前的小学校、中学校、商工学校分别变为普通学校、高等学校、实业学校，师范学校和外国语学校的名称没有变化，新创设了高等女学校。把中学校改为高等学校，意味着其将成为最高的教育机关。以前的中学校作为中等教育机关，容易给人以计划在其后继续设立大学的联想，高等学校的名称则给人以高等教育机关的印象，体现了愚民教育的用心。另外，设立女子教育机关是一个新的突破，之前朝鲜政府并没有相关的规定。学部之所以有此举动，是受到基督教传教士的影响。② 基督教传教士很早就开始在朝鲜建立女子教育机关，独占了朝鲜的女子教育。因此学部不可能一直放任，将女子教育交由传教士控制。

修业年限上，普通学校为 4 年制，与之前的小学校寻常科 3 年、高等

---

① 全敏镐. 学校令期统监府的教育政策研究——以学部及学部下属机关的教、职员安排为中心 [J]. 韩国学研究，2012，43：505.
② 吴天锡. 韩国新教育史 [M]. 首尔：现代教育丛书出版社，1964：142.

科 2~3 年共 5~6 年相比，有所缩短。原来的中学校寻常科 4 年、高等科 3 年，共 7 年。学制修改后的高等学校为预科 1 年，本科 4 年，1909 年甚至取消了预科，中等教育的修业年限也被大幅减少。对此，当时学部的出版物《韩国教育》中声称"保留复杂的学制和修业年限长的学校，不符合韩国教育的实际"。① 而在本质上，学校修业年限的缩短则是日本有意降低朝鲜的教育水平，阻止朝鲜近代教育的快速发展，进而利于日本的殖民侵略。

在教科书的使用上，1905 年学部开始着手管理教科书的编纂事务，在这之前各级学校使用的教科书大都是民间人士编写或翻译的，学校自由选择使用。这些教科书的内容不统一，质量也良莠不齐，但学部真正"关心"的是这些教科书是不是"煽动破坏韩国现状、鼓吹排日思想、阻碍日韩亲善、以豪言壮语挑拨爱国学生、反对当下的国事、罗列混淆教育与政治文字的危险物"②。为了加强对教科书内容的控制，学部开始实施编纂固定教科书和教科书的检定制度。统监府成立后，在日本人学政参与官三土忠造的指导下，学部成立了教科书编辑检定委员会，开始组织编纂各级学校教科书。1908 年学部公布了《教科用图书检定规程》，规定各级学校必须使用学部编纂或经过学部大臣检定、认可的教科书。实际上，很多有关历史、修身、地理等社会科学方面的书籍都无法通过检定、认可。以历史教科书为例，1910 年 5 月提交的 35 份申请中，有 15 份没有通过，有 7 份是正在调查的状态。③ 而之前已经出版的反映爱国思想的教科书，如《幼年必读》《中等教科东国史略》《越南亡国史》等，则以妨碍社会的秩序为由禁止发行。

教学课程上，首先新增了日语教育，普通学校、高等学校、师范学校中都安排了与朝鲜语几乎同等课时的日语课。而在此之前，日语只是作为

---

① 学部. 韩国教育 [J]. 朝鲜总督府，1909：3.
② 学部. 韩国教育 [J]. 朝鲜总督府，1909：13.
③ 吴天锡. 韩国新教育史 [M]. 首尔：现代教育丛书出版社，1964：165.

一门外语选修课，或在外国语学校中教授，其目的也更多是想通过日本学习西方的文明制度。在朝鲜沦为日本的保护国后，除外国语学校外，在一般学校中新增日语为正式教学科目，其性质已经完全不同，是日本的一种殖民教育渗透。其次，高等学校中加入了实业科目，第一学年为每周1课时，第二、三学年为每周3课时，第四学年增加到了每周5课时。在高等学校中加入实业科目，实际上是把高等学校视为完成教育的一种措施，在进行文化教育的同时进行一定程度的实业教育，使学生毕业后能迅速为社会所用。

总的说来，日本在朝鲜成立统监府后，开始控制朝鲜的内政和外交，通过在学部相继安插日本人做学政参与官、次官以及一般官吏，掌握了朝鲜的教育行政，进而在这些人的监督指导下对朝鲜的学制进行了修改。修改后的学制，在体系上加强了各级学校之间的连接关系，更加具备了近代学校制度的特点。但同时又缩短了初、中等教育的修学年限，加强教科书的使用与发行管理，禁止爱国与民族思想的传播，在各级学校中新增日语课程，这些措施并没有站在朝鲜长远发展的立场考虑，而是为其将来强占朝鲜后正式实行殖民主义教育进行的过渡与铺垫，1910年日本在朝鲜实施的一系列殖民教育政策都是在此基础上开展的。

二、亲日教育的推行

统监府成立前后，在日本的操纵下，朝鲜的政治、经济等各方面都向着于日本有利的方向倾斜，教育也走向了亲日的道路。因为吞并朝鲜是日本长久以来的既定方针，所以通过推行亲日教育，培养亲日势力，是为将来正式统治朝鲜做前期准备。日本控制下的朝鲜学部推行的亲日教育主要体现在以下几个方面：

第一，各级学校中新增日语课为正式科目。学制修改之前，各级学校中的语言课只有朝鲜语及汉文，日语同其他国家语言一样，作为一门外语选修课或在外国语学校中教授，这是无可厚非的。然而，在日本的操控下修改学制后，根据各级学校的学校令，日语一跃成为与朝鲜的民族语言处于同等地位的一门正式课程，这是一个完全独立国家的教育中不可能出现的现象。如表1-3所示，普通学校中，国语为每学年每周6课时，日语同样为6课时。高等学校中，国语及汉文合在一起为每学年每周6课时，日语也为6课时。师范学校中，国语为每学年每周3课时，日语竟比国语多出1课时，为4课时。

表1-3　普通学校、高等学校、师范学校语言课时数情况

课程＼学校	普通学校	高等学校	师范学校
国语	6	6	3
汉文	4		3
日语	6	6	4

注：每个学校的各学年语言课时数都相同，在此不按学年一一列出。

资料来源：吴天锡．韩国新教育史［M］．首尔：现代教育丛书出版社，1964：135，141，145.

对于增设日语课的原因，尤其是从初等教育开始，即普通学校中就进行日语教育，三土忠造在1908年6月官立普通学校职员会上进行了如下说明。

如今，日韩两国间的交通往来频繁，两国人互相携手从事公私事业，韩国人是否懂日语在生存竞争上有着明显的利害关系。即，习得日语的人作为官员可以上升到重要的位置，在经营商业上也容易获得利益，在官营或民营的公司中也更容易获得职位。随着往来于韩国的日本人越来越多，与日本人的人事交往也会越来越密切。此时，韩国人因为不懂日语而要借助翻译与日本人交往，或是在其他农、工、商等方面进行交涉，有时会因为无法充

分沟通发生问题，或者因为语言不通而被骗，韩国人必定会遭受不小的损失或不利。基于如此不能改变的事实，也为将来韩国儿童的幸福，日语教育实为必要……①

可以看出，日本官员把日语教育的缘由归结为朝鲜人处事和商业上的需要，表面上是为朝鲜人的实际利益考虑，但这种理由不免太过牵强，因为完全可以通过外国语学校的教育解决这一问题。日语教育的背后隐藏了日本试图通过此项措施输出日本文化、进行亲日教育的用心。

第二，以"模范教育"的名义在各级学校中安排日本人担任教师。所谓"模范教育"，借用当时学部的解释，即"为了增进国利民福、夯实教育的根本，通过树立教育的典范，从授课、训练、管理到校舍与其他设施，都做到完美无缺，用事实证明真正的教育是什么样子"②。实施"模范教育"过程中，一项重要措施便是招聘日本人在学校担任要职进行监督指导，因为"在新学制的实施上，如果交由经验与素养不足的韩国人负责，实难取得有效的成果。所以，新招聘日本人教员，安排在各官、公立学校中，使其担当学校经营与授课的任务"③。为此，学部在普通学校中安排了日本人教监，在高等以上学校安排了日本人学监，而这些人实际上掌控了学校的运营。不能否认，这些人或许具有经营近代学校的经验和能力，但仅凭朝鲜人"经验与素养不足"这一原因而招聘日本人经营学校，理由也是不够充分的。朝鲜在1895年就已成立首尔师范学校，十多年来培养了一批近代教育人才，即使存在一定问题，这些人也应该有能力克服困难，担当起近代教育的任务。因此，现实情况并非一定需要招聘日本人在学校的领导岗位上，其真正的目的在于通过日本人对学校的教育思想进行

① 高桥宾吉. 朝鲜教育史考［M］. 首尔：帝国地方行政学会朝鲜本部，1927：172-173.

② 学部. 韩国教育［J］. 朝鲜总督府，1909：3.

③ 学部. 韩国教育［J］. 朝鲜总督府，1909：3-4.

控制与监督，使其向亲日和殖民教育的方向靠拢。

第三，在教科书中加入亲日内容。学部为了对学校的教育内容进行管理，抹杀当时社会兴起的爱国独立精神以及排日思想，实施亲日教育，要求所有学校必须使用学部编纂的教科书，使用其他教科书时要经过当局的检定与认可，对于不符合要求的教科书则禁止使用与发行。学部成立的教科书编辑检定委员会，由 12 名委员组成，只有 1 人为朝鲜人，其余 11 人全部为日本人。① 可以想象其编纂的教科书中，尤其注意对亲日情感的培养。鉴于当时的思想与社会环境，学部不可能在教科书中明目张胆地加入明显亲日或赞扬日本的内容，而是采取隐晦的方式进行思想渗透，避免直接刺激朝鲜人的民族情感。以 1908 年出版的普通学校使用的《日语读本》（卷7）为例，全书共 20 课，其中与日本相关的课数为 6 课，占比三分之一。这 6 课的题目分别为《日本》《朝鲜与日本的交通》《日本与中国的交通》《新桥车站》《东京》及《日本的府县》。同年出版的《日语读本》（卷8）中，加入了 3 课与历史有关的内容，分别是《天津条约》《甲午战争》与《日俄战争》。可以看出，这 3 课分别是与朝鲜命运发展息息相关的三个历史事件，朝鲜当时的局面与这些事件的发生有直接关系，日本正是通过与清政府签订《天津条约》、经过中日甲午战争与日俄战争，一步步实现了吞并朝鲜的野心。那么，对此教科书中又是如何说明的呢？教科书把这场战争的原因描述为"对于日本来说，韩国是独立国家，并不是清朝的属国。日本强调如果清朝一意要派驻军队的话，日本也会派部队保护在韩生活的日本人，因而最终日本也出动了军队。此为甲午战争的开始"②。其中都是对日本有利的说明，完全回避了日本的侵略野心和战争责任，给朝鲜人造成一种日本对朝鲜友好、尊重的假象，从而笼络人心。

第四，一些日本侵略团体及个人在朝鲜开办学校，进行亲日教育。在

---

① 全敏镐. 学校令期统监府的教育政策研究——以学部及学部下属机关的教、职员安排为中心 [J]. 韩国学研究，2012，43：506.

② 学部. 日语读本. （卷8）[M]. 首尔：大仓书店，1908：13-14.

日本的对外侵略过程中，一个很重要的特点就是一些民间团体在政府的支持下抢先一步进行文化侵略。19 世纪末列强对中国进行瓜分的过程中，日本虽然是中日甲午战争的胜者，却没有在这场瓜分中获得太多的利益，因而日本政府及一些民间人士开始关注并研究中国问题，为日本的进一步侵略进行前期准备，在此背景下东亚同文会应运而生。会员进行实地调查研究的同时，通过开展学校教育、出版新闻报刊、派遣留学生等活动进行文化侵略。

东亚同文会成立于 1898 年 11 月，属于日本半官方性质的民间团体，主要任务就是进行海外殖民教育。19 世纪末，在经历了乙未事变、俄馆播迁等事件后，日本在朝鲜的势力和影响力由于受到俄国的排挤而被削弱。因此，东亚同文会开始在朝鲜开展以学校教育为主要内容的文化侵略活动，以培养亲日势力。对朝鲜教育的参与，东亚同文会主要采取两种方式，一种是直接设立学校，如城津学校和平壤日语学校；另一种是对一些日本个人设立的学校以支援补助费的形式进行扶植，主要有韩南学堂、达成学校等。①

城津学校，成立于 1899 年 8 月，第一学年主要教授修身以及以日语为主要内容的读书、语学、写作、习字等，第二、三学年开始教授算术、地理、历史等。平壤日语学校成立于 1899 年 10 月，分为 3 年本科和 2 年特别科，低年级主要教授修身与读书、写作、翻译等日语学习课程，高年级教授日本历史、万国历史、理科、数学等课程。城津学校和平壤日语学校都成立于 1899 年，两个学校虽然在修业年限和教学课程上稍有不同，但主要的教育方针都是开展日语学习和亲日思想的培养。补助学校中，韩南学堂和达成学校都是由日本人创办，分别在 1900 年和 1901 年开始接受东亚同文会的补助，其教育内容也基本围绕日语、日本文化和一些普通学科开展，在本质上同东亚同文会直接设立的学校没有区别，目的都在于通过日

---

① 千志明. 韩末日本东亚同文会的朝鲜教育进出［D］. 首尔：淑明女子大学，2000：28.

语及日本文化教育拉拢朝鲜人，培植亲日势力。

在朝鲜开展教育活动的另一个日本侵略团体就是大日本海外教育会。大日本海外教育会成立于1894年，在海外进行日语教育活动是其主要目的和特点。1896年4月，教育会在朝鲜成立了京城学堂，对于在朝鲜设立京城学堂开展教育活动的目的，作为教育会设立者之一的本多庸一列出了五点，分别是"道德上的责任、争取韩国独立、东洋的和平、扩大日本的势力、日本国民的启蒙"。① 其中，"争取韩国独立、东洋的和平"不过是日本进行对外侵略的幌子和美名，对朝鲜人进行日本国民启蒙和扩大日本势力才是其真正目的。在教学科目上，京城学堂不仅教授日语，还通过日语教授其他普通学科，教师中除了一些朝鲜人助手外，基本都是日本人。京城学堂受到了日本当局很高的评价，1899年至1906年担任驻韩日本公使的林权助评价道"在朝鲜，日本人经营的事业中，最有意义的是大日本海外教育会的事业"。② 伊藤博文也强调："日本人的事业中，真正奏效的只有京城学堂……对大日本海外教育会的事业表示满意。"③

综上所述，这一时期日本主要通过在学校中开设日语课、安插日本人教师、在教科书中加入亲日内容以及扶持侵略团体及个人开办学校等方式对朝鲜人进行潜移默化的亲日思想渗透，而没有直接采用极端的强迫手段，以此来麻痹朝鲜人。1910年正式吞并朝鲜之后，日本则不再遮遮掩掩，开始以武力手段强制推行殖民主义教育。

---

① 金山春树．旧韩末韩国日语教育考察：以大日本海外教育会的活动为中心［D］．首尔：高丽大学，2006：34．
② 大塚荣三．圣雄押川方义［M］．东京：押川先生文书刊行会，1932：52．
③ 冈田哲佩，本多庸一伝［M］．东京：日独书院，1935：99．

第二章

日本强占后殖民主义教育政策的确立与实施

1905 年，日本在朝鲜确立统监统治后，吞并朝鲜只是时间和时机上的问题。1910 年 8 月《韩日合并条约》签订以后，日本正式开始了在朝鲜的殖民统治。《朝日合并条约》的序言中声称"合并"是为了"促进两国共同幸福"，而事实证明，给朝鲜人民带来的是无尽的灾难和奴役。在残酷的武断统治下，日本开始对朝鲜的教育制度与教育体系进行重新修整，确立了殖民主义的教育政策。

第一节 武断统治与殖民主义教育方针的确立

一、武断统治政策的实行与教育

崇尚武力和军事扩张是军国主义的主要特点。日本作为后起的军国主义国家，决定了其在朝鲜殖民政策上的残暴不仁。日本强制占领朝鲜后，即在朝鲜设置总督府取代统监府，以强大的宪兵警察力量为依托，实行武断统治。1910 年 9 月 30 日，《朝鲜总督府官制》发布，据此日本在朝鲜建立起了一整套完备的殖民统治体系。根据《朝鲜总督府官制》的规定，总督府设总督一名，由现役陆海军大将担任，直辖于天皇，独揽朝鲜的立法、司法和军政大权。朝鲜的第一任总督由第三任统监寺内正毅担任。总督府内设置总督官房、总务、内务、度支、农商工、司法各部，此外还有中枢院、取调局、警务总监部、裁判所、监狱、铁道局、通信局等殖民机构。下面从政治、经济、文化等方面具体分析日本强占初期如何对朝鲜进行殖民统治。

首先，政治上，日本在朝鲜实行宪兵和警察一体的统治政策。日本驻朝鲜宪兵司令兼任总督府警务总监，各道宪兵队长兼任警务部长。宪兵的职务除了军事警察、一般行政警察、司法警察外，还承担普及日语、管制报纸出版物发行、取缔集会结社、管束宗教、调停民事争议等各种庞杂的事务。总督府成立后，日本极力扩大宪兵警察的机构和数量。1910 年，宪兵警察机关数为 1134 个，宪兵警察总数为 7900 人。到了 1918 年 9 月，宪兵警察机关数增加为 1796 个，宪兵警察总数达到了 16841 人。① 不仅如此，日本人还在朝鲜组织各种团体，如"在乡军人会""日本居留民团"等充当宪兵警察的别动队，监视朝鲜人的一举一动。朝鲜人的言论、出版、结社、集会和信仰自由被完全剥夺，根据 1910 年 8 月 25 日颁布的《集会取缔令》，朝鲜人 3 人以上集会就要受到盘问和监视。大韩协会、西北协会等团体都被勒令解散，甚至作为亲日团体的一进会都被解散。在这样的高压统治下，全国的刑事案件不断增加，宪警动辄以"扰乱治安""破坏秩序""思想不忠"等罪名任意逮捕朝鲜人，数以万计的朝鲜人被捕入狱。据统计，1911 年被捕入狱案件为 18110 件、1918 年激增至 82121 件②，而且很多人被处以残忍的笞刑或被处死。这一方面证明了朝鲜人并没有完全屈服于日本的殖民统治，另一方面也反映了日本当局镇压的残酷。

其次，在经济上建立庞大的殖民经济体系，进行搜刮掠夺。据 1910 年《总督府施政年报》统计，总督府官署职员总数 15113 人中，有占三分之

---

① 资料来源．国史编纂委员会韩国史数据库．
② 姜德相．现代史资料（第 25 卷）［M］．东京：明治书房，1966：12.

一之多的 5707 人供职于铁道局、海关、土地调查局等经济掠夺机关。① 由此可以推断,日本对控制朝鲜经济进行掠夺的重视程度之高。日本首先实行了掠夺朝鲜农民土地的政策。一方面因为朝鲜是农业国,地税占税收收入的比重最大,另一方面使日本人占有大量土地成为地主,确保朝鲜作为日本的粮食供应基地。1910 年,以日本人为头目组成了"临时土地调查局",1912 年又公布了《土地调查令》,对朝鲜全境的土地进行调查测量。在历时 8 年的土地调查过程中,总督府利用各种欺骗手段,夺取没收了朝鲜农民大量土地。当局者把这些土地收归国有后,一部分给予了东洋拓殖株式会社②,另一部分分给了日本企业或个人。最后,总督府和以东洋拓殖株式会社为首的土地公司及日本人地主成为朝鲜最大的土地持有者,大量朝鲜农民破产,被迫沦为佃农或流离失所。除土地外,日本还对朝鲜的山林资源进行掠夺,总督府分别于 1911 年和 1918 年发布了《山林令》和《林地调查令》,将大部分公有林变为国有林,余下的民有林又基本划归日本人所有。此外,为了压制朝鲜民族资本的发展,控制朝鲜的经济命脉,总督府于 1912 年发布《会社令》,规定公司的成立必须得到总督的许可,运营过程中也要受到总督的监督,如果出现"有违公共秩序和善良风俗",总督有权关闭、解散公司。1917 年,朝鲜人开办的公司数为 37 个,日本人开办的公司数为 177 个③,而且大中型企业都被日本人垄断,朝鲜人的企业一般都是规模小、资本少的小企业。在对外贸易上,对日贸易比重由1910 年的出口占 77.2%、进口占 63.7%,增加到 1919 年的出口占 90%、进口占 76.2%,对日贸易占据了绝对垄断地位。对日贸易主要是向日本输出粮食、工业原料及原料制品,而从日本进口制成品、纺织品及其他轻工业品。在这样的环境下,朝鲜民族工业趋于萎缩,日本对朝鲜投资迅速

---

① 金雲泰. 日本帝国主义的韩国统治 [M]. 首尔:博英社,1986:187.

② 东洋拓殖株式会社,简称东拓,成立于 1908 年,表面上是公司,背后受到日本政府的大力扶持,在朝鲜和中国东北进行殖民掠夺,经营的产业包括土地、山林、水产、金融等很多方面,实质上是日本在朝鲜的"国策代行机关"。

③ 金雲泰. 日本帝国主义的韩国统治 [M]. 首尔:博英社,1986:251.

增加。

此外，日本还特别重视朝鲜的基础设施建设，大力修建铁路、港口。这样做，一是为了便于运出朝鲜的粮食、矿产等资源，同时向朝鲜倾销日本商品；二是出于侵略中国的军事目的。日本在总督府设立铁道局，对朝鲜的铁路进行扩建和改造。1911年，基本建成了连结朝鲜干线铁路和中国东北铁路的鸭绿江铁桥。1914年分别建成了湖南线（大田—木浦）和京元线（首尔—元山），1915年部分开通了咸镜线（清津—会宁）。海运方面，开辟了釜山—雄基、仁川—木浦等沿海航线。这些工程强制动员了大量的朝鲜劳动力，并要求道路沿线的居民担当道路管理、维修等役务。可以说这些工程的建成，都是建立在朝鲜人民流血流汗基础之上的，而从中受益的只是日本统治者。

最后，在文化教育方面实行高压控制政策。日本强占朝鲜后，对新闻出版实行严格的控制和审查制度。首尔只剩下总督府的御用报刊《京城日报》（日文）、《每日申报》（朝文，1904年由英国人创办）、《首尔新闻》（英文）三家，其他报纸都被查封。对于反映民族独立思想的书籍，如《乙支文德传》《李舜臣传》等朝鲜历史伟人传记和《瑞士建国史》《美国独立战争史》《法国革命史》等有关国家争取民族独立的历史著作，总督府发布命令一律禁止阅读和保存，对这些书籍实行焚烧政策。截止到1910年11月，被焚毁的朝鲜语书籍达到50余种，2000余卷。① 另外，为了对教育实行从上到下的控制，建立了中央集权制的教育行政体系。朝鲜总督由现役陆军大将担任，在教育方面拥有最高权力。朝鲜总督拥有从教育相关法令的制定权到教科书编订的行政权力。日本在朝鲜确立殖民统治后，立即在1910年9月发布了《朝鲜总督府及所属官署官制》，由总督府替代了1905年设立的统监府，在总督府内设总督官房、总务部、内务部、度之部、农商工部、司法部等基本部门。主管教育的行政机构是学务局，直属

---

① 车锡基. 韩国民族主义教育的研究［M］. 首尔：进明文化社，1978：192.

于总督府下设的内务部，负责辅佐总督管理相关的教育行政事务。学务局下设两科，分别是学务科和编辑科。学务科的主要职能是管理各级学校的教育行政事务，并对其进行监督。科内设有一名视察官和数名督学，他们不定时视察朝鲜各道、府、郡的学校，督促校长、教员执行总督府的教育政策。这些人不仅对各级的官、公立学校进行视察监督，对朝鲜人自己设立的书堂也不放过，一经发现反日因素，马上就会对其进行监督管制。编辑科的主要职能是负责各级学校使用教科书的编辑、出版、发行，并且对教科书的使用情况进行监督。科内设有一名编修官和数名编修、书记员，他们对官、公立学校以及私立学校的教科书使用情况进行检查，强制使用总督府发行的教科书或经过总督府"检定"的教科书。

在地方教育行政机构方面，没有设置专门的教育行政部门，而是由道所属的内务部进行间接管理。总督府对地方的道、府、郡、面等行政机构进行了精细整顿，却没有设置专门的教育行政机构，目的是为了对教育进行特别管理。

二、第一次《朝鲜教育令》与殖民主义教育方针的确立

日本在朝鲜教育政策的推行，也同日本国内一样，通过发布教育令指导教育实践。1911 年 8 月 23 日，朝鲜总督府发布第一次《朝鲜教育令》，随后陆续发布了各级《学校规则》，对各级学校的设立、课程的安排与教育目标、教科书等做了详细规定，由此日本在朝鲜的殖民教育全面展开。

之所以在强占朝鲜一年后才发布教育令，一是由于统监府时期日本已经对朝鲜的教育进行了一定程度的殖民渗透，立即再做出大的变动，可能会激起朝鲜人民的强烈反抗；二是因为日本对朝鲜的教育问题格外重视，需要一定时间对这一问题进行谨慎研究。1910 年前后，日本专门的教育杂志《教育界》刊载了多篇有关朝鲜教育问题的文章，部分整理如下：

野尻精一（文部省视学官），《韩国教育谈》，第 4 卷第 9，

10 号，1904 年 10 月

币原坦，《韩国的教育》，第 5 卷第 4 号，1905 年 4 月

三土忠造（韩国学部参与官），《关于韩国的教育》，第 6 卷第 4 号，1906 年 4 月

青木宪吉，《向俵次官问韩国教育方针》，第 7 卷第 2 号，1907 年 2 月

增户鹤吉（韩国官立首尔师范学校学监），《韩国的师范教育》，第 7 卷 8，9 号，1907 年 9 月

合邦后的朝鲜人教育，《社论》，第 9 卷第 12 号，1909 年 12 月

市村瓒次郎，《日韩合并与精神统一》，第 9 卷第 12 号，1909 年 12 月

喜田良吉，《韩国的合并与国史教育》，第 9 卷第 12 号，1909 年 12 月

井上哲次郎，《日韩合并与今后的教育》，第 9 卷第 12 号，1909 年 12 月

末广重雄，《朝鲜民族同化政策》，第 9 卷第 12 号，1909 年 12 月

横山弥三，《关于朝鲜的普通教育》，第 10 卷第 6 号，1910 年 6 月

从文章标题可以看出上述文章主要围绕朝鲜教育的现状以及合并后朝鲜教育的方针等问题进行了介绍与讨论。日本另一本名为《教育时论》的杂志也对合并后朝鲜的教育问题进行了关注，其在 1910 年 9 月 15 日题为《新领土的教育》的社论中指出："引导新臣民（朝鲜人—笔者注），使其成为陛下忠良臣民的方法，即把其同化为旧臣民（日本人—笔者注）的方

法有多种，但主要是教育。"① 另外，朝鲜总督府在 1935 年发行的《施政二十五年史》中写道："教育是国家的百年大计，决定着半岛统治的兴衰。因此，在半岛实施新的总督政治时，要进行更为慎重的研究。"② 可见，日本对朝鲜的教育政策非常重视。为此，日本帝国教育会专门成立了朝鲜教育调查委员会，专门研究讨论朝鲜的教育问题，《朝鲜教育令》就是其研究讨论的结果。

第一次《朝鲜教育令》（以下简称《教育令》）由"第一章 纲领""第二章 学校"以及"附则"三部分构成，全文共 30 条，是日本在朝鲜进行殖民教育的基本法令。对于日本在朝鲜教育的基本方针，《教育令》的第 2 条规定：依据《教育敕语》之主旨，培养忠良之国民。《教育令》发布后，总督寺内正毅发表讲话称："帝国教育之大本意已在《教育敕语》所明示，……朝鲜教育之本意亦在于此。朝鲜的情况尚不如内地，其教育要特别着眼于德行之涵养与国语之普及，以养成帝国臣民的资质和品性。……教育要顺应时势与民度，以期良好效果。"③《教育敕语》是日本天皇在 1890 年颁布的关于教育的诏书，内容充满了封建伦理道德和军国主义思想，其中把日本天皇奉为至高无上的神，要求国民"常遵国宪，时守国法，一旦危急，则义勇奉公，以扶翼天壤无穷之皇运。如斯，则不独为朕之忠良臣民，又足以显彰尔祖先之遗风"④。

为了"培养忠良之国民"，《教育令》对各级学校教育目的的规定中，都提出了要注重"国民性格"的培养。

第 5 条 普通教育教授普通的知识技能，尤其以培养国民性格为目的。

---

① 社论. 教育时论 [J]. 教育时论社, 1910: 915.
② 朝鲜总督府. 施政二十五年史 [M]. 首尔：朝鲜印刷株式会社, 1935: 167.
③ 朝鲜教育研究会. 朝鲜教育者必携 [M]. 首尔：朝鲜印刷株式会社, 1918: 60.
④ 明治天皇诏书 [Z]. 1890-10-30.

第8条　普通学校对儿童实行国民教育中基础的普通教育。留意其身体发达，教授国语（日语），施予德育，培育国民性格，教授必要的普通知识技能。

第11条　高等普通学校对男子实行高等普通教育。教授其常识，图求国民性格，传授生活中有用的知识技能。

第15条　女子高等普通学校对女子实行高等普通教育。培养妇德，陶冶国民性格，传授生活中有用的知识技能。

可见，日本"国民性格"的培养成为各级学校的主要教育目标，贯穿整个殖民教育的始终。为了达到这一教育目的，各级学校在尤其重视日语教育的同时，还特别安排了思想道德教育课程，即修身。《普通学校规则》中规定"修身应该基于《教育敕语》的主旨，培养道德及情操，不失一直以来的良风美俗……主要教授人伦道德，知晓对国家及社会的责任义务，遵守国法，崇尚功德"。因此，课上也主要围绕"勤勉""责任""实践""信义""忠君爱国"等内容进行说教，培养学生对天皇的崇拜思想和封建伦理道德。对于有助于培养民族意识的朝鲜历史、朝鲜地理课，则禁止教授。因而，所谓"培养忠良之臣民"，表面上把朝鲜人同日本人置于相同的法律地位，实际上却是让朝鲜人在思想上放弃自己的国家和民族，成为对日本天皇和日本帝国绝对忠诚的顺民，以助于对其进行奴役，这在本质上是赤裸裸的民族抹杀政策。

那么，除了思想教化以外，日本在朝鲜推行的教育制度也完全与日本国内保持一致吗？答案是否定的。《教育令》第3条规定："教育要符合时势与民度"，这意味着日本在朝鲜推行了与日本国内不同的民族差别教育，是水平更低的教育。对此，寺内正毅在1912年4月30日给新任日本人教员的训示中说道："如今在韩国，还没有达到教授韩国人高尚学问的程度。

现在应该着眼于实施一种浅显的教育……"① 这样的教育理念，即便是与朝鲜甲午更张时期初步确立近代教育制度的"新学制"相比，也是畸形和落后的。对于具体的学校体系、各级学校的教育年限等，《教育令》的规定如下：

第4条　教育大体上分为普通教育、实业教育、专门教育。

第8条　普通学校……教授生活中必要的普通知识与技能。

第9条　普通学校的修业年限为4年。根据地方情况，可缩短1年。

第11条　高等普通学校……教授生活中有用的知识与技能。

第12条　高等普通学校的授业年限为4年。

第14条　在官立高等普通学校设师范科、教员速成科，培养普通学校教员。师范科的授业年限为1年，教员速成科的授业年限为1年以内。……

第15条　女子高等普通学校……教授生活中有用的知识与技能。

第16条　女子高等普通学校的授业年限为3年。

第19条　在官立女子高等普通学校设立师范科，培养普通学校教员。师范科的授业年限为1年。……

第21条　实业学校分为农业学校、商业学校、工业学校以及简易实业学校。

第22条　实业学校的授业年限为2~3年。

第24条　简易实业学校的授业年限及入学资格不受前2条的约束，由朝鲜总督决定。

第26条　专门学校的授业年限为3~4年。

---

① 高桥宾吉. 朝鲜教育史考 [M]. 首尔：帝国地方行政学会朝鲜本部，1927：365.

从以上《教育令》内容可以看出，日本在朝鲜推行的教育制度存在以下几个方面的问题：第一，普通教育年限时间短。初等、中等教育的年限，加起来一共是6~8年。第二，以专门教育作为高等教育，没有大学教育机构。第三，对师范教育的轻视。没有规定设立师范学校，只是在官立高等普通学校和官立女子高等普通学校分别设立了1年的师范科，培养普通学校教员。第四，重视教育的实用性。除了有专门的实业学校外，在普通学校、高等普通学校及女子高等普通学校的教育目标中也都强调"教授生活中有用的知识和技能"。

综上所述，第一次《朝鲜教育令》体现的殖民主义教育基本方针就是通过进行民族同化教育，要求朝鲜人义务上像日本国民一样效忠天皇，服从殖民统治，而权利上却通过愚民教育与日本国民区分开来，在朝鲜推行与日本国内相比低水平、低层次的教育，使朝鲜人成为殖民统治的被奴役者。

第二节　殖民主义教育的实施

一、复线型教育体系的建立

在"教育要符合时势与民度"的旗号下，日本统治者制定了一套所谓"符合"朝鲜实际与发展的教育制度，对统监府时期确立的学校体系进行重新整备，建立起一套既不同于日本国内，也不同于朝鲜境内日本人学校教育的复线型教育体系，实行愚民教育和民族差别教育。

首先，缩短普通教育的年限。统监府时期，普通学校为4年制，高等学校为1年的预科加上4年的本科。根据第一次《朝鲜教育令》的规定，普通教育由3~4年的普通学校、4年的高等普通学校及3年的女子高等普通学校构成。这样，朝鲜的初、中等教育年限加起来一共是6~8年，比统监府时期的教育年限又有所减少。与此形成对比的是，1912 年 3 月寺内正毅分别在府令第 44 号和 45 号中规定，在朝鲜日本人小学为 6 年制，日本人中学和高等女学校为 5 年制。这样，日本人小学和中学的修业年限加起来一共为 11 年，比朝鲜人的普通教育多出了 3~5 年。那么同一时期内，日本国内的情况又是如何呢？早在 1890 年的《小学校令》就规定"初等小学学制为 3 年或 4 年"；1900 年《小学校令》则明确规定为 4 年，为义务教育；继而 1907 年发布的《小学校令》中，进一步规定初等小学学制为 6 年，将义务教育年限延长了 2 年。中学教育方面，根据 1899 年的《中学校令》，中等学校学制为 5 年。因此，日本在朝鲜的教育实行的是双重标准，在朝日本人的初中等教育年限与日本国内保持一致，而对于朝鲜人则将其教育年限大大缩短了。

普通教育年限的缩短，造成了学生的知识基础薄弱，使朝鲜儿童的升学成为一大问题。由于每级教育之间缺乏连续性，使得毕业生无法继续接受下一级的教育，朝鲜的教育被维持在很低的水平。然而，就是这种接受低水平教育的权利，朝鲜人也不能充分享受。如表 2-1 所示，在朝日本人学龄儿童入学率远远高于朝鲜儿童。日本人儿童入学率超过了 91%，而朝鲜儿童入学率仅为 37%。这表明殖民统治下朝鲜人的基础教育不仅水平低，而且教育机会也受到了极大的限制。

表 2-1　1919 年普通学校学龄儿童入学情况

学校	入学适龄儿童数	入学人数	入学率
普通学校（朝鲜人）	2280950	843060	37%
小学（日本人）	46740	42732	91.4%

资料来源：李万珪．朝鲜教育史 II [M]．首尔：거름，1991：129.

其次，极力限制朝鲜高等教育的发展。有人说"奴隶不能太愚，也不能太智……愚则驱使不灵，太智则操纵不易"。不智不愚、似智似愚的人才最利于殖民者的剥削和利用。1911 年 9 月，日本首先把作为朝鲜传统高等教育机关的成均馆改成了经学院，使成均馆丧失了教育的功能，而使其只充当社会教化的机关。关闭成均馆后，日本统治者没有在朝鲜设立大学，而是以专门教育代替高等教育。1910 年 11 月，《教育界》杂志题为《朝鲜教育制度》一文写道："拓殖局对于殖民地尤其是朝鲜的教育制度正在江木部长的领导下进行调查，但大体上的方针就是殖民地统治的政治弊害一直都在受过高等教育的人身上，这一事实从英国对印度的教育制度上可以清楚地看出来。因此，对这一点应该仔细斟酌，使教育在不太高尚的范围内实施。"① 日本统治者就是考虑到教育这种启发民智的作用，采取刻意降低朝鲜人受教育程度的方式，维护其殖民统治。

专门学校作为朝鲜的最高教育机关，不论是在水平上，还是在规模上，都不能与日本国内的专门学校相比。专门学校的修业年限为 3~4 年，入学资格为 16 岁以上的高等普通学校毕业生或同等学力者。而这一时期日本国内的教育中，专门学校属于职业教育的范畴，而且在经过普通小学（6 年）、高等小学（2 年）、中学（5 年）的教育后方可进入专门学校学习。

1919 年以前，朝鲜只有 4 所官立专门学校，分别是京城法学专门学校、京城医学专门学校、京城工业专门学校、水原农林专门学校。京城法学专门学校的前身是朝鲜王朝在 1895 年建立的京城法官养成所，1907 年改为京城专修学校，1916 年升级为法学专门学校。同在 1916 年设立的京城医学专门学校，起源于 1899 年设立的京城医学校，1907 年改为大韩医院教育部，1909 年改为大韩医院附属医学学校，1910 年又改为医学讲习所，最后在 1916 年 4 月升格为专门学校。京城工业专门学校和水原农业专门学校都是在 1899 年大韩帝国设立的商工学校基础上，于 1906 年分别把工科改为工业专修学校，把农科改为水原农业学校，最后分别在 1916 年和1918 年把两所学校升级为京城工业专门学校和水原农林专门学校。

---

① 教育界. 朝鲜教育制度 [N]. 教育界，1910，10：记事.

从 4 所学校的沿革可以看出，没有一所是总督府新设立的学校，基本都是在 19 世纪末朝鲜王朝或大韩帝国时期建立的学校基础上，于 1915 年 3 月颁布《专门学校规则》后，经过改编或升格成立的专门学校。与此相比，日本国内于 1903 年 3 月发布了《专门学校令》，建立了高等职业教育体系。截止到 1917 年，日本国内已有 94 所专门学校①，涉及商业、工业、园艺、绘画、医药学、矿山等各个领域。

表 2-2　1917 年京城医学专门学校、京城工业专门学校教师及学生情况

	教师数			学生数（朝鲜人/日本人）				
	朝鲜人	日本人	合计	一年级	二年级	三年级	四年级	合计
京城医学专门学校	0	42	42	24/59	24/39	0/52	0/44	48/194
京城工业专门学校	4	58	62	63/64	42/47	10/18	—	115/129

资料来源：姜秉植.日帝对韩国殖民地教育实态研究：以 1910 年代为中心 [J].东西史学，1997，3（1）：122-123.

表 2-2 中的数据显示，官立专门学校实行朝鲜人、日本人共学制度，但日本学生占了很大的比例。1917 年京城医学专门学校的 242 名在校生中，朝鲜人只占 19.8%，日本人占到了 80.2%。京城工业专门学校的 244 名学生中，朝鲜人占 47.1%，日本人占 52.9%。在教师数量上，1917 年京城医学专门学校的教员全部是日本人，京城工业专门学校共有教师 62 人，日本人以 58 人占到了 93.5%。可见，朝鲜的专门学校不仅水平低、数量少，而且不论从教员数量上还是从学生数量上看，专门学校教育并不是以朝鲜人为主的教育，而是为居住在朝鲜的日本人服务的教育。专门教育对于大多数朝鲜人来说，等于形同虚设。

最后，日本不重视朝鲜师范教育的发展。第一次《朝鲜教育令》中，

---

① 藏佩红.日本近现代教育史 [M].北京：世界知识出版社，2010：148.

只有两条内容涉及了师范教育。

　　第 14 条　在官立高等普通学校设师范科、教员速成科，培养普通学校教员。师范科的授业年限为 1 年，教员速成科的授业年限为 1 年以内。能够进入师范科的要求是高等普通学校的毕业者，能够进入教员速成科的要求是 16 岁以上、修完高等普通学校第 2 学年的课程或者具有同等以上学历者。

　　第 19 条　在官立女子高等普通学校设师范科，培养普通学校教员。师范科的授业年限为 1 年，能够进入师范科的要求是女子高等普通学校的毕业者。

　　由上可见，日本在朝鲜没有设立独立培养教师人才的师范学校。日本强占朝鲜后，强制关闭了 1895 年 4 月建立的首尔师范学校，只是在高等普通学校及女子高等普通学校设立了师范科或速成科，最长的教育年限也仅为 1 年。同时，这些地方只能培养最低水平的普通学校教员，这种简易师范教育制度体现了日本当局实施的所谓符合"时势"与"民度"的愚民化教育政策。另外，这直接导致普通学校各级学校教员的匮乏，而不得不录用日本人，也使这些学校牢牢掌握在日本人手里。师范教育关系到整个国家教育的持续稳定发展，日本当局者根本就没有为朝鲜教育的长远发展而考虑。

　　这一时期，日本国内却非常重视师范教育的发展。根据 1907 年 4 月日本文部省制定的《师范学校规程》，师范学校分为正科一部和正科二部，一部属于中等教育范畴，二部属于高等教育范畴。截止到 1917 年，日本国内普通师范学校共有 93 所，高等师范学校有 4 所。[①]

　　总之，日本统治者标榜在朝鲜进行"忠良之臣民"教育，但无论是与

---

　　①　藏佩红. 日本近现代教育史［M］. 北京：世界知识出版社，2010：155.

在朝鲜的日本人教育，还是同一时期的日本国内教育相比，日本在朝鲜推行的教育在学校体系上都是简易和畸形的，在规模和水平上也远低于日本国内。

二、"国语"教育的普及

为了把朝鲜人教育成"忠良之臣民"，对朝鲜人进行日本语言教育成为日本当局的重要手段。第一次《朝鲜教育令》中规定日语为"国语"，学校教育实行的也是以日语为中心，抹杀朝鲜语的政策，日本对朝鲜日语教育的重视，主要体现在以下几个方面：

第一，在学校课程中安排较大比重的日语课。朝鲜人真正的国语朝鲜语是普通的语言课，且与汉文合成一门课程，更降低了其地位与重要性。各级学校中，日语课都占据绝对优势地位，尤其是在普通教育阶段对日语的重视程度更为明显，在《教育令》第8条特别规定了要"教授国语，施予德育，培育国民性格"。这一时期是儿童的启蒙教育和基础教育阶段，日本统治者尤其重视普通教育中的日语普及教育，就是让朝鲜儿童从受教育之初就接受日本语言文化的熏陶感染。如表2-3所示，普通学校1~2年级每周课时总数是26课时，3~4年级是27课时，其中日语课的上课时数每周均为10课时，所占比重分别达到38.5%和37%。朝鲜语及汉文在1~2年级的课时为6课时，所占的比重为23.1%，3~4年级由于增设了理科课而把朝鲜语及汉文的课时减少为5课时，所占比重下降为18.5%。从另外角度看，普通学校所有语言课加在一起已经占据了总课程数的一半以上，在启蒙教育阶段安排如此多的语言学习课程，也是极其不科学的。

表2-3 普通学校各学年课程安排与每周课时安排

课程时数\年级	一年级	二年级	三年级	四年级
修身	1	1	1	1
日语	10	10	10	10
朝鲜语及汉文	6	6	5	5
理科	—	—	2	2
算术	6	6	6	6
体操及唱歌	3	3	3	3
合计	26	26	27	27

资料来源：孙仁铢．韩国近代教育史 [M]．首尔：延世大学出版部，1971：101.

表2-4 高等普通学校与女子高等普通学校各学年朝鲜语及汉文与日语课每周课时安排

学校	朝鲜语及汉文/日语				
	一年级	二年级	三年级	四年级	合计
高等普通学校	4/8	4/8	3/7	3/7	14/30
女子高等普通学校	2/6	2/6	2/6	—	6/18
高等普通学校师范科	2/5	—	—	—	2/5
女子高等普通学校师范科	2/4	—	—	—	2/4

资料来源：金在祐．朝鲜总督府教育政策的分析研究 [D]．首尔：汉阳大学，1987：181.

表2-5 实业学校各学年朝鲜语及汉文与日语课每周课时安排

学校 课程	农业学校		商业学校		工业学校	
	一年级	二年级	一年级	二年级	一年级	二年级
日语	4	4	8	8	4	4
朝鲜语及汉文	2	1	2	2	2	1

资料来源：柳年锡. 日帝时代朝鲜语科教育课程的变迁考［C］. 顺天大学论文集（人文社会科学篇），1985，4：106.

如表2-4所示，高等普通学校及女子高等普通学校由于增设其他教学科目，导致日语课时数有所减少，但与朝鲜语及汉文课相比，仍占据着绝对优势地位，每周日语课比朝鲜语及汉文课的总课时多出了1~2倍。如表2-5，各种实业学校中，日语课程也没有减少，尤其是商业学校中，日语课更是受到格外的重视。

第二，除了日语课程外，其他学科课程也被利用为普及日语的手段。对此，总督寺内正毅这样说道："国语不仅有助于国民性格的培养，也是教授日常生活必要知识与技能时不可或缺的。在教学科目中，也是学习修身、历史、地理、实业、家务等的基础。"① 1911年10月发布的《普通学校规则》第7条规定：国语蕴含着国民精神，应该使其成为获得知识和技能不可缺少的手段，使国语在所有科目中都能正确使用、自由运用。因此，日语不仅是所有课程的上课用语，所有教科书也均用日语编写，这对于日语尚不熟练的朝鲜学生来说，学习能力和水平必定受到限制。朝鲜语及汉文课不仅学习要求低，还要配合日语教学。《普通学校规则》第10条规定：朝鲜语及汉文学习要理解普通的语言和句子，培养能应对日常生活和判别事务的能力，同时有助于德性的涵养。……在教授朝鲜语及汉文时，要经常注意与日语的联系，根据情况，要用国语进行解释。可以看出，朝鲜语及汉文的教育只是为了应付日常生活的需要，而日语需要达到

---

① 弓削幸太郎. 朝鲜的教育［M］. 东京：自由评论社，1923：137.

"自由运用"的程度，这表明了日语教育的重要和朝鲜语及汉文教育的附属性质。

第三，日本人教师被安排在各级学校任教。这些教师上课时都身穿制服，佩带刀剑，兼任了宪兵警察的角色，对学生形成震慑作用。这样不仅有利于对学校教育的直接控制，还有利于向学生进行日语教育，灌输亲日思想。

表 2-6　1919 年 5 月各级学校日本人教师分布情况

学校	教师总数	日本人教师数	日本人教师百分比
普通学校	2525	759	30.0%
高等普通学校（含女高）	239	145	60.0%
实业学校	140	115	82.0%
专门学校	92	71	77.2%

资料来源：大野谦一. 朝鲜教育问题管见［M］. 首尔：朝鲜教育会，1936：69.

从表 2-6 可以看出，普通学校教师总数最多，日本人教师所占比例最小，随着学校等级的提高，学校数量的减少导致教师总数也显著减少，而日本人教师的比例却逐级增大。究其原因，一方面朝鲜师范教育的水平低，只能培养普通教育阶段的教师；另一方面是为了节省财政开支，因为朝鲜人教师的工资水平远低于日本人教师，以 1914 年 3 月的公立普通学校教师工资为例，朝鲜人训导为 24 圆 84 钱，代用教员为 12 圆 77 钱，而日本人训导为 55 圆 38 钱，代用教员为 21 圆 8 钱（《朝鲜总督府统计年报》1914 年）；另外，随着受教育程度的提高，学生的独立思考能力逐渐形成，为防止朝鲜人教师在上课过程中教授朝鲜语，或者宣传民族独立意识与反日思想，故殖民当局利用日本人教师对学生进行日语教育，灌输亲日思想，削弱学生的反抗意识。在学校即便是占少数的朝鲜人教师，也要求其精通日语，并要经过严格的审查与考核。

语言是一个国家和民族的灵魂，日本剥夺朝鲜人使用本民族语言的权力，其根本目的就在于通过日语教育强制输入日本的语言文化与生活方式，实行民族同化教育。因此可以说，日语课并不是简单的语言课，而是进行民族同化的工具，其教学内容足以说明这一点。例如，在1914年出版的普通学校二年级教材《国语读本》（卷4）的课文题目中，就有"菊花""皇大神宫""神武天皇""富士山"等与日本历史文化相关的内容。其中，"从蛋中醒来的王"一课讲述了这样一段所谓的神话故事：某个日本人生了一个蛋，将蛋放入盒子中随大海漂到了朝鲜。朝鲜海边的一个老奶奶捡到盒子后打开一看，里面竟有一个小孩，这个孩子最终成为朝鲜历史上的新罗王。[①] 通过编造这样的神话，日本统治者试图从历史上证明，从远古时代开始朝鲜与日本就具有一体性与从属性，即日本御用史学家提出的所谓"日鲜同祖"论，进而向青少年灌输日本占领和统治朝鲜的合理性。再如，1915年普通学校四年级教材《国语读本》（卷8）的31个单元中，与日本历史文化有关的就有11个单元，占35.5%，如第1课"皇室"、第2课"和歌"、第13课"稻桥村的美风"、第16课"日本海的海战"、第30、31课的"大日本帝国（一）、（二）"等。这样的教科书内容使朝鲜学生在学习日本语言的同时，还接受日本历史文化、日本式道德的熏陶和感染，从而丧失反抗意识。

三、实业教育的推行

日本侵占朝鲜并不是为了一时的掠夺和剥削，而是要永久占有朝鲜，并将其作为侵略中国的跳板和后方基地。为了这一"时势"所需，日本当局非常重视在朝鲜的实业教育，意图通过实业教育培养一批既顺从殖民者统治，又为其创造财富的低级劳动力。

寺内正毅在赴任朝鲜总督之初就强调了轻人文、重实用的教育政策，

---

① 这则神话原本记载于《三国史记》和《三国遗事》中，讲述的是第一位新罗王朴赫居世的诞生。原文中的朴赫居世虽然从蛋中生出，但这枚蛋并不来自日本，而是在现今庆尚道一个村庄的一口井旁被发现。

他认为:"人文的发展只能依靠其后的教育,因此教育的着眼点在于提高智力、培养品德,以修身齐家。但很多学生好逸恶劳、空谈道理、散漫无形,最后成为好吃懒做的游民。现在开始,应该改正这一弊端、去掉虚荣,向实用的方向发展,努力养成勤劳俭朴的风俗。"① 寺内把在朝鲜推行实业教育的原因归结为朝鲜人的懒惰,略有常识的人就应该知道这多么不符合一个农业国家国民性格的实际,他的目的就是以此牵强的理由来掩盖其背后奴役朝鲜人的根本用心。

《教育令》中对实业教育的教育目标、分类、修业年限、入学资格都做了规定,具体如下:

> 第20条 实业学校是为欲从事农业、商业、工业等实业的人提供教育的场所。
>
> 第21条 实业学校分为农业学校、商业学校、工业学校及简易实业学校。
>
> 第22条 实业学校的修业年限为2~3年。
>
> 第23条 进入实业学校学习者年龄要12岁以上、4年普通学校的毕业生或者具有同等学力者。
>
> 第24条 简易实业学校的修业年限与入学资格不受以上两条内容的约束,由朝鲜总督裁定。

从以上规定可以看出,实业学校的入学门槛较低,修业年限也较短,尤其是简易实业学校的修业年限和入学资格更没有严格的规定。而实际上,简易实业学校一般附设于普通学校与实业学校中,上课年限、教学课程、每周上课的课时数根据各校不同情况而定,上课时间一般利用晚间、星期日及冬、夏的休假时间。与其说是学校,不如用实习中心、辅导班来

---

① 李万圭. 朝鲜教育史 II [M]. 首尔:거름, 1991:119.

形容简易实业学校更合适。因此，实业学校对日本统治者来说，是一种投资低、时间短、回报率高的教育形式，理所当然会受到重视。

《教育令》虽然规定实业学校有农业学校、商业学校、工业学校与简易实业学校之分，但实际上日本统治者根据自己的侵略和掠夺需要，并没有均衡发展这些学校。如表2-7数据所示，从1912年4月末到1919年5月末的7年里，在公立的农、商、工实业学校中，农业实业学校的发展明显处于优势地位。《教育令》公布后近8个月的1912年4月末，农业学校已有15所，而工业、商业学校一所也没有设立。到1919年5月末，农业学校增加为17所，工业、商业学校一共仅4所。另外，简易实业学校尤其受到重视，7年间从19所增至67所，其中简易农业学校的受重视程度也更为明显，从15所增至49所。

表2-7 1912年4月末与1919年5月末公立实业学校设立的变化情况

类别		1912年4月末	1919年5月末
农业学校		15	17
商业学校		0	3
工业学校		0	1
简易实业学校	农业	15	49
	商业	3	6
	工业	1	10
	水产	0	2

资料来源：大野谦一. 朝鲜教育问题管见 [M]. 首尔：朝鲜教育会，1936：69.

日本之所以格外重视朝鲜农业的发展，其原因来自日本国内资本主义的发展困境。明治维新以来，日本实行振兴工业的近代化政策，而商业资本主义的发达必然要求更多的殖民地市场。在经历了中日甲午战争和日俄战争后，日本国内经济陷入萧条。而且，日本缺乏农业用地，面对不断增加的人口，粮食供给不足成为非常严峻的问题。为了解决这种矛盾，日本急需通过向殖民地倾销工业产品，同时从殖民地输入粮食的方式来缓解资本主义危机。因此，日本在朝鲜实行了以高价工业品换取低价农产品的掠夺政策。据统计，1912 年至 1919 年，朝鲜对日粮食出口占出口总额的比例从 44.9% 增加到 57.7%。为了在朝鲜发展农业，朝鲜总督府在 1910 年 3 月至 1918 年 11 月 8 年多的时间里，在朝鲜进行了彻底的土地调查，榨取了大量的农林用地。1908 年，日本在朝鲜成立了东洋拓殖株式会社。总督府和以东洋拓殖株式会社为首的殖民地土地公司及日本人地主成为朝鲜最大的土地所有者。由于上述原因，日本统治者通过发展农业实业学校，培养农业人才和劳动力，为其剥削和掠夺服务。

日本统治者不仅在实业学校推行实业教育，在普通学校、高等普通学校、女子高等普通学校也设置了一定数量的实业科目，培养学生的劳动能力。对此，总督寺内正毅在 1912 年 4 月对新任日本人教员的训示中说道："要把一个人培养成能工作的人，学校就要以此为目的进行教育，使毕业生回到家中能指导其同胞，在普通学校教育中也有必要注入与实业相关的知识。发展农村学校与实业学校是政府重要的方针，要把这一思想贯彻到教育上。但如果不能意识到这点，教育像教育那样、普通学校像普通学校那样、实业学校像实业学校那样、行政像行政那样进行的话，我认为将来就不能指望能顺利地统治朝鲜。"[1] 寺内正毅的话道破了日本在朝鲜推行的教育并不遵循教育的基本原理，而是以实用为目的，为其殖民统治培养被剥削、被利用的奴隶。

普通学校中，有关实业的教学科目分别有手工、裁缝及手艺、农业初步、商业初步。虽然规定根据地方情况这些课可以不是必修科目，但根据 1914 年的调查，在 383 所公立普通学校中，开设农业课的学校最多，有 261 所，开设商业课的学校有 8 所，40 所学校开设了手工课。[2] 当局还指示：

---

① 高桥宾吉. 朝鲜教育史考［M］. 首尔：帝国地方行政学会朝鲜本部，1927：365.
② 朝鲜教育研究会杂志. 1913（1）：60.

"开设农业课的学校，要尽量使用属于乡校财产的学田，进行耕作实习"。①
而且，很多普通学校都附设了简易实业学校，这一时期的朝鲜总督府官报
中出现了很多篇关于在普通学校附设简易实业学校的报道，这里仅举两
例。一则是 1912 年 4 月 19 日登载的关于批准在仁川公立普通学校附设仁
川公立简易商业学校、在骊州公立普通学校附设骊州公立简易农业学校的
报道（《朝鲜总督府官报》，1912 年 4 月 19 日）。另一则是关于在全罗南道
光阳郡所在的光阳公立普通学校附设光阳简易农业学校的报道（《朝鲜总
督府官报》，1917 年 4 月 23 日）。这说明在普通学校附设简易实业学校是
一种普遍存在的现象。

表 2-8　高等普通学校实业课程开设情况

课程＼年级	一年级	二年级	三年级	四年级
农业及商业	2	3	4	5
手工	3	3	3	3
学年总课时	32	32	32	32

资料来源：洪德昌. 日帝初期的实业教育研究：以第一次朝鲜教育令为中心 [C].
总神大学论文集，1993，12：80.

表 2-9　女子高等普通学校实业课程开设情况

课程＼年级	一年级	二年级	三年级
家务	2	4	4
裁缝及手艺	10	10	10
学年总课时	31	31	31

资料来源：洪德昌. 日帝初期的实业教育研究：以第一次朝鲜教育令为中心 [C].
总神大学论文集，1993，12：81.

---

① 朝鲜教育研究会. 朝鲜教育者必携 [M]. 首尔：朝鲜印刷株式会社，1918：63.

如表 2-8 所示，高等普通学校实业教育得到进一步的重视，农业及商业、手工成为必修科目，特别是农业及商业课的课时数，在四个学年中更呈逐渐上升的趋势，由第一学年的 2 课时，增加到第四学年的 5 课时。另外，如表 2-9 所示，在女子高等普通学校开设的实业科目有家务、裁缝及手艺，每个学年总课时数 31 课时中，裁缝及手艺课达到了 10 课时，占总课时的比重达三分之一之多。从表 2-8、表 2-9 还可以看出，在非实业学校开设的实业教育课程中，针对女子的课程基本局限于家庭中的家务劳动，而针对男子的课程占主要地位的还是农业，完全没有与工业相关的课程内容。

总而言之，日本在朝鲜发展实业教育，尤其重视农业实业教育，主要出于三个目的：一是解决日本国内的粮食短缺问题，二是为其侵略筹备必要的物资和低级劳动力，三是让朝鲜人学习最基本的实用技能，而不进行人文教育，消磨其自主独立的意识，从而满足于最基本的生活需要，不知反抗。

四、对私学的压制

从统监府时期开始，朝鲜就兴起了兴办私学的热潮，其中很多是由爱国人士创办的。此外，还有西方传教士建立的学校，他们除了宣传宗教教理外，还宣扬西方自由、平等、博爱、人权等近代先进思想和理念。日本侵吞朝鲜以后，朝鲜人兴办私学的热情有增无减，由于官、公立学校被殖民当局掌控，私学更加成为朝鲜人培养反日爱国等民族主义思想的主要阵地。早在 1908 年，学部就制定了《私立学校令》，对私立学校进行管理。由于这一时期政治条件的制约，日本对于民族主义色彩浓厚的私学没能进行彻底的改造。然而强占朝鲜并掌握统治权后，日本开始利用各种手段对民族主义私学进行压制。1911 年 7 月，总督寺内正毅在各道长官会议上强调了对私学的管制。

私立学校中有很多是朝鲜人设立，也有很多是传教士经营。现在的学生数已达到了 20 万以上，比政府经营的普通学校学生人数还多。……各道长官要监视学校是否遵守法规、教员是否尽职尽责、是否使用了旧学部编纂、认可的教科书。另外，一些私学通过唱歌等其他形式鼓吹独立，奖励对帝国进行反抗。这当然是不允许的，要特别对其进行加强管制。如果朝鲜青少年形成这样的思想，将会引发什么样的状况，这需要朝鲜人自己进行深刻反省。即使高喊独立、反抗日本，结果真的会增进朝鲜人的幸福吗？日本会以实力进行镇压，即便不会为此受到什么样的痛苦，结果也只会对朝鲜不利。①

寺内正毅的讲话一方面反映了朝鲜私学的发展状况，另一方面也表明了其对朝鲜民族主义私学进行镇压的政策。为此，朝鲜总督府于 1911 年 10 月废止了之前的《私立学校令》，新发布了《私立学校规则》，1915 年 3 月又对其进行了大幅度的修改，几年间两度发布私学法规，足以看出日本对朝鲜私学进行控制的重视程度。日本主要通过以下几个方面对朝鲜私学进行压制与取缔：

第一，私学的设立与停闭。1911 年《私立学校规则》第 2 条规定：私立学校的设立要经过朝鲜总督的批准。要具备以下条件才能予以批准：（1）目的；（2）名称、位置；（3）学校守则；（4）校址、校舍平面图及其所有者；（5）1 年间的收支预算；（6）维持方法（附加基本财产、捐赠金、凭证资料）；（7）设立者、校长、教员的姓名、履历书。第 3 条规定：以上的第（1）（3）（4）（6）的情况发生变更时，也要经过朝鲜总督的批准。1915 年修订的《私立学校规则》第 3 条第 2 项对私立专门学校的设立做了特别的规定，要求设立者是具有一定财力的财团法人，通过财团法人

---

① 大野谦一. 朝鲜教育问题管见［M］. 首尔：朝鲜教育会，1936：31.

办理相关手续。对作为当时最高等教育机关的专门学校，特别设立了办学门槛，即要求设立者是财团法人，其根本目的就在于限制朝鲜自主高等教育的发展。当时由于日本对朝鲜的经济掠夺和剥削，几乎没有学校能够具备这样雄厚的经济基础，因此直到 1919 年，朝鲜也只有 2 所私立专门学校。对于私学的停闭，1911 年《私立学校规则》第 14 条规定：关闭符合下面事项的私学（1）违反法令的规定时；（2）扰乱安宁秩序或破坏风俗时。根据这些规定的内容可以看出，私学的设立由朝鲜总督一人决定，决定权牢牢掌握在日本人手中。而且相对于私学设立的繁杂要求，关于私学停闭的规定却简单而模糊，尤其是"扰乱安宁秩序或破坏风俗"的规定更是无章可循，那些民族主义私学便可以因此理由而被轻易停闭。

第二，课程的设置与教科书的使用。1911 年《私立学校规则》第 6 条规定：进行普通教育、实业教育、专门教育的私立学校，课程安排要依据《普通学校规则》《高等普通学校规则》《女子高等普通学校规则》《实业学校规则》《专门学校规则》的规定进行设置。1915 年修订的《私立学校规则》第 6 条第 2 项在以上内容的基础上又附加了"不能加授圣经、历史、地理等课程"。禁止开设圣经课的目的在于对基督教学校的压制，因为基督教与日本神道的思想大不相同，而且西方传教士宣扬的自由、平等、人权等理念也不利于日本的殖民统治。禁止开设历史、地理课的原因在于防止朝鲜学生形成本民族的历史主体意识和国家意识，实质上是一种民族抹杀政策。在教科书的使用上，1911 年《私立学校规则》第 9 条与1915 年修订的《私立学校规则》第 9、10 条都规定：私立学校的教科书要使用朝鲜总督府编纂或经过朝鲜总督检定、认可的图书。根据上述规定，私学的课程设置与教科书的使用同官、公立学校是完全相同的，没有任何自主、自由的空间。

第三，教员的聘用。1911 年《私立学校规则》第 10 条规定：私立学校的教员要精通日语；第 11 条规定：违法者不得担任学校建立者、校长、教员。（1）受到禁狱、禁锢以上刑罚者，特赦者除外；（2）破产或宣告破产后恢复者、规定时日内未偿还债务者；（3）受到惩戒、免职未过两年者，免惩者除外；（4）没收教员资格证未过两年者；（5）行为不良者。1915 年修订的《私立学校规则》第 10 条第 2 项又添加了担任普通教育的私立学校教员要通过私立学校教员考试并毕业于指定学校，持有日本文部省及府县颁发的教员资格证。上述规定中，担任教员的首要条件是精通日语，其目的在于普及日语，进行民族同化教育。其次就是排除了受到当局惩罚的人员，而这些人往往是宣扬民族独立思想或参加独立运动的爱国人士。对于教员的聘用，寺内正毅在 1915 年 3 月的一份训令中也提出了近似的要求：“教员是教育的中心，教育成就取决于其人格与学识的高低。这次对私学教员的资格做出的规定，就是让学校负责人选拔有能力之人，以取得教育的实效。尤其是国语不仅在处事上需要，对于朝鲜教育的本意，也就是忠良臣民的养成也是必不可少的。因此，除了特殊情况外，都要求教员精通日语。”①

日本对私立学校教员的要求如此严格，更加有利于其安排日本人教员在各级私学中。因为能满足当局者要求条件的朝鲜人教员屈指可数，进而迫使一些私学不得不录用日本人教员。这些人对私学的教学活动和内容进行监视的同时，更向朝鲜学生灌输日本的语言和文化。如表 2-10 所示，以 1912 年为例，私立普通学校平均每所学校约有 1 名日本人教员，女子高等普通学校平均每所学校达到了 4 名以上。

表 2-10 各级私立学校教员情况（1912 年 4 月末/1919 年 5 月末）

	学校数	朝鲜人教员	日本人教员
普通学校	25/33	67/102	24/24
高等普通学校	1/7	3/58	3/22
女子高等普通学校	2/4	11/15	9/23
专门学校	0/2	0/14	0/12

---

① 高桥宾吉. 朝鲜教育史考［M］. 帝国地方行政学会朝鲜本部，1927：428.

续表

		学校数	朝鲜人教员	日本人教员
实业学校	农业	1/0	4/0	1/0
	商业	1/1	1/2	6/20
合计		30/47	86/191	43/101

资料来源：大野谦一．朝鲜教育问题管见［M］．首尔：朝鲜教育会，1936：69.

对于以上私学经营上的各种限制条件，很多学校是无法满足的。因此，大量私学因"不符合规定"或"扰乱秩序、破坏风俗"而陷入经营困境，被迫关闭。如表 2-11 所示，从 1910—1922 年，私学的数量呈现了持续下降的趋势，到了 1922 年，总数减少了三分之二，特别是两次《私立学校规则》发布后的时间里减少的幅度尤为明显。

表 2-11　私立学校统计（1910 年—1922 年）

年度　学校种类	一般学校	宗教学校	合计
1910	1227	746	1973
1911	1039	632	1671
1912	817	545	1362
1913	796	487	1283
1914	769	473	1242
1915	704	450	1154
1916	624	421	1045
1917	518	350	868
1918	461	317	778
1919	444	298	742
1920	410	279	689

续表

年度＼学校种类	一般学校	宗教学校	合计
1921	356	279	635
1922	352	262	614

资料来源：吴天锡．韩国新教育史［M］．首尔：现代教育丛书出版社，1964：273.

除了一些私学被迫关闭之外，还有一些私学不得不由私学转为公立学校，继续维持办学。当时的朝鲜总督府官报就有记录："平壤的私立兴成学校变更为兴成普通学校"（《朝鲜总督府官报》，1913 年 3 月 23 日）。在当时，这应该不只是一种个别现象。

这一时期，面对日本对朝鲜私学的压制政策，尽管有些学校被迫关闭，但还有不少学校克服各种困难存活了下来，通过各种方式开展反日民族教育，为朝鲜培养了一批民族主义者，也鼓舞了朝鲜人民的斗志。

第三节　朝鲜人对民族教育的坚持

一、私学中的民族教育

朝鲜私学的民族教育性质在统监府时期已有所体现，随着朝鲜国家主权的完全丧失，私学继续担负起了进行民族教育、传播民族思想的重任，在教育理念、教育内容等方面都体现了坚持民族教育、反抗日本殖民主义教育的特点。1910 年以后日本对朝鲜私学所采取的各种制约政策，从另一个侧面也说明了私学在这一时期朝鲜民族教育中的重要地位。

从教育理念上看，随着恢复国权成为朝鲜民族的最紧迫要务，朝鲜私学的教育理念也随之发生了变化。即，从初期的引进西方近代知识、促进文明开化、富国强兵转向了强调爱国思想、民族意识，进而恢复国权上。以大成学校为例，其建校理念为：①健全人格的涵养；②富有爱国精神的民族运动者的养成；③具备国民实力人才的培育；④强壮体力的训练。①其中，"富有爱国精神的民族运动者"指的就是高举民族主义旗帜的抗日斗士。

除了朝鲜民族主义人士创办的私学外，这一时期在私学中占有重要地位的很多基督教私学也尤其重视民族教育。培养基督教徒虽然是这些学校的基本教育目标，但在当时的特殊时代背景下，通过近代教育，确立民族自主性也成为其教学理念的重要组成部分。② 1905 年《乙巳条约》签订后，日本侵略朝鲜的野心昭然若揭，基督教人士的活动也从开展反封建的开化、自主独立运动过渡到了反侵略的抗日运动。③ 在 1915 年召开的宣教联合会上，基督教学校联合发表了《针对改正教育令的决议文》，要求允许其教授圣经等宗教内容。1919 年，又进一步向当局提交了《陈情抗议书》，其中写道："废除使用朝鲜语的限制。要求朝鲜学生学习日语，并且达到通达的程度，势必要花费相当长的时间。但是，人生来就有使用自己国语的权利，希望允许在学校使用朝鲜语授课和考试。……对朝鲜人在教育上给予和日本人同样的机会，在教科书选择上允许一定的自由，废除教授朝鲜史、世界史的限制。"④ 从这些内容可以看出，基督教私学支持民族教育的态度是明确的。

另外，英美为了利用日本排除俄国在中国，特别是在中国东北的势力，在日俄战争期间支持日本。战争结束后，日本开始有计划地排挤他国在中国东北的企业和贸易，日本与英美垄断资本间的矛盾开始尖锐起来。

---

① 吴天锡．韩国新教育史 ［M］．首尔：现代教育丛书出版社，1964：205.
② 孙仁铢．韩国近代教育史 ［M］．首尔：延世大学出版部，1971：39.
③ 文炯满．日帝的殖民教育与宗教教育的葛藤 ［C］．近代民族教育的展开与葛藤．首尔：韩国精神文化研究院，1982：157.
④ 高桥宾吉．朝鲜教育史考 ［M］．首尔：帝国地方行政学会朝鲜本部，1927：432.

尽管日本与英美呈现逐渐冷淡和恶化的趋势，但为了各自利益表面上还维持着友好的关系。正是在这种微妙的关系下，日本对于基督教学校的态度也比较小心，采取了比较稳健的诱导政策，使基督教学校有了进行民族教育的空间。寺内正毅也强调"外国传教士经营的学校由于治外法权的原因，几乎没有受到政府的干涉。要在不伤害感情的前提下，进行适当的监督，实行宗教和学校分离的措施"①。基于此，当时很多民族主义者纷纷加入基督教，通过教会创办学校，在一定程度上避开殖民当局的镇压，如著名民族教育运动者南宫檍在 1910 年后改信基督教，李升薰也在 1914 年接受了洗礼。

私学的民族教育理念在当时条件下，不可能直接公开表现出来。但可以从当时一些私学的校徽、校歌、校训上窥见一斑。比如普成专门学校的校标是代表朝鲜王朝的李子花，中央学校的校标是无穷花。五山学校的校歌中也体现了学校的教育精神和民族精神。歌词内容如下：

> 你的眼睛明亮似 X 光线
> 仿佛能穿破天空掀动大地
> 定要探究世间的真理
> 你真是个五山的孩子
>
> 你的手大而有力
> 不怕火焰的燃烧，也搬得动巨石
> 定要创造新的世界
> 你真是个五山的孩子
>
> 你的心灵纯洁又敏锐

---

① 大野谦一. 朝鲜教育问题管见 [M]. 首尔：朝鲜教育会. 1936：31.

天地间微妙的东西

在明镜中映射得更加明亮

你真是个五山的孩子

你的人格高尚，精诚和爱

你手触到的地方有和平存在

万物都信任你

你真是个五山的孩子①

　　从课程设置与教育内容上看，很多私立学校都以民族主义科目为主，秘密教授朝鲜语、朝鲜历史、地理等，培养学生的民族意识和爱国情怀，这与总督府控制下的官、公立学校中以日语为国语，不开设朝鲜历史、地理课形成鲜明对比。例如，韩英书院就在图书室秘密保存了日本强占朝鲜以前出版的历史、地理、歌集等书籍，让学生阅读。对此有这样的记载："在韩英书院的图书室发现了旧韩国时代隆熙年间发行使用的太极画报 18 册、大韩疆域考 2 本、青年韩半岛 1 本……其他不良书籍等，合计 60 本。"② 在上课过程中，教师也通过各种方式激发学生的爱国热情，如 1918 年 2 月崇实学校三、四年级的作文题目是《半岛与我们的关系》，其中得分最高的学生这样写道："半岛三千里江山是我们的身体、我们的家园。我们深爱的半岛与我们是什么关系呢？你和我们是密不可分的关系。……我们深爱的半岛为何陷入今天这样的困境，该觉醒的时刻到了。明亮的太阳已在东方升起，你为什么还在沉睡？"③ 作文的内容反映了学生的爱国独立思想以及对同胞爱国热情的呼唤。

　　此外，唱歌、体育等课外活动也成为培养民族精神的方式。通过唱歌

---

① 金基锡 . 南冈李升薰 ［M］. 首尔：韩国学术情报，2005：114.

② 姜德相 . 现代史资料（第 25 卷）［M］. 东京：明治书房，1966：16.

③ 姜德相 . 现代史资料（第 25 卷）［M］. 东京：明治书房，1966：39.

的曲调与爱国主义歌词，不仅可以愉悦身心，还可以涵养学生的民族感情，因此很多学校都编纂了歌集。韩英书院编写的爱国歌集中有一首歌叫作《英雄的模范》，通过讴歌忠臣烈士的爱国精神，激发青年学生的爱国热情。另外，体育课、运动会等也被私学积极利用。五山学校、大同学校等一些学校每年召开运动会，除学生外，家长和一些群众也来参加，运动会不仅可以强身健体，还可以鼓舞学生的士气与斗志。寺内正毅对此如是说"一些私学借举办野外运动会的机会批判新政，这样放置不管的话……如何维持朝鲜的治安"①。

　　上述私学的民族教育培养了青年学生的爱国反日意识，使他们积极投入到朝鲜的民族独立运动中去，尤其为1919年"三一"运动的爆发培养了中坚力量。"三一"运动中，青年学生发挥了先锋作用，在运动向朝鲜全国的扩大发展过程中，学生起了决定性的作用。② 而在这些学生中，与官、公立学校相比，私学的学生更积极地参与其中。如表2-12所示，参加"三一"运动的中学及专门学校学生中，来自官、公立学校的学生有5265名，而来自私学的学生有7621名。不仅如此，在"三一"运动准备阶段发挥主导作用的33名"民族代表"中，12人是私学的经营者或教师、学生，占三分之一以上。其中孙秉熙是普成专门学校财团成员，李甲成来自塞弗伦斯医学专门学校，李升薰是五山学校的创办者，朴熙道来自延禧专门学校，还有元山光成小学的郑春洙、普成学校的崔麟和崔南善、中央学校的宋镇禹和玄相允、延禧专门学校学生金元壁、普成专门学校学生康基德和教师林圭。③

---

① 朴德俊. 朝鲜近代教育史 ［M］. 首尔：한마당，1989：229.
② 金镐逸. 韩国近代学生运动研究 ［D］. 龙仁：檀国大学，1987：68.
③ 孙仁铢. 韩国近代教育史 ［M］. 首尔：延世大学出版部，1971：140.

表 2-12　参加"三一"运动的学校与学生数（中学及专门学校）

学校学生 道别	官立学校		公立学校		一般私立学校		宗教学校	
	参加学校	参加学生	参加学校	参加学生	参加学校	参加学生	参加学校	参加学生
京畿道	6	1006	12	521	11	839	7	302
忠清北道	—	—	1	13	—	—	—	—
忠清南道	—	—	4	10	—	—	3	300
全罗北道	—	—	5	352	—	—	3	150
全罗南道	—	—	5	152	—	—	2	150
庆尚北道	1	100	6	232	—	—	4	259
庆尚南道	—	—	15	665	4	145	7	350
黄海道	—	—	3	210	—	—	6	350
平安南道	2	271	5	595	5	255	44	1851
平安北道	—	—	6	605	—	—	10	740
江原道	—	—	1	70	—	—	—	—
咸镜南道	1	210	7	137	14	300	9	500
咸镜北道	—	—	5	116	3	10	3	120
合计	10	1587	75	3678	37	1549	98	5072

资料来源：朝鲜总督府学务局调查．朝鲜人学生骚扰的颠末．1921：89．

　　因此可以说，私学在这场朝鲜民族反日运动中发挥了中流砥柱作用，为朝鲜的民族独立运动做出了突出贡献。

二、书堂与夜学中的民族教育

　　书堂在朝鲜具有悠久的历史，其起源于高丽时期，依靠民间力量设立，是朝鲜引入近代教育之前唯一以普通百姓为对象的初等教育机关。传统书堂教授的主要课程有《千字文》《童蒙先习》、四书、唐宋文学等，从这些授课内容也可以看出书堂实际上是教习儿童汉文、传授儒家思想的旧式启蒙教育机构。也正是由于书堂的这种特点，日本强占朝鲜初期并没有引起当局者的注意。在1911年8月总督府政务总监发给各道长官的通牒中这样写道："地方上有企图废止书堂的倾向，但这会使地方子弟失去就学的机会，也会让书堂教师失去谋生之路。因此，考虑到地方民心的安定，对书堂进行指导，完备其缺点。"① 另外，1911年《私立学校规则》第17条也规定了其规则内容不适用于学堂。可以看出，日本占领朝鲜初期，对书堂采取的是比较温和的指导政策，并没有对其进行镇压或取缔。

因此，当私学受到越来越大的阻碍、日本的殖民教育政策逐步深入时，很多爱国人士便把民族教育的视线转向了书堂。同时，这时期的一些书堂也积极顺应时代的要求，在教学形式和内容上都进行了改良，使其发挥近代初等教育机关的作用。这些书堂中，也像近代教育机关一样设置学年、学期等，不仅教授传统的汉文、儒家经典，还教授朝鲜历史、地理、朝鲜语、算术等近代知识。在传统的教学科目中，占有重要地位的科目就是《童蒙先习》。《童蒙先习》是16世纪末朝鲜儒臣朴世茂编写的儿童启蒙教科书，主要内容分为三部分：一是对三纲五常的解说，二是儒学原理概论，三是历代要义，尤其是历代要义中简要叙述了自檀君朝鲜到李氏朝鲜时期的历史。这一时期还出现了《童蒙先习》的修订版本，其中加入了朝鲜语的助词，并站在自主的立场修正了朝鲜历史部分，这说明书堂试图通过内在内容的改善，适应时代要求，在日本占领下继续发挥初等教育机关的作用。②

在日本强占朝鲜初期，朝鲜人为了让子女接受本民族的教育，与日本殖民当局主导下的官、公立普通学校相比，很多人更愿意选择书堂。如表2-13，不论从学校数量还是从学生数量上看，与普通学校相比，书堂都占据了绝对优势，而且呈现迅速增长趋势。在教育费用上，公立普通学校每

---

① 朝鲜教育研究会. 朝鲜教育法规 [M]. 首尔：朝鲜印刷株式会社，1917：816-817.
② 卢荣泽. 日帝下民众教育运动史 [M]. 首尔：探求堂，1979：114.

月 10 钱，书堂为 30 钱①，虽然书堂的费用更高，但很多人更愿意选择书堂。1917 年 2 月 20 日的一则新闻登载了全罗北道长官提出的书堂问题："全北有 33 所普通学校，但每个面（朝鲜的村镇级行政单位，笔者附）的书堂数量少的有三四个，多的则达到了二十四五所。不让子女去普通学校上学，而把其送到书堂，这已经成为一个大问题。"② 这则新闻也反映了当时书堂教育的发展状况与朝鲜人对书堂教育的偏爱。

表 2-13　1912—1919 年各种普通学校与书堂学生数量情况对比

年份	各种普通学校学生总数及百分比		书堂学生总数及百分比	
1912	96376	36. 3	169077	63. 7%
1913	104520	38. 3	195689	61. 7%
1914	106472	34. 2	204161	65. 8%
1915	111918	32. 8	229550	67. 2%
1916	115785	30. 7	259531	69. 3%
1917	118855	31. 0	264835	69. 0%
1918	114871	30. 6	260975	69. 4%
1919	115188	29. 5	275920	70. 5%

资料来源：朝鲜总督府统计年报，1929.

　　当然，书堂作为唯一保存下来的旧式传统教育机构，在教育设施、方法、内容等方面还具有旧式教育的性质，但与此同时书堂也保存了朝鲜民族固有的思想、传统、语言等，一直坚持用朝鲜语教学，这是书堂的民族教育意义所在。而且，从表 2-13 也可以看出，书堂学生的数量远远多于各种普通学校，所占比例都保持在 60% 以上，弥补了这一时期初等教育机

① 孙仁铢. 日帝下民族教育与殖民教育的葛藤［M］. 首尔：韩国精神文化研究院，1982：58.
② 就书堂问题访谈全北道长官［N］. 每日申报，1917-2-20（2）.

构严重不足的问题，对朝鲜儿童的启蒙教育和降低文盲率起了举足轻重的作用。书堂的民族教育作用，最终被总督府察觉，1918 年出台了《书堂规则》，对书堂的设立、学生人数、运营方法、使用书籍等做出了严格规定，比如规定书堂的学童不能超过 30 人，不允许教授《童蒙先习》，还特别要求书堂名称不允许使用类似学校的文字，目的就是阻止书堂成为朝鲜近代民族教育机关，书堂的设立与教育活动开始受到越来越多的压制。

此外，夜学也是朝鲜开展反日爱国教育运动的重要场所之一。夜学在日本强占朝鲜以前就已经出现，朝鲜被占领后，夜学有了更快的发展。

从成员构成和学校运营上看，夜校学员中占绝大部分的是劳动民众及其子弟，教员大都是地方有志人士或青年，也有公立普通学校的在职教师来帮助上课。① 根据学员构成的不同，可将夜学分为农民夜学、劳动夜学、妇女夜学、店员夜学等。夜学都是无偿听课与授课，因此其设立者大多是有一定经济实力的爱国人士或地方团体等，组织白天劳作的工人或农民及其子弟，利用晚上的时间集中在一起学习。一些夜学还充当了普通学校的职能，如《东亚日报》1920 年 6 月和 9 月两篇报道中就介绍了这一情况：金堤郡白鸥面月凤里是一个有 90 户的村子，由于学校距离太远，儿童无法就学，村民们就设立了夜学，教授普通学校的课程（《东亚日报》，1920 年 6 月 22 日）；黄海道延白郡银川面玉山里的有志人士为贫困儿童开设了普通学校课程的夜学（《东亚日报》1920 年 9 月 6 日）。这些夜学使很多无力接受正规学校教育的贫苦人家子弟以及没有受过教育的普通民众可以获得最基本的受教育机会。由此，有些夜学的规模也不亚于一般普通学校，学员多的达到上百名，少的也有几十名。如 1914 年 10 月，马山劳动夜学的规模已经扩大到 140 平方米，拥有 6 个教室，学员数量达到数百名。全州第二劳动夜学等一些夜学的学员数量超过了 200 人。②

① 姜东镇. 日帝支配下的劳动夜学 [J]. 历史学报, 1970, 46: 24.
② 朴德俊. 朝鲜近代教育史 [M]. 首尔: 한마당, 1989: 224.

　　教育内容方面，夜学最基本的学习科目主要有算术、朝鲜语、汉文等，而且全部使用朝鲜语授课。如全罗北道高敞郡青年朴永根、金永教、金亨斗等组织了劳动夜学，主要教授朝鲜语，也教日语和算术（《东亚日报》，1920 年 6 月 20 日）；元山劳动大会支部设立的夜学，开设的课程有汉义、朝鲜语、算术、修身等（《东亚日报》，1920 年 8 月 2 日）。此外，夜学使用的教材也比较灵活，不拘泥于官、公立学校的指定教材，有些学校甚至没有固定的教材。这一时期使用较多的是 1908 年 7 月发行的俞吉濬编写的《劳动夜学读本》，课本由《吾君》《我国》《爱国歌》《劳动各科》《独立》《与外国人交际的事项》等 50 课构成。除此之外，还有一些夜学专门教授一些职业所需的专业技能，招收从事某些特定职业的学员。如安城青年会在普通学校开设了夜学，教授实业上需要的法律、簿记等（《东亚日报》，1920 年 4 月 6 日）；庆尚南道密阳俱乐部开设了夜学，主要的教学科目有商事要项、簿记、商业地理、珠算、作文等（《东亚日报》，1920 年 7 月 2 日）。从夜学开设的课程和教材内容可以看出，夜学的教育目标在于提高大众的文字与知识教养水平的同时，还注重培养学员的爱国独立思想，这表明了夜学民族主义教育机关的性质。

　　综上所述，书堂和夜学作为重要的民族教育机关有一些共同之处。两者作为非政府主导下的教育机关，都以普通下层民众及其子弟为教育对象，进行的教育也基本以初等教育为主。这使朝鲜的民族教育不仅局限于知识分子阶层，还扩充到下层普通民众，为下层劳动者子女提供了更多的受教育机会，尤其是夜学为提高下层劳动大众的知识和觉悟发挥了很大作用，为后期民众运动的发展积蓄了后备力量，这是书堂和夜学独特的积极意义所在。

第三章

殖民主义教育政策的调整

以 1919 年的"三一"运动为契机,朝鲜国内各种工人运动、农民运动、学生运动此起彼伏,还在中国上海成立了大韩民国临时政府,掀起了抗日民族独立运动的高潮。虽然日本动用武力残忍地镇压了各地的反抗运动,但也使日本当局认识到仅依靠武力镇压无法继续维持其殖民统治。因此,日本在朝鲜转而实行比较温和的统治策略,即所谓的"文化政治"。为使教育更好地服务于其殖民统治,殖民当局倡导"一视同仁",在表面上对教育制度做出改变的同时,加强民族同化教育和实业教育。然而朝鲜人民却利用这一喘息的机会争取教育权利,培养民族实力,尤其是青年学生继承了"三一"运动的精神,继续发起了反抗日本殖民统治的民族独立运动。

第一节 "文化政治"与教育方针的转变

一、"文化政治"的推行与实质

1919 年"三一"运动后,日本天皇发布诏书宣称"朕一直担忧朝鲜的康宁、爱抚其民众,作为朕的臣民没有丝毫差异,一视同仁。关照其所有的一切，希望其生活安定，受到君命的惠泽"①。在"一视同仁"的口号与幌子下，1919年8月，斋藤实被任命为驻朝鲜的新一任总督。斋藤实上任伊始便标榜实行"文化政治"，实行"改革"，他在1919年9月3日的施政方针训示中讲道：

> 如今，合并已经过去了十个年头，当时切实有效的一些制度，有一些已经不适合时势的发展与朝鲜的实际情况……要以普通警察制度代替宪兵警察制，改进福利，废除一般官员、教员等的制服配剑，考虑朝鲜人的任用、待遇等。即以文化制度的革新，带动增进朝鲜人的福祉与利益，迎合将来文化的发达与民力的充实，达到在政治上、社会上的待遇与日本人相同的最终目的……在舆论、集会、出版等方面，只要不妨碍秩序与治安维持，会给予相当的考虑，以期民意的畅达。②

以上讲话的内容表面上看似乎是要给予朝鲜人各方面充分的权利，那么实际上日本到底进行了哪些所谓的革新，具体的实施情况又是如何呢?

第一，对总督府官制与地方行政进行"改革"。在朝鲜总督的任命上，取消了以往只有武官才能担任总督的限制，文官也可以充任。但直到1945年朝鲜光复为止，没有一个文官担任过总督职务，即便是新上任的斋藤实也是海军大将出身，文官出任总督的规定也只是有名无实的骗局而已。在官员的任用上，标榜取消朝鲜人与日本人之间的差别待遇，"一视同仁、内鲜融合""启用有能力之朝鲜人"，强调朝鲜人的参政权问题。但实际上总督府中央官署中，高等官员大部分依旧是日本人，只有一些下级的地方部门有少数的朝鲜人。1927年总督府中央官署职员中，日本人约有28500

---

① 大野谦一. 朝鲜教育问题管见 [M]. 首尔：朝鲜教育会，1936：92.
② 高桥宾吉. 朝鲜教育史考 [M]. 首尔：帝国地方行政学会朝鲜本部，1927：344-346.

人，而朝鲜人只有 16000 人，后者大部分都是下级职位。① 地方制度方面，1920 年 7 月的地方制度改革中，日本当局鼓吹其"在统治上具有重大意义，是朝鲜地方行政史上的里程碑"。具体的措施包括组织成立府协议会、面协议会、学校评议会、道评议会等地方统治咨询机关，在府协议会、面协议会分别实行全部、部分的选举制，学校评议会、道评议会实行任命制。然而这些组织并不能充分反映朝鲜人的民意，因为只有缴纳一定数额的府税或者面税才有资格参加议员的选举，所以能参加地方议会的人就限定在了日本人以及一些朝鲜地主、资本家、商人等上层人士，占朝鲜人口绝大多数的工人、农民都被排除在外。因此，这次地方制度的改革也只是日本当局的一种分裂、怀柔政策，以此培养了一些上层亲日势力，制造阶层分化，达到其以朝鲜人压制朝鲜人的目的。

第二，以普通警察制度代替宪兵警察制度，取消一般官员与教员的制服带剑。根据这项新制度，宪兵将脱离警察任务而只履行军事职务。另外，在总督府设立警察局，在地方各府、郡设立警察署，管理警察、卫生事务。然而，军人与警察事务的分离，并不代表放宽了对朝鲜人的镇压与监视。首先，斋藤实向日本政府提交了"要求向朝鲜增强陆军兵力之事"的请求，建议从日本向朝鲜增兵两个师团。② 此外，为了强化警察职能，日本还在朝鲜各地设立巡查派出所，并且让日本人警察学习朝鲜语，监视朝鲜人的思想和行动，对朝鲜的一些独立运动人士和爱国者动辄进行尾随跟踪、盘查、拘留等，以致普通的朝鲜人之间都不敢随意交谈。在总督府的预算中，占比例最高的是警务费。在改编警察制度之前，朝鲜国内宪兵和警察的总数是 14358 人，日本人所占比例为 42%，1922 年，宪兵和警察的总数增加了 45%，达到 20771 人，日本人所占比例也增加到了 58.6%。③ 因此，与上一个时期相比，普通警察制度不仅没有改进，反而变本加厉。

---

① 金雲泰. 日本帝国主义的韩国统治［M］. 首尔：博英社，1986：369.
② 山边健太郎. 日本统治下的朝鲜［M］. 东京：岩波书店，1971：113–115.
③ 金雲泰. 日本帝国主义的韩国统治［M］. 首尔：博英社，1986：282.

第三，制订"产米增殖计划"，取消《会社令》。所谓"产米增殖计划"，最初计划是从 1920 年开始的 15 年内改良 427500 町步土地，同时改进耕作方法，使粮食增产 920 万石，其中 500 万石输往日本。从这一计划看，朝鲜人也会从中受益 420 万石。但实际情况远非如此，1912—1916 年朝鲜粮食年平均产量为 1230 万石，1922—1926 年为 1450 万石，1932—1936 年为 1700 万石，而同期对日本的粮食输出量分别为 106 万石、434 万石和 876 万石，粮食年平均产量是之前的 1.5 倍，而对日出口量却是之前的 8 倍。可见，在粮食增产的美名下，增产没有按计划完成，而输出却大大超过了原计划。结果，日本人人均的年粮食消费量为 12 斗，而朝鲜人只有 4 斗，为日本人的三分之一，朝鲜人并未从中受益。日本之所以在朝鲜实行粮食增产计划，是由于其国内粮价暴涨，1918 年爆发了全国大范围的"米骚动"，因此加强对朝鲜的粮食掠夺，以解决日本国内的粮食危机。另外，日本不满足于只把朝鲜作为其商品销售市场，更要把朝鲜作为日本的投资市场，1920 年，总督府取消了《会社令》，公司的成立由以往的许可制改为了申报制。此时，朝鲜的民族资本已被压榨得奄奄一息，这一制度却为日本资本进入朝鲜敞开了大门，日本的三井、三菱等大财阀纷纷进入朝鲜，投资的方向也由轻工业和商业逐步扩大到重化工业，军需工业得到大力发展，为侵略中国做了战略上的准备。

第四，给予朝鲜人一定的言论、出版、集会自由。1920 年，殖民当局批准成立了三家朝鲜语报社，允许其发行朝鲜语报纸，分别是《东亚日报》《朝鲜日报》《时代日报》。另外，还允许出版了《开辟》《新生活》《朝鲜之光》等杂志。但以上这些刊物发行出版的前提是不妨碍日本的殖民统治秩序，必须经过严格的审查，否则随时可能被停刊或取缔。日本当局允许发行朝鲜语报刊及杂志的目的，表面上是给了朝鲜人一定的舆论自由，但其审查制度说明一切都掌控在日本人手里，实际上可以更进一步探知朝鲜人的思想动向，本质上是一种更为狡猾的控制手段。

从以上 4 个方面的分析可以看出，日本实行了一系列允许朝鲜少数上层人参政、废除制服配剑、加强粮食增产、许可几家对殖民统治不构成威胁的出版活动等表面政策。但在这些政策背后，隐含了日本怀柔瓦解朝鲜反日力量的根本目的，带有极强的欺骗性。日本当局标榜的"文化政治"与上一时期的武断统治政策并没有本质上的区别，绝对不是根本上的政治改革或对朝鲜殖民政策的彻底变革，只是变成一种更具隐蔽性、欺骗性的统治形式而已。

二、第二次《朝鲜教育令》与"一视同仁"的教育方针

日本统治者认识到仅凭借刀枪并不能使朝鲜人屈服，于是利用教育作为其"文化政治"的重要一环，加强对朝鲜人进行怀柔、同化。为此，总督府把原本下属于内务部的学务局扩大规模并调升为与内务局、财务局、法务局、殖产局等平级的，直属总督府的中央行政机构，这可以充分说明日本对朝鲜教育重视程度的提高。

由于参与"三一"运动最多的学生是中等教育机关和私立学校的学生，因此作为紧急措施，总督府在 1919 年 12 月对《高等普通学校规则》与《女子高等普通学校规则》、1920 年 3 月对《私立学校规则》、1920 年 11 月对第一次《朝鲜教育令》分别做了部分修改。1921 年 1 月，总督府组织了临时教育委员会，要求参照日本国内的教育制度，对朝鲜的教育改革制定纲领。在 28 人组成的委员会中，只有 3 名朝鲜人，而这 3 人也基本被日本人收买和同化。① 对于这次教育制度改革的原因，新任政务总监水野练太郎在 1921 年 10 月 28 日召开的全国中学校长会议上说：

> 朝鲜的教育要适合民度情况，不能实行一成不变的制度，要考虑国家的民度情况，培养健康端正的国民。这在日本也是如此，而在民度不同的朝鲜，教育上更要注意这一点……合并当

---

① 李万圭. 朝鲜教育史 II [M]. 首尔：겨름, 1991：170-171.

时……教育上没有投入太多的费用，因为要尽快使人们就业，因此暂时实行了比日本薄弱的教育制度……但考虑到今天的实际情况，朝鲜人对教育的想法有了改观，而且民度也有所提高，再继续维持以前的制度，我认为是不符合时势的。①

以上讲话中，水野练太郎承认了之前在朝鲜推行的教育是"比日本薄弱"的差别教育的同时，也表明由于"民度"与"时势"的改变，应该对朝鲜的教育制度进行改革。最终，朝鲜总督府于 1922 年 2 月，发布了第二次《朝鲜教育令》。与此同时，总督府还就新教育令发表了声明，称："新教育制度根据一视同仁之圣旨，取消差别，以与日本实行同一制度为主旨。旧令的学制只针对朝鲜人，而新令在教育上不设人种的差别，统一适用于新令。"② 新的教育令全文共 32 条，与第 次教育令相比，新令主要在以下两个方面进行了修正。

第一，延长了普通教育阶段学校的教育年限。

第 5 条　普通学校的修业年限为 6 年。但根据地域情况的不同，可以缩短为 5 年或 4 年。在修业年限为 6 年的普通学校可以加设修业为 2 年的高等科。……可以在普通学校设置补习科。补习科的修业年限与入学资格由朝鲜总督裁定。

第 7 条　高等普通学校的修业年限为 5 年。……可以在高等普通学校设置补习科。补习科的修业年限与入学资格由朝鲜总督裁定。

第 9 条　女子高等普通学校的修业年限为 5 年或 4 年。根据地域情况的不同，可以缩短为 3 年。……可以在女子普通学校设

---

① 高桥宾吉. 朝鲜教育史考 [M]. 首尔：帝国地方行政学会朝鲜本部，1927：373-376.
② 大野谦一. 朝鲜教育问题管见 [M]. 首尔：朝鲜教育会，1936：130.

置补习科。补习科的修业年限与入学资格由朝鲜总督裁定。

根据以上规定，可以计算出朝鲜普通教育阶段学校的教育年限最长可以达到 11 年，比第一次《朝鲜教育令》规定的最长 8 年多出了 3 年。但不能忽视的是，对普通学校和女子高等普通学校都做出了可以缩短年限的特殊规定，而实际上很多学校尤其是地方上的学校直到日本殖民统治的末期，修业年限都一直维持在 4 年。① 因此，教育年限的延长看似做出了很大的改变，但又另外做了弹性规定，使年限延长的规定成为一纸空文。

第二，新设师范教育与大学教育。第一次《朝鲜教育令》时期，学校教育体系中没有专门的师范学校，只是在普通教育阶段的学校附设了期限为一年的师范科。而对于大学教育，更是没有规定，只是以专门教育代替了高等教育。第二次《朝鲜教育令》则对师范教育和大学教育都进行了说明。

第 12 条 专门教育依据《专门学校令》进行。大学教育及其预备教育依据《大学令》进行。

第 13 条 进行师范教育的学校为师范学校。师范学校特别注重德性的涵养，以培养小学校和普通学校教员为目的。

第 14 条 师范学校设置第 1 部与第 2 部。特殊情况下，可以只设置第 1 部或第 2 部。第 1 部培养小学校教员，第 2 部培养普通学校教员。

第 15 条 师范学校的修业年限为 6 年，分别是普通科 5 年，演习科 1 年。女子的修业年限可缩短为 5 年，在普通科中减少 1 年。

---

① 韩国教育史研究会. 韩国教育史 [M]. 首尔：教育出版社，1995：304.

从以上内容可以看出，虽然设置单独进行师范教育的师范学校，但与之前没有改变的是，师范学校依然只能培养最低教育阶段学校的教员，而且日本人学校的小学校教员与朝鲜人学校的普通学校教员是分开培养的，是差别教育的又一体现。另外，根据《大学令》进行大学教育，为朝鲜学生打开了接受大学教育的大门。

以上两个方面是新令较第一次《朝鲜教育令》进行的修改，之所以如此，一方面是由于当局者认为"不能依靠高压来维持朝鲜的统治，应该通过实行积极的政策实现普及文化、开发文明，来彻底贯彻日韩合并的精神。为此，应该施行教育事业的振兴，在制度的修改上，延长普通学校的修业年限，加强内鲜之间的联系，废除差别"①。也就是通过发展与日本国内"一视同仁"的教育来继续维持朝鲜的统治。另一方面是由于朝鲜人的受教育要求，即为了"迎合1920年急剧兴起的向学趋势，对学制进行全面的改正而展开调查"②。但新令的教育制度调整只是对朝鲜人进行怀柔的一个诱饵，并没有完全推翻旧令。

首先，普通教育的理念没有改变。

第4条　普通学校留意儿童的身体发达，实施德育，教授生活中必需的普通知识与技能，以涵养国民性格、习得国语为目的。

第6条　高等普通学校留意男学生的身体发达，实施德育，教授生活中有用的普通知识与技能，以养成国民性格、熟达国语为目的。

第8条　女子高等普通学校留意女学生的身体发达与妇德的涵养，实施德育，教授贴近生活且有用的普通知识与技能，以养成国民性格、熟达国语为目的。

---

① 斋藤实. 斋藤实传（第2卷）[M]. 东京：斋藤子爵纪念馆，1941：75.
② 柴田善三郎. 关于朝鲜教育令的改正 [J]. 朝鲜，1922，3（85）：3.

上述规定体现的普通教育阶段各学校的教育理念中，都强调"实施德育""涵养国民性格""熟达国语"等，这与第一次《朝鲜教育令》相比完全相同，依然是基于民族同化、民族抹杀的基本教育理念。

其次，依然存在针对日本人、朝鲜人不同的民族差别教育。

第2条　常用国语者的普通教育依照《小学校令》、《中学校令》及《高等女学校令》实行。

第3条　非国语常用者的普通教育实行的学校分别是普通学校、高等普通学校及女子高等普通学校。

第25条　特殊情况下根据朝鲜总督的决定，国语常用者可以进入普通学校、高等普通学校、女子高等普通学校学习，非国语常用者可以进入小学校、中学校、高等女学校中学习。

日本当局形式上标榜"一视同仁"，朝鲜人和日本人适用于完全相同的教育制度，但实际上在普通教育的学校中却以国语常用者和非国语常用者之标准巧妙地把日本人和朝鲜人区分开来，使两者适用于不同的教育制度和教育法令。在普通教育以上的学校中虽然没有在相关规定中进行说明，但实际情况却是日本人占据了优势地位。表3-1是1935年部分专门学校日本人与朝鲜人的学生人数统计情况，每个学校的日本人学生数都超过了一半，这充分说明了朝鲜人与日本人之间的民族差别教育依然存在，尤其是高层次的教育，日本人学生占据明显优势。

表3-1　1935年5月部分专门学校学生数量情况统计

学校	学生数			百分比	
	朝鲜人	日本人	合计	朝鲜人	日本人
京城医学专门学校	76	256	332	22.9%	77.1%
京城高等工业学校	49	147	196	25.0%	75.0%
水原高等农林学校	49	144	193	25.4%	74.6%

续表

学校	学生数			百分比	
	朝鲜人	日本人	合计	朝鲜人	日本人
京城高等商业学校	58	231	289	20.1%	79.9%
大邱医学专门学校	79	194	273	28.9%	71.1%
平壤医学专门学校	120	174	294	40.8%	59.2%
京城齿科医学专门学校	100	369	469	21.3%	78.7%
京城药学专门学校	81	199	280	28.9%	71.1%
合计	612	1714	2326		

资料来源：李万圭. 朝鲜教育史 Ⅱ [M]. 首尔：거름, 1991：178.

再次，教科书的编纂受到进一步重视。教科书的编纂本由学务局编辑科负责，1920 年，日本当局以政务总监为委员长新设置了"教育调查委员会"，组织了"教科书调查委员会"，调查审议与教科书编纂相关的事项。截止到 1923 年年末，普通学校教科书出版了 26 种 35 册，高等普通学校及女子高等普通学校教科书出版了 8 种 35 册。① 之后又经过修订，到 1937 年又发行了普通学校学生用书 21 种 76 册，普通学校教师用书 14 种 40 册，高等普通学校用书 21 种 59 册。②

第二次《朝鲜教育令》体现了日本当局对朝鲜教育制度的调整，把殖民地初期确立的简易畸形的学校体系、学制等按照日本国内的标准进行了一定的修正，某种程度上对朝鲜人受教育水平的提高有所助益。然而这一举措的出发点完全是为了安抚、怀柔朝鲜国内的反日情绪，其中隐含的对朝鲜人的民族同化、民族差别的基本教育政策依然没有改变。

① 金汉宗. 朝鲜总督府的教育政策与教科书发行 [J]. 历史教育研究，2009，9：312-313.
② 金汉宗. 朝鲜总督府的教育政策与教科书发行 [J]. 历史教育研究，2009，9：318.

第二节 教育制度与内容的调整

一、普通学校教育的扩充

第一次世界大战后，日本的资本主义经济趁机发展，对殖民地朝鲜也提出了新的经济要求。为此，日本在朝鲜取消了《会社令》，制订了"产米增殖计划"，相应地就需要大量具有一定学历、至少接受过初等教育的朝鲜人为产业的发展和扩张服务。因此，在"文化政治"背景下，一方面为了缓和朝鲜人"三一"运动以来高涨的受教育要求，对其进行怀柔收买。另一方面为提供殖民剥削所需的接受过初等教育的"不智不愚"型人才，1920年后日本对朝鲜的普通学校教育实行了扩充政策。

首先，日本对朝鲜的普通学校数量进行了扩充。这一时期朝鲜普通学校的发展情况可以分为三个阶段：①

第一阶段（1920—1926）：上升期。总督府制订了"三面一校"计划，即每三个面设有一所普通学校。如表3-2所示，在这一计划指导下，普通教育的学校数、学生数和就学率较之前都有了相当程度的提高。

表 3-2 1920、1926 年普通学校情况统计

年份	学校数（所）	学生数（名）	就学率
1920	595	107200	4.6%
1926	1336	438900	17.6%

资料来源：韩国教育史研究会.韩国教育史［M］.首尔：教育出版社，1995：307.

第二阶段（1926—1932）：停滞期。这一时期，由于世界性的经济危

① 吴天锡.韩国新教育史［M］.首尔：现代教育丛书出版社，1964：291.

机，朝鲜的经济也受到了很大影响，农产品价格下降，农村经济萧条。因此，虽然制订了普通学校"一面一校"的发展计划，较前期相比也有所发展，但速度明显放缓，几乎停滞。如表3-3所示，六年间学校总数虽然增加了600多所，但学生数只增加了73000多人，就学率也只增长了1.3%。

表3-3　1926、1932年普通学校情况统计

年份	学校数（所）	学生数（名）	就学率
1926	1336	438900	17.6%
1932	1973	512604	18.9%

资料来源：韩国教育史研究会．韩国教育史［M］．首尔：教育出版社，1995：307.

第三阶段（1932—1935）：恢复期。这一时期普通学校的发展又有所恢复，基本完成了上一阶段制订的"一面一校"计划。如表3-4，三年间，学校数、学生数和就学率都有所增长。

表3-4　1932、1935年普通学校情况统计

年份	学校数（所）	学生数（名）	就学率
1932	1973	512604	18.9%
1935	2358	716730	约20%

资料来源：韩国教育史研究会．韩国教育史［M］．首尔：教育出版社，1995：307.

从以上三个阶段可以看出，在普通学校扩充政策下，朝鲜的普通学校教育得到了相当程度的发展，学校数、学生数和就学率都有一定程度的增长，但是这种发展只是相对的。原因有以下三点：

第一，普通学校教育并没有像日本国内那样实行义务教育，而日本国内自1907年起已经实行了6年制的小学义务教育。虽然朝鲜人提出了要求进行普通学校义务教育或取消上课费的主张，如有议员提案"只有取消上课费，才能顺利进行无产儿童的教育"（《东亚日报》1933年11月1日），但结果是被殖民当局驳回。学费对于当时的朝鲜人来说是一笔不小的支

出，只有具有一定财力的家庭才能负担得起学校教育的费用。1932 年 6 月 23 日《东亚日报》在"首先取消上课费"的社论中提到"父母的负担过重，无力让孩子入学"。1934 年 9 月 7 日的《朝鲜日报》社论中也提到了"朝鲜的普通学校儿童因为讲课费和学费而承受巨大的痛苦"的内容。可见，当时很多学龄儿童因为经济原因而无法接受普通学校教育。

第二，入学率虽然有所增长，但仍处于较低水平，依然有大量学龄儿童没有就学。从表 3-2、表 3-3 和表 3-4 中可以看出，1920 年至 1935 年，朝鲜儿童就学率由 4.6% 增加到约 20%。日本殖民地时期初等教育机关儿童就学状况总体上的特征是，大多数的学龄儿童都被教育机关排除在外。①

第三，中等教育没有得到相应的重视与发展，普通学校毕业生升入上一级学校面临困难。

表 3-5　1925—1935 年高等普通学校与女子高等普通学校的学校与学生数量情况

分类 年份	高等普通学校		女子高等普通学校	
	学校数	学生数	学校数	学生数
1925	23	10107	9	2021
1931	26	12700	16	4749
1935	26	14564	19	6047

资料来源：大野谦一．朝鲜教育问题管见 [M]．首尔：朝鲜教育会，1936：185，279．

从表 3-5 可以看出，10 年间高等普通学校只增加了 3 所；女子高等普通学校增加了 10 所，学生数量上，1935 年男女学生合在一起也只有约 2 万名。当时朝鲜的总人口约为 2200 万，也就是说每 1100 人中，才 1 人有机会接受中等学校教育。日本在朝鲜集中发展初级教育阶段的普通教育，不发展中等教育，充分说明日本统治者只注重培养为其殖民统治服务所需

①　古川宣子．日帝时代初等教育机关的就学状况 [J]．教育史学研究，1990，2-3：143．

的低级人才，而绝不关心朝鲜教育水平的整体提高。

其次，日本还在朝鲜创立简易学校制度，以此作为扩充普通教育的辅助手段。简易学校制度创立于 1934 年，学制为二年，儿童入学年龄为 10 岁，每个学校有 1 名教员，开设科目包括修身、国语、朝鲜语、算术等普通课与职业课，普通课与职业课的比例约为 2∶1。简易学校教育是一种完成教育，与普通学校三年级并没有衔接关系。1934 年日本在朝鲜设立了 440 所简易学校，1935 年新增了 220 所，1936 年也新增了 220 所，一共设立了 880 所简易学校，大约平均每个郡有 4 所简易学校，每个年级约有学生 70 人左右。①

这一时期正值日本统治者实行普通学校"一面一校"政策，但一方面"一面一校"不能充分普及普通教育，另一方面如果再新建正规的普通学校则需要大量的财政经费。因此殖民当局利用简易学校扩充普通教育，既节省了大量费用，又普及了初级的普通教育和职业教育。

日本此时在朝鲜创立这种短期学校制度，与其面临的国内外困境有重要关系。1933 年，日本退出国际联盟，在国际社会处于孤立状态，国内也因为世界经济危机余波的影响而经济不振。而朝鲜的农村经济在日本的殖民统治下一片凋敝，为了把朝鲜作为日本的粮食补给地，1931 年赴任朝鲜总督的宇垣一成在朝鲜开展了所谓的"农村振兴运动"。在教育上，宇垣一成提出"教育即生活，生活即勤劳"，要求接受完初等教育的青年回到农村，利用学到的知识"自力更生""振兴农村"。在这一背景下，日本统治者通过创立简易学校制度，最大限度减少了殖民当局的经费投入，又可在更短的时间内为其培养出可利用的低级劳动力。

二、京城帝国大学的设立与运营

日本强占朝鲜以来，一直把专门学校作为唯一的高等教育机关，直到

---

① 大野谦一. 朝鲜教育问题管见［M］. 首尔：朝鲜教育会，1936：258.

1922 年新制定的第二次《朝鲜教育令》第 12 条做出规定 "专门教育依据《专门学校令》，大学教育及其预备教育依据《大学令》"，才初次提及朝鲜的大学教育。1923 年 11 月，朝鲜总督府成立了大学创设准备委员会，为成立大学做准备。1924 年 5 月，总督府发布了《京城帝国大学官制》，开始招收预科学生，1926 年正式招收大学本科学生。日本之所以决定此时在朝鲜设立大学，首先考虑到的应该是 "三一" 运动以来朝鲜民众对其殖民统治的强烈反抗情绪，妄图进行怀柔拉拢。其次， "三一" 运动失败后，朝鲜的一些民族主义者发起了民立大学设立运动，希望凭借朝鲜人自己的力量建立大学，培养高级人才，这刺激了日本当局，促使其 "掌握主动"，设立殖民者主导下的殖民地大学。

然而，对于京城帝国大学的成立，朝鲜总督府宣称是为了达到朝鲜的教育与日本国内 "一视同仁"，一些日本学者也称 "这样的殖民地高等教育政策在世界上史无前例" "体现了日本政策的宽大与公正"，那么事实真的如此吗？下面从京城帝国大学运营的几个方面，具体分析其性质与特点。

首先，在民众的受教育权利和水平上，朝鲜的大学教育与日本有着天壤之别。截止到 1940 年，日本有 7 所帝国大学、15 所官立大学、2 所公立大学、25 所私立大学，共计 49 所大学。而在朝鲜，直到光复也只有京城帝国大学这 1 所。另外，在入学资格上，朝鲜的大学也比日本国内要求低，京城帝国大学设立了作为进入大学预备阶段的预科，中学校或高等普通学校毕业者在预科学习 2 年后方可进入大学学习。而当时在日本，进入大学有两种渠道，分别是大学预科和高等学校。预科设在私立学校，学制为 3 年，高等学校毕业者经过入学考试方可进入大学学习。即便如此，能够进入京城帝国大学预科和本科学习的朝鲜学生也寥寥无几。如表 3-6、表 3-7，分别是对预科和本科学生数量情况的统计。

表 3-6　京城帝国大学预科学生数

年度	朝鲜人	日本人	合计	朝鲜人比例
1924	44	124	168	26.0%
1925	91	228	319	29.0%
1926	103	235	338	30.0%
1927	104	204	308	34.0%
1928	112	202	314	36.0%
1929	109	186	295	37.0%
1930	86	216	302	28.0%
1931	102	216	318	32.0%
1932	110	214	324	34.0%
1933	97	217	314	31.0%
1934	109	200	309	35.0%
1935	112	197	309	36.0%
1936	159	288	447	36.0%
1937	165	296	461	36.0%
1938	185	329	514	36.0%
1939	204	338	542	38.0%
1940	205	336	541	38.0%
1941	219	395	614	36.0%
1942	201	442	643	31.0%

资料来源：朝鲜教育年鉴.1936，1944；朝鲜年鉴.1943；朝鲜诸学校一览.1940.

表 3-7　京城帝国大学本科学生数

区分\年度	医学部		法文学部		合计	朝鲜人比例
	朝鲜人	日本人	朝鲜人	日本人		
1926	14	52	33	51	150	31.0%
1927	32	112	53	101	298	29.0%
1928	56	156	84	142	438	32.0%
1929	80	202	81	147	510	32.0%
1930	96	198	87	137	518	35.0%
1931	98	204	82	131	515	35.0%
1932	85	212	91	144	532	33.0%
1933	85	217	98	129	529	35.0%
1934	65	233	95	132	525	30.0%
1940	145	230	105	154	634	39.0%
1942	104	156	104	135	499	42.0%

资料来源：朝鲜教育年鉴.1936，1944；朝鲜年鉴，1943.

从表 3-6、表 3-7 可以看出，京城帝国大学的预科和本科中，实行的是"日鲜共学"制度，截止到 1942 年，每年朝鲜学生的比例基本维持在 30%左右，而且总人数大都没超过 200 人，日本学生占绝大多数。从朝鲜的总人口数量考虑，能够接受大学教育的朝鲜人实在是微乎其微，也就是说能真正受益于这所大学的朝鲜人少之又少。可见，京城帝国大学实际上是为在朝鲜的日本人敞开了大学教育的大门，对绝大多数朝鲜人来说只是空中楼阁。

其次，京城帝国大学的专业设置并不科学。根据京城帝国大学官制，学校设立两个学部，分别是法文学部和医学部，法文学部由法学科、哲学科、史学科和文学科构成，直到 1938 年由于日本进行扩大侵略的需要，才增设了理工学科。相反，日本国内的帝国大学才是名副其实的综合性大学，设有法学、医学、工学、文学、理学、农学、经济学及商学等专业。对此，殖民当局进行了如下的说明：

> 朝鲜人一向对法律、经济、政治等方面兴趣浓厚，而对理农工等自然科学方面不关心。因此即便设立了理农学部或理工学部，也有可能招收不到提交申请的学生。如果不设立法文学部，会有大量学生去日本或国外留学，这就失去了设立大学的意义。因此，决定设立医学部和法文学部是理所当然的事情。①

针对上面引文的说法，即便不能否认朝鲜人对法、文方面感兴趣，但仅以此为理由而不在大学设立理工方面的专业不免显得太过牵强，其根本原因是日本对朝鲜的政治、经济统治的需要。让朝鲜人掌握高等的科学技术知识，从而自己主导经济发展，进而通过经济独立达到政治独立，威胁到日本的殖民统治，这对日本殖民者来说是非常危险的事情。而且，法学、社会科学、人文科学这些专业也对毕业生的就业去向产生直接影响，很大一部分学生毕业后对口进入的是国家行政机关，从而成为为日本殖民统治服务的殖民地官僚。另外，与理工学科相比，这些学科还可以节省不少办学费用。

再次，作为朝鲜的最高等学府，京城帝国大学（简称京城帝大）的学术研究主要围绕日本的殖民需要展开。《大学令》第1条就规定："大学要教授国家需要的学术理论与应用，以研究其中的蕴奥为目的，并且注意人格的陶冶与国家思想，致力于培养能成为国家栋梁的，忠良有为的皇国臣民。"可见，京城帝大并没有充分自由的学术研究空间，而是要为日本帝国及日本的殖民统治服务。对此，京城帝大的第一任校长服部宇之吉在开学仪式的训辞中，这样评价京城帝大的使命：

---

① 大野谦一. 朝鲜教育问题管见 [M]. 首尔：朝鲜教育会，1936：143.

内地的帝国大学多少都有自己的特长。因为本大学设在朝鲜，当然也应该有其自己的特色。朝鲜自古以来就与内地和中国有密切的关系，暂且不论其他方面，就文化关系而论，对解决有关内地的文化问题，朝鲜研究意义不小，而中国研究也可以阐明有关朝鲜文化的一些问题，同时，朝鲜文化研究也可助益于中国研究。当然，内地的文化研究对朝鲜研究的帮助也不小。由于与内地和中国两方面的关系，我认为从多方面对朝鲜进行研究，成为东洋文化的权威，是本大学的使命。要想履行这一使命，就要以日本精神为原动力、以日新的学术为利器。①

训辞强调了从朝鲜研究出发，与中国、日本相联系，进而进行东洋文化研究是京城帝大的学术研究使命。实际上具体的课程设置也是围绕这一中心展开的，京城帝大的授课实行讲座制，在法文学部开设的讲座内容中，除了有一些关于法律、文化、社会等的理论课外，还有朝鲜史学、东洋史学、朝鲜语学、朝鲜文学、中国语学、中国文学、中国哲学②，体现了日本对朝鲜、中国文化研究的重视。另外，京城帝大研究人员的学术研究活动和研究成果也充分体现了这一点。以法文学部为例，研究成果的发表刊物有定期的和不定期的，定期的包括每年发刊的《论集》《论纂》，由帝大的法文学会、满蒙文化研究会、大陆文化研究会等研究组织发行，不定期的包括《法文学部纪要》《研究调查册子》以及一些古书的复刊活动。在以上这些刊物发表的215篇研究中，其中与朝鲜直接有关的有61篇，占28%，③ 内容包括朝鲜的政治、经济、法律、历史、语言、文学、思想、信仰、风俗等各个方面。④ 而且，这些与朝鲜有关的研究很多都受到了帝

---

① 京城帝国大学开学仪式校长训辞 [J]. 文教朝鲜, 1926-6: 3.
② 朝鲜总督府学务局学务课. 朝鲜学事例规 [M]. 首尔：朝鲜教育会, 1938: 699-701.
③ 郑善伊. 京城帝国大学研究 [M]. 首尔：文音社, 2002: 116.
④ 郑善伊. 京城帝国大学研究 [M]. 首尔：文音社, 2002: 193-197.

国学士院、东照宫三百年纪念会、服部报公会、日本学术振兴会、外务省文化事业部等组织机构的研究资金支持，在这些组织支持的 59 篇论文中，与朝鲜研究有关的达到 37 篇，占 64%。① 日本当局如此重视朝鲜文化研究，如同上述服部宇之吉在讲话中涉及的，是由于"文化关系"的原因，即朝鲜与日本及中国的文化关系，归根结底就是通过其御用学者②的文化研究达到对朝鲜顺利进行政治、经济统治，对中国进行侵略的目的。

此外，对于中国文化的相关研究也颇为活跃。"九一八"事变爆发后，日本在中国东北成立了伪"满洲国"，迫切需要与中国东北相关的研究成果，于是 1932 年 11 月 1 日在京城帝大成立了"满蒙文化研究会"，1937年日本全面侵略中国大陆后，又将其改为"大陆文化研究会"，1944 年更是成立了"大陆资源科学研究所"。这些研究组织和机构通过派遣调查团的方式，对中国社会、文化、资源等进行实地考察，为日本的侵略扩张提供了理论支撑。

最后，作为朝鲜最高教育机关，京城帝大的毕业生就业情况如何呢？法学科的学生通过学士考试成为法学学士，可以参加高等文官、外交官、法官选拔考试。文学部的毕业生为文学学士，可以获得对应科目的中等学校教员资格。医学部的毕业生通过学士考试获得医师资格证，可以在医院就职或自己开设诊所、医院。1929 年至 1941 年法文学部毕业生的基本就业方向如下表 3-8 所示：

---

① 郑善伊. 京城帝国大学研究 [M]. 首尔：文音社，2002：117.
② 京城帝国大学教师基本上为日本人。以 1941 年法文学部为例，共有教授 39 人、助教 13 人、讲师 8 人、助手 13 人，其中只有 1 名讲师和 3 名助手是朝鲜人。

表 3-8　1929—1941 年京城帝国大学法文学部毕业生就业情况

年度	毕业生人数		就职人数													其他	
			官公署		学校		银行公司		金融组合		报纸杂志社		其他就职		其他			
	日	朝	日	朝	日	朝	日	朝	日	朝	日	朝	日	朝	日	朝
1929	43	25	13	5	12	6	10	3	1			1	2	10		
1930	44	25	9	9	14	5	13	2	2				2	6		
1931	39	31	10	14	12	10	5		2			2	1	4	3	
1932	45	20	13		17	4	6	2			1	1	6	2		5
1933	38	27	14		14	6	7					2			1	6
1934	36	30	14	13	9	5	7	2		3					1	4
1935	32	25	7	12	13	6	8	1							1	5
1936	41	38	10	9	16	15	8	4		1		1	1	1	5	5
1937	48	28	9	13	13	3	16	3					3	1	2	7
1938	38	29	7	9	13	3	14	6						2	2	8
1939	13	12	2	1	3	3	4	1						1	1	3
1940	30	25	5	6	7	3	15	7		1			1	1	1	7
1941	41	20	7	3	7	2	23	9						1	2	6
合计	488	335	120	108	150	71	136	44	6	5	4	5	18	27	19	56

资料来源：京城帝国大学．京城帝国大学一览 [M]．首尔：朝鲜印刷株式会社，1941：393-394.

　　可以看出，法文学部毕业生的就业方向主要是官公署、学校、银行、公司。但几个部门中日本人和朝鲜人之间的就业去向呈现出了差别，朝鲜人毕业生就业人数最多的部门是官公署，第二位是学校，第三位是银行和公司；相反日本人毕业生就职最多的部门是学校，第二位是银行和公司，第三位是官公署。

表3-9　京城帝国大学医学部毕业生就业情况

年度	毕业生数		就职人数															
			官公署		学校		官、公立医院		私立医院		军医		个人营业		公司		其他	
	日	朝	日	朝	日	朝	日	朝	日	朝	日	朝	日	朝	日	朝	日	朝
1930	43	12	1		4	3	10	1	1	1	5		12	7	6			
1931	57	14	4	1	15	1	12	3	4	2	4		11	6	5			
1932	44	21	7		7	9	5	2	5	1	5	1	8	6	3	2	4	
1933	43	18	3	1	14		6	1	5	1	5	2	1	7	6	2	1	1
1934	42	29	3	1	13	12	4	4	3	4	8	1	4	5	4	2	2	1
1935	50	15	6		18	5	5	1		1	10		3	8	4		1	
1936	54	12	3	1	14	8	11			1	6		2	1	13			3
1937	54	22	2	2	16	10	7		2	2	13			5	11		1	2
1938	58	12	3	3	23	2	2	1		1	24				1		1	3
1939	50	16		1	11	12	6	1		2	23					1		6
1940	22	7			8	3	1		3		10				2			
1941	50	20		1	30	18	2		2		11				3	1	1	
合计	567	198	32	10	173	85	71	15	29	13	124	5	42	49	66	10	17	2

资料来源：京城帝国大学一览．1941.

医学部毕业生的就业情况如上表3-9所示，朝鲜人毕业生就业最多的去处是学校，约占42%，其次是个人营业，然后是官、公立医院。日本人毕业生就业最多的地方同样也是学校，官、公立医院也排在第3位，与朝鲜人差别较大的是相当一部分日本人毕业生选择了军医，排在第2位，而朝鲜人可以说几乎没有。

高等教育毕业生的就业情况与其所处的政治、经济、社会环境有密切的关系。如表3-8所示，以1929年第一届毕业生为首的京城帝大法文学部学生，尤其是多数朝鲜人进入国家行政机关成为官僚，有以下几点原因：一是由于日本的殖民掠夺以及将朝鲜作为其侵略中国大陆后方基地的殖民政策，朝鲜的经济结构被极大扭曲，经济发展薄弱，没有形成充分健全的劳动力吸收市场；二是这一时期席卷全球的经济危机对朝鲜的经济，尤其是对农村经济造成了不小的打击，所以很多人愿意选择相对稳定的国家行政官员；三是传统儒家思想"学而优则仕"的读书即为做官的思想，不免还对朝鲜的读书人有一定的影响。另外，不论是法文学部，还是医学部，日本人毕业生去处最多的地方都是学校，是因为殖民当局把学校当作同化朝鲜人最重要的机关，利用日本人教师对朝鲜人进行民族同化教育，从而鼓励、优先录用日本人教师。朝鲜的官、公立学校有大量日本人教师自不必说，1926 年朝鲜总督府针对朝鲜私立学校的《关于私立学校教员录用的注意》提到从 1926 年新学期开始"修身""日语""地理""历史"课的教学"要录用有相应资格的日本人"，导致很多朝鲜毕业生无法进入学校就职。因而，从毕业生的就业去向可以得出的结论是，京城帝大最终成为日本培养在其主导下的殖民地官僚和对朝鲜人进行民族同化教育的日本人教师的"人才"养成基地。

综上所述，仅凭日本在朝鲜设立一所大学这一事实，就认为日本改变了以往遏制朝鲜高等教育发展的政策，或是实施了与日本国内"一视同仁""内鲜一体"的方针，是没有说服力的。

三、同化教育的加强

"三一"运动使日本当局意识到使用暴力统治朝鲜的局限性，进入 20 世纪 20 年代后，日本标榜在朝鲜实行"文化政治"，在各个方面对朝鲜人进行怀柔安抚，提出所谓"一视同仁""内鲜共学""内鲜一体""内地延长主义"等，以继续维持在朝鲜的殖民统治。与"武断统治"时期相比，日本统治者更加重视通过同化教育来抹杀朝鲜人的民族性，弱化其反抗意识。因为日本殖民者认为"朝鲜爆发'三一'运动最大的原因是朝鲜人的独立欲望，当务之急是抹掉其作为朝鲜人的观念，植入作为日本人的观念"①。另外，这一时期盛行的"自由主义"思想和社会主义思潮，也促使日本加强对朝鲜人的民族同化教育。学校教育中，与同化教育直接相关的课程是国语、历史、修身这三门课程，日本统治者通过调整这些课程的课时与内容，向朝鲜学生输入日本的语言文化、歪曲朝鲜人的历史观念、注入日本式理念与道德。

所谓国语，即日语，是日本强占朝鲜期间自始至终都特别重视的同化教育手段。这一时期，与"武断统治"时期相比，各级学校的日语教育被进一步强化，而朝鲜语的地位则被进一步弱化。这一点在第二次《朝鲜教育令》就有所体现，第一次《朝鲜教育令》对于日语学习只在第 8 条规定了"普通学校……教授国语……"，而第二次《朝鲜教育令》与第一次相比，在普通教育的各级学校教育目标中都对日语学习做了更加直接、明确的规定。

> 第 4 条　普通学校留意儿童身体的发达，实施德育，授予生活中必需的普通知识与技能，以涵养国民性格、习得国语为目的。
>
> 第 6 条　高等普通学校留意男学生的身体发达，实施德育，教授生活中有用的普通知识与技能，以养成国民性格、熟达国语为目的。
>
> 第 8 条　女子高等普通学校留意女学生的身体发达与妇德涵养，施予德育，教授生活中有用的知识与技能，以国民性格养成、国语熟达为目的。

可以看出，国语学习是以法令的形式规定于中小学的培养目标中，而

---

① 弓削幸太郎. 朝鲜的教育［M］. 东京：自由评论社，1923：242.

对朝鲜语的教育只字未提。在教育实际中，殖民当局通过增加日语授课时数、减少朝鲜语授课时数以及在教材中大量加入日本文化相关的内容来输入日本的语言文化。表3-10、表3-11和表3-12是普通教育各级学校朝鲜语及汉文和日语的授课时数情况。

表3-10　6年制普通学校各学年朝鲜语与日语每周课时安排

科目 \ 年级	朝鲜语及汉文	日语	总授课时数
1	4（17.4%）	10（43.5%）	23
2	4（16%）	12（48%）	25
3	3（11.1%）	12（44.4%）	27
4	3（10%）	12（40.0%）	30
5	3（10%）	9（30.0%）	30
6	3（10%）	9（30.0%）	30
合计	20（12.1%）	64（38.8%）	165

资料来源：郑在哲．日帝对韩国殖民地教育政策史［M］．首尔：一志社，1985：362.

表3-11　高等普通学校各学年朝鲜语及汉文与日语每周课时安排

科目 \ 年级	朝鲜语及汉文	日语	总授课时数
1	3（9.4%）	8（25.0%）	32
2	3（9.4%）	8（25.0%）	32
3	2（6.3%）	6（18.8%）	32
4	2（6.3%）	5（15.6%）	32
5	2（6.3%）	5（15.6%）	32
合计	12（7.5%）	32（20.0%）	160

资料来源：郑在哲．日帝对韩国殖民地教育政策史［M］．首尔：一志社，1985：363.

表 3-12　5 年制女子高等普通学校各学年朝鲜语与日语每周课时安排

科目 年级	朝鲜语及汉文	日语	总授课时数
1	3（10%）	6（20.0%）	30
2	3（10%）	6（20.0%）	30
3	2（6.7%）	6（20.0%）	30
4	2（6.7%）	5（16.7%）	30
5	2（6.7%）	5（16.7%）	30
合计	12（8%）	28（18.7%）	150

资料来源：郑在哲. 日帝对韩国殖民地教育政策史［M］. 首尔：一志社，1985：363.

可以看出，各级学校中日语课都占据了相当的比例，而且与朝鲜语相比，课时数多出了 1~3 倍。另外，与第一次《朝鲜教育令》时期相比，这一时期日语课占总课时数的比例呈现出上升的趋势，而朝鲜语及汉文课的比例则被大幅下调。以普通学校为例，日语课占总课时数的比例由 37.7% 上升到了 38.8%，朝鲜语及汉文课所占的比例则由 20.8% 下降到了 12.1%。

日本当局如此重视在朝鲜的日语教育，是因为其并不仅仅把日语视为简单的语言交流工具，而是把日语作为宣传、灌输日本文化的载体，因而日语教科书甚至朝鲜语教科书都充斥了这些意在对朝鲜人进行民族同化的内容。1931—1933 年编纂的《中等教育国文读本》卷一、卷二、卷五、卷六、卷七的目录中，宣传日本道德、人物、历史、风俗、地方特色等内容的单元分别占 31.4%、67.9%、42.9%、57.1%、53.6%。以卷二为例，全书 33 个单元与日本相关的单元就有 19 个，其目录如表 3-13：

表3-13　《中等教育国文读本》（1930年卷二）中与日本相关的内容

单元	题目	单元	题目
2	月之天桥	18	早春
3	明治节的歌	19	古代的朝鲜与内地人
4	拜谒明治天皇的遗物（1）	21	冬窗
5	拜谒明治天皇的遗物（2）	22	伊势参宫
8	乡村之思	25	等待春天的心情
9	农夫人形	27	回首看湖畔
11	收获	29	隐藏的根
12	唱歌的夜晚世界	32	二宫翁夜话
16	短歌评释	33	二宫尊德的幼年时光
17	新年		

资料来源：朝鲜总督府. 中等教育国文读本（卷二）［M］. 首尔：朝鲜书籍印刷株式会社，1930.

　　从目录可以看出，大多数课文内容是通过间接的方式宣传日本的道德、思想，潜移默化地对朝鲜人产生影响，进行民族同化。在根本的问题上，比如国家意识上则是进行直截了当的灌输。如1933年出版的《普通学校国语读本》中的一部分描述毫无掩饰地把朝鲜视为日本国土的一部分，把日本天皇视为朝鲜的最高统治者。通过这样的教育内容，向刚刚接受教育的朝鲜少年儿童灌输作为日本人的国家意识，而把朝鲜这个民族和国家彻底从他们头脑中抹杀掉。

　　此外，日本统治者还通过篡改历史向朝鲜学生灌输歪曲的民族史观，培养他们的隶属、臣服意识。第一次《朝鲜教育令》时期，历史教育并没有受到日本当局的特别重视，普通学校根本没有设置历史课，也没有正式的教材。第二次《朝鲜教育令》出台后，历史教育作为抹杀朝鲜人历史意识与民族意识的工具开始受到重视。6年制普通学校五、六年级增设了每周2课时的"国史"课，高等普通学校、女子高等普通学校、师范学校等设置了2~3课时的历史地理课，而且各级学校的历史教材也相继编纂发行。对于历史课的教学要求，1922年发布的《普通学校规程》第13条这样规定：

> 国史教授国体的大要，以养成国民志操为要旨。日本历史教授我国从建国之初到现在的重要事件，关于朝鲜变迁事件的大要也要教授。在日本历史的教授上，要尽可能提示图书、地图、标本等，使儿童很容易联想到当时的实际状况，尤其要与修身的教学相联系。

根据以上规定，在历史课的教学中对有关日本的历史进行美化、赞扬夸大的同时，对朝鲜历史尤其是朝日关系史则进行歪曲、捏造甚至虚构，向学生灌输皇国史观和殖民史观。古代史有"素戈鸣尊的曾尸茂利的领有""任那国来贡""神功皇后侵攻新罗""文物制度的日本传入""佛教的日本传入""百济的灭亡与日本的支援""丰臣秀吉侵略朝鲜""朝鲜通信使"等，近现代史有"征韩论""江华岛不平等条约""甲申政变""清日甲午战争""韩国并合"等。其中，对于"神功皇后侵攻新罗"一事，《普通学校国史》（上卷）进行了如下的记述：

> 这时朝鲜有新罗、百济、高丽三国，称为三韩。其中新罗与我国最近，势力也最强大。但皇后认为如果新罗降服，熊袭就会不战而降，因此与武内宿称制定策略，出兵新罗。此时是纪元860年。……皇后率领军船，经过对马岛，从这里进入新罗。海上军船密布，声势浩大。新罗王非常害怕，听说东方有一个叫作日本的神国，还有一位优秀的君主称为天皇。而现在的来兵正是日本的神兵。"如何迎战防御呢？"说罢，新罗王举起白旗投降了，

并且在皇后的面前发誓："哪怕是太阳从西边出来、江水倒流，也
不会疏忽每年的贡物。"皇后凯旋，之后百济和高丽也投降了。从
此，朝鲜感于天皇的恩德，追随天皇，熊袭也不战而降。①

上述内容，把原本的神话夸张为历史事实，给人造成从上古时代日本
就开始统治朝鲜半岛的印象，展示日本的民族优越感，挫伤朝鲜学生的民
族自信，从而产生民族自卑心理。另外，教科书还把丰臣秀吉侵略朝鲜说
成是"借路朝鲜，讨伐明朝，朝鲜由于害怕明朝而没有应允"②。对于日
本国内"征韩论"的盛行原因，却歪曲为"朝廷欲与朝鲜修好建交……朝
鲜没有接受……还侮辱使者，损伤了日本国的体面"③。而对于日本吞并朝
鲜的记述，则更为荒唐。

　　根据《朴茨茅斯条约》，俄国承认我国在朝鲜有特别的权利，
我国政府遂与朝鲜签订协约，把其定为我国的保护国，在京城设
置统监府，任命伊藤博文为统监，逐渐改革朝鲜的内政。这是因
为朝鲜没有取得独立，而经常受到他国的压迫，从而威胁到东洋
的和平。在我国的保护下，经过数年，朝鲜的政治虽有所改善，
却不能完全消除多年的弊政，依然民心不定。为了增进国利民
福，只能把日朝两国进行合并的大势逐渐分明，而且朝鲜人中也
有不少人希望如此。因此，朝鲜皇帝将统治权让与天皇，希望凭
借帝国的新政增进国民的福祉，天皇也认为有此必要，于是在四
十三年八月最终合并朝鲜。④

---

① 朝鲜总督府. 普通学校国史（下卷）[M]. 首尔：凸版印刷株式会社，1922：18.
② 朝鲜总督府. 普通学校国史（上卷）[M]. 首尔：朝鲜书籍印刷株式会社，1923：
　 18-21.
③ 朝鲜总督府. 普通学校国史（下卷）[M]. 首尔：凸版印刷株式会社，1922：116.
④ 朝鲜总督府. 普通学校国史（下卷）[M]. 首尔：凸版印刷株式会社，1922：147-
　 148.

通过以上对事实的歪曲和美化，日本统治者完全掩盖了其侵略朝鲜的真相和野心，抹杀朝鲜学生的民族自尊和民族独立的志向。此外，教科书还对汉武帝进攻朝鲜设立汉四郡、隋唐进攻高句丽、蒙古进攻朝鲜等内容进行大肆渲染，意在证明朝鲜自古以来就一直受到外国的侵略与统治而没有自主发展的历史，以此向朝鲜学生注入民族劣等意识、败北意识，进而证明日本统治朝鲜的合理性。

修身教育是日本对朝鲜学生加强民族同化的另一块阵地。所谓修身，就是思想道德教育，目的是对人的人生观与价值观进行塑造和培养。对于修身教育的重要性，日本的御用史学家这样评价："修身课虽然是众多科目中的一个，但实际上可以用这一门课代替所有的科目。教育事业以修身结束，这样说一点不为过。它的意义在于其对《教育敕语》的实践。"①《普通学校规程》第9条对修身课的主旨做了如下规定：

> 修身应该基于《教育敕语》的主旨，以涵养儿童德性、指导道德实践为要旨。修身教授从身边小事开始，到人伦道德的要旨，以及对国家社会的责任义务。应该努力提高品德，坚固志操，形成进取之气象，崇尚功德，致力于公益，进而涵养忠良国民的性格。对于女童，尤其要使其养成贤淑的美德。
>
> 修身的教学上，应该使（学生）注意遵守嘉言善行与言辞。

上面的规定道破了修身教育的根本目的，就是以天皇为中心，围绕日本的封建伦理道德对朝鲜人进行说教，使其顺从天皇的统治。因此，各级学校所有学期每周均安排了修身课。学校使用的教材充斥了《教育敕语》、日本天皇、日本国体、皇国臣民、宪法与国法、日本国民道德、忠君爱国、八纮一宇、神道、武士道等颂扬天皇制、鼓吹军国主义的内容，教育

---

① 高桥宾吉．朝鲜教育史考［M］．首尔：帝国地方行政学会朝鲜本部，1927：401.

学生顺从日本统治、遵守日本式封建伦理、崇拜天皇、认清国体。表3-14
选取了普通学校修身教材的部分目录。

表3-14　普通学校修身教材部分目录内容

内容主旨	题目	出处
顺从统治	忠实	普通学校修身书（学生用）（卷四），第8课，1924年
	遵守规则	普通学校修身书（学生用）（卷一），第22课，1923年
	堪忍	普通学校修身书（学生用）（卷三），第9课，1923年
	公民的义务	普通学校修身书（卷五），第3课，1924年
封建伦理	勿忘恩惠	普通学校修身书（卷二），第13课，1923年
	孝行	普通学校修身书（学生用）（卷三），第1课，1923年
	主妇的义务	普通学校修身书（卷五），第8课，1924年
	仁爱	普通学校修身书（卷五），第21课，1924年
天皇崇拜	天皇陛下	普通学校修身书（学生用）（卷一），第15课，1923年
	祝日	普通学校修身书（学生用）（卷三），第12课，1923年
	皇后陛下	普通学校修身书（学生用）（卷三），第13课，1923年
	明治天皇	普通学校修身书（学生用）（卷四），第22课，1924年
国体认识	我们的国家（1）（2）	普通学校修身书（学生用）（卷五），第1、2课，1924年
	国旗	普通学校修身书（学生用）（卷四），第20课，1924年
	国教	普通学校修身书（卷六），第2课，1924年
	宪法	普通学校修身书（卷六），第3课，1924年

　　表3-14反映出修身教育既有思想道德教育的性质，同时也具有政治
教育的性质，表面上是提高道德涵养，实际上却是注入殖民地思想理念的
政治教育工具。

四、实业教育的强化

20 世纪 20 年代后半期，朝鲜内外局势发生了巨大的变化。席卷全球的世界经济危机，对日本经济造成了很大影响，朝鲜国内经济也陷入困境，尤其是农村经济呈现一片衰败的景象。在思想界，社会主义思想传播开来，各种社会主义运动和组织风起云涌，很多学校爆发了同盟休学等反抗日本殖民主义统治的民族独立运动。任何时候教育都不可能离开经济和思想而独立存在。在此背景下，日本在朝鲜的教育政策势必产生相应的变化，其中之一便是实业教育得到进一步重视。日本试图通过培养从事实业的人才缓解经济危机，同时使朝鲜人满足于吃饱穿暖的劳动生活而不知反抗。

在学校制度上，与第一次《朝鲜教育令》时期相比，根据 1922 年的《实业学校规程》，实业学校主要有以下 6 个方面的变化：第一，实业学校的入学资格是 6 年制普通学校的毕业者，修业年限为 3~5 年，入学资格和修业年限都有所提高；第二，为了陶冶人格、增进常识与教养，注重普通学科知识的学习，这与之前只重视实业科目与实业教育有很大不同；第三，实业学校不再是完成教育，可以继续进入上一级学校学习，并注重与上级学校之间的衔接；第四，为方便学生学习，允许进行夜间授课；第五，避免学习科目范围庞大，在一定领域内注重技术的深度，把重点放在实习上，高年级在一定的时间内，只进行实习；第六，为与日本国内实业教育制度保持一致，废除了之前的简易实业学校，把其中的一部分改为 2 年制实业补习学校。从以上这 6 方面的变化可以看出，一般实业学校的人才培养水平比上一时期有所提高，而教育程度较低的代替简易实业学校的实业补习学校制度依然存在，这就形成了实业人才的梯度培养，实际上更有利于满足日本大资本家的掠夺需要。

1931 年 6 月，第 6 任朝鲜总督宇垣一成赴任后，更加重视朝鲜的实业教育。他提出了"顺应时势与环境，摒弃空论虚饰，认清现实，图求将来文化与经济的调和，以期物、心两面的生活安定"① 的施政方针，同时还强调"振作纪纲，兴民心，超越过去，促进内鲜融合，使半岛一带的空气更加明朗快活，期望增进普通人的幸福"②。宇垣一成的施政方针提出了要增进朝鲜人的"幸福"，尤其提到"物、心两方面的生活安定"，其实掩盖了其稳定民心，进而加强殖民掠夺来缓解日本国内经济危机的野心。为了贯彻这一政策，在教育上，宇垣一成提出了"教育即生活，生活即勤劳"的构想。在 1934 年 9 月召开的全国师范学校校长会议上，他对其勤劳主义的教育主旨进行了如下说明：

> （想要解决）朝鲜一直以来无法摆脱的传续下来的人心荒废、习俗以及生活的窘迫，当务之急是培养质实刚健、爱好勤劳的民风，达到生活安定。而且，这也是今后采取各种积极措施的前提，因此要在初、中等学校设置职业科，在这个方面下大力气。简单说就是，使（学生）在教育即生活、生活即勤劳的意义指导下努力。如果没有特殊原因，除了实业学校外，暂时将不允许中等学校的新设。③

上文的讲话中，宇垣一成把朝鲜人一直以来的"生活窘迫"归结为不勤劳，解决问题的办法就是发展实业教育，从而为日本的殖民剥削提供物质基础。另外，文中也反映了宇垣一成发展实业教育的方针，其主要从三个方面来进行。

首先，在普通教育中强制加入实业教育。普通学校把一直作为选修科目的实业改为必修科目，并把科目名称改为职业。以往的实业课关于农、工、商等生产活动的知识与技术都是单独进行教授，而在职业课中则把这

---

① 大野谦一. 朝鲜教育问题管见 [M]. 首尔：朝鲜教育会，1936：195.
② 大野谦一. 朝鲜教育问题管见 [M]. 首尔：朝鲜教育会，1936：196.
③ 大野谦一. 朝鲜教育问题管见 [M]. 首尔：朝鲜教育会，1936：228-229.

些知识进行了统合。殖民当局还尤其注重对儿童进行农业教育，农村普通学校进行的农业实习除了一般的农活外，还有养蚕、畜产、农业手工、水产捕捞、药材栽培等，甚至还对公立普通学校毕业生进行指导教育，劝阻他们毕业后进入城市，引导他们为了增强生产而留在农村。① 另外，高等普通学校及女子高等普通学校新设立了公民科，进行实业教育。

其次，增设实业学校，限制同样属于中等教育范畴的高等普通学校与女子高等普通学校的发展。以 1935 年为例，朝鲜共有高等普通学校 26 所，女子高等普通学校 19 所，合在一起为 45 所。实业学校如表 3-15 所示，农业、商业、工业、水产及商工学校共 54 所，各类实业补习学校共 93 所，合在一起为 147 所。因而，1935 年实业类中等学校比作为普通中等教育的高等普通学校及女子高等普通学校多了 2 倍多。比起实业学校的蓬勃发展，朝鲜的普通中等教育却停滞不前。20 世纪 20 年代以来，日本对朝鲜的初等教育实行扩充的政策，大量的普通学校毕业生无法进入高等普通学校学习，而只能选择实业学校。

显然，日本对朝鲜实施的教育，其目的不在于鼓励基础文化知识教育，提高朝鲜民众的整体文化素质，而是为了培养具有劳动技能的，既可供其利用又不会妨碍殖民统治安定的人力资源，以满足其开发、掠夺朝鲜资源以及日后扩大侵略战争的需要。

再次，各类实业学校中，农业类学校依然占据数量优势，但商、工业类学校也有一定发展。1925—1935 年 10 年间各类实业学校数量的发展情况见表 3-15。

---

① 李万圭. 朝鲜教育史Ⅱ［M］. 首尔：거름，1991：208-209.

表 3-15　1925—1935 年各类实业学校数量发展情况

分类 年份	实业学校					实业补习学校			
	农业	商业	工业	商工业	水产	农业	商业	工业	水产
1925	22	16	0	1	4	7	6	8	0
1931	25	16	1	1	3	58	8	14	2
1935	30	19	1	1	3	66	14	12	1

资料来源：大野谦一.朝鲜教育问题管见［M］.首尔：朝鲜教育会，1936：185，279.

　　根据表 3-15 中反映的各类实业学校的总数和发展趋势，可以看出农业类学校始终走在前列。1932 年，总督府又对《农业补习学校制度》进行了修订，把修业年限由 2 年改为 1 年，实行全员寄宿制，入学者限定为体格健壮的成年人，对其进行短时间的集中训练。这样，农业补习学校变成了培养农村青年，振兴农村发展的基地。此外，总督府还新设农业教员养成所，专门为农业类学校培养教员。1927 年附设于水原高等农林学校的实业补习学校教员养成所，为了满足补习学校的教员需求，吸收现职初等学校教员，进行为期 1 年的农业教育。然而这种培养方式也存在一定的问题，一是初等学校教员人手不足，二是只能进行一种科目的农业教育。因此，为了培养专修农业的教员，1935 年开始停止招收初等学校教员，而改为招收从日本高等农业、农科大学、农业实科毕业的学生进入养成所，对他们进行必要的教学培训，并让其亲身体验朝鲜农业的实际。1936 年，养成所改名为农业教员养成所，招收高等农林、农科大学、农业实科等本科毕业生，课程修完后进入农业补习学校、农民训练所、农业学校等成为教员。

　　商业、工业、水产类学校发展虽然不及农业学校，但较上一时期数量还是有所增加。之所以呈现这种发展特点，当然与日本掠夺朝鲜的农业资源、提高农村农民购买力有着密切的关系。此外，《会社令》解除，日本大量资本进入朝鲜投资商业、工业，导致对这方面的人才需求增加。

第三节 朝鲜人教育振兴运动与学生运动

一、实力养成运动与教育热

1919 年"三一"运动的失败，证明了非暴力的游行示威运动除了招致日本殖民当局残酷的武力镇压外，并不能从根本上动摇日本的殖民统治，更不能得到美国和西欧国家的同情。这使朝鲜的一部分民族主义者不得不对朝鲜独立的道路重新做出思考，找出一条适合朝鲜的民族解放道路，形成的主要思想有武装斗争、外交救国、实力养成论等。

为了发展实业，朝鲜的民族运动家们掀起了一场物产奖励运动，呼吁扶持民族资本的同时，号召朝鲜民众使用朝鲜国货。他们打出自给自足、奖励国产、节约消费、禁烟、禁酒等口号，在 1923 年 1 月 9 日组织了 20 多个社会团体商议"朝鲜人生活日益恶化的救济方案及把朝鲜商品销往外国市场的对策"，并在 1 月 20 日成立了朝鲜物产奖励会。

关于实力养成运动的理念，简单来说就是为了对抗在政治、经济各方面都占据优势的日本帝国主义，朝鲜目前只有积累实力这一条道路，也就是在积累一定的民族实力之后，再去争取民族独立。1920 年 4 月 7 日《东亚日报》的创刊社论对实力养成的理论进行了说明。《世界改造的开篇中，论朝鲜的民族运动》一文提出了朝鲜民族运动的方法，即民族运动不可能采用政治的方法，只有采用社会的方法才有可能成功。

（一）朝鲜人应该团结在一起，在实业、教育以及其他社会经营上，不应该个人单独进行，而是在可能的范围内互相协作联络……

（二）放眼世界，引入文明，撇弃顽固，孜孜以求。静止不动，只会灭亡，要吸收学习。

（三）图求经济的发达，巩固其基础，保存实力。通过扩大教育培养人才，提供促进文明的动力，改良社会上的各种恶习，培育新道德……

（四）充实社会方面的实力，提高文化幸福，遂行民族使命，这就是所谓朝鲜民族运动的社会方法。①

文章首先强调了今后的民族运动应该致力于社会、团体的实力养成，也就是整个民族实力的养成。同时提出实力养成的路径在于教育与实业，通过扩大教育培育人才，通过发展实业积累经济基础。因此，实力养成运动主要在发展实业和教育两个方面开展，民族主义者在实业方面掀起了物产奖励运动，而在教育方面则发起教育振兴运动，形成了一股教育热。民族主义者之所以重视发展教育，如同上面引文（二）、（三）所述，他们认为朝鲜之所以受到外敌的入侵，是因为文化的落后，而学习先进文化的捷径就在于教育，通过教育既可以达到政治上的独立，也能完成经济上的自立。

教育热首先表现在民族主义者积极努力建立各种近代教育机构上，主要通过以下三种途径。其一是建立私学。虽然殖民当局对私学的建立采取高压限制的政策，但私学的数量还是保持了微弱的增长趋势。以私立普通学校为例，1919 年学校总数为 33 所，而到了 1935 年增加到了 87 所。② 其二是开展改良书堂运动。书堂是这一时期朝鲜唯一保留下来的传统教育机构，为了开展近代教育，爱国人士便对传统书堂在经营形态和教学内容上进行改良，使其充当普通学校的角色。其三是展开民立大学设立运动。由于日本的愚民政策，一直没有在朝鲜设立大学。为了打破这种教育制度上的畸形状态，1923 年 3 月 29 日，400 多位爱国人士发起了民立大学期成会

---

① 世界改造的开篇中，论朝鲜的民族运动（四）[N]. 东亚日报，1920-4-7（11）.
② 大野谦一. 朝鲜教育问题管见 [M]. 首尔：朝鲜教育会，1936：151、279.

（《东亚日报》，1923年3月29日），谋求建立朝鲜人本位教育的民族大学。虽然这一计划最终没有成功，但直接促进了日本殖民当局改变以往的高等教育回避政策，在朝鲜设立了第一所大学——京城帝国大学。

教育热的另外一个表现就是朝鲜民众对于近代教育的态度发生了转变，出现了一股"向学热"。在日本殖民统治初期，朝鲜民众对于进入日本殖民当局主导设立的学校学习是持消极态度的，他们更愿意选择朝鲜传统的教育机关——书堂或者朝鲜人自己设立的私学。20世纪20年代以后，朝鲜人表现出强烈的就学要求，对日本当局主导设立的教育机构由回避转向了接受，积极主动把子女送入学校学习，以致后期开始出现普通学校的入学难现象。

表3-16　普通学校的入学竞争（1927—1937）

年度	入学申请者	入学者	通过率
1927	100880	85581	84.8%
1928	115693	93223	80.6%
1929	123263	98549	80.0%
1930	130114	103592	79.6%
1931	130644	103499	79.2%
1932	127364	103866	81.6%
1933	150769	120182	79.7%
1934	197737	141225	71.4%
1935	242674	150413	62.0%
1936	321545	165265	51.4%
1937	363,639	189,408	52.1%

资料来源：吴成哲. 殖民地初等教育的形成［M］. 首尔：教育科学社，2000：151.

从表3-16可以看出，20世纪20年代后半期开始，除了1932年因为农村经济的恶化入学申请者有所减少外，普通学校的入学申请者一直呈现了上升的趋势，10年间增长了2倍多。最终录取者虽然也呈现了逐年上升的趋势，但通过率却是逐年下降，反映了入学的竞争越来越激烈。其中虽然也有日本为了限制朝鲜人接受教育而设立的教育机构数量不足的原因，但即使实行了"三面一校"乃至"一面一校"之后，也没能缓解普通学校的入学难问题。不仅普通学校如此，同样的问题也出现在高等普通学校中。

表 3-17　高等普通学校的入学竞争（1927—1937）

年度	入学志愿者	入学者	通过率
1927	25123	7860	31.3%
1928	31387	8969	28.6%
1929	31024	8920	28.8%
1930	27877	9172	32.9%
1931	26304	9517	36.2%
1932	26955	9619	35.7%
1933	29337	9767	33.3%
1934	33325	9863	29.6%
1935	41979	10643	25.4%
1936	53883	11852	22.0%
1937	57074	12849	22.5%

资料来源：李慧英．韩国近代学校教育百年史研究 II ［M］．首尔：韩国教育开发院，1997：81.

　　表 3-17 反映了 10 年间高等普通学校入学申请人数持续增加，增长了一倍多，但入学通过率却基本保持在 20%~30% 之间，这表明大多数希望进入高等普通学校的学生都无法如愿。作为中等教育的高等普通学校的入学竞争比普通学校更加激烈，因为与初等教育相比，日本对朝鲜的中等教

育采取了更高程度的压制政策。

朝鲜人的教育热不仅表现在初中等教育上，还表现在对高等教育的渴求上。然而日本在 1926 年以前没有在朝鲜建立大学，接受完中等教育的学生为了进一步接受大学教育只能选择留学海外，相应地掀起了留学海外的热潮，留学的对象国主要有日本、中国、美国等。以日本为例，1912 年在日朝鲜留学生仅有 279 人，1921 年有 910 人，1924 年增加到 2504 人，1926 年更达到了 3275 人。①

20 世纪 20 年代至 30 年代本是朝鲜经济困难时期，然而这样的困境却没有影响民众对于教育的投入和热情，他们争相把子女送入教育机关学习，以致各级学校都产生了激烈的入学竞争。产生这种现象的原因，一方面是由于民众的觉醒，希望通过教育学习近代知识，从而培养人才，积累民族实力后与日本相抗衡，最终取得民族独立。另一方面是源于教育对人的选拔、分配功能，即在学校中获得的能力与学历成为学生就业时对其选拔、分配的衡量标准。日本在强占朝鲜初期就确定了在雇佣和薪资上的学历差别制度。1913 年 8 月总督府发布的《文官任用令》第 6 条规定了判任官（为官之路的起点）的任用资格为"中学或文部大臣承认的具有同等以上的学校毕业者"或者"根据《专门学校令》，在教授法学、政治学、行政学或经济学的学校中修满三年的毕业者"。不仅官公署如此，要想进入银行、企业等部门工作也有相应的学历要求，有时学校校长的推荐也发挥不小的作用，而且学历不同，薪资待遇也有很大的不同。在这样的情况下，一般民众希望通过教育取得学历从而在社会生活中占据有利地位是自然而然的事情。因此，教育被民众认为是获得良好社会地位的手段，也是形成教育热的另一个重要原因。

二、民立大学设立运动

民立大学设立运动是"三一"运动后朝鲜民族主义者发起的通过振兴

---

① 大野谦一. 朝鲜教育问题管见 [M]. 首尔：朝鲜教育会，1936：140.

教育进行实力养成运动的重要一环，是教育热发展的突出表现，这一运动的发端源自日本强占朝鲜前民间爱国人士发起的国债补偿运动。国债补偿运动是为了代替政府偿还 1906 年后向日本筹集的 1300 万元借款，由朝鲜民间爱国人士发起的全国性的募集资金活动。韩日合并后，尹致昊、南宫檍、朴殷植、梁起铎等一起商议决定利用这次活动筹集到的 600 万钱款组织成立朝鲜民立大学。继而组织了民立大学期成会，向寺内正毅总督提出建立大学的申请，最终被强硬驳回。

鉴于朝鲜一直没有大学，而专门学校教育已经无法满足朝鲜人的教育要求，民族主义人士设立大学的呼声日益高涨。1920 年 6 月 23 日，以旧韩国参政大臣韩圭卨、前独立协会副会长李商在等为首的百余名爱国人士在首尔组织了朝鲜教育会设立发起会，主张凭借"朝鲜人的财力与努力"发展教育事业，决议尽快成立由文理科、农科、商科、工科、医科等构成的民立综合大学。对此，朝鲜总督府以《教育令》没有与大学相关的规定条款、无权设立大学为由，拒绝了教育会的要求。与此同时，总督府又提出了日本东洋大学在朝鲜设立分校的议案①，但最终却以日本《大学令》没有设立分校的条款规定而搁置了这一议案。同年 9 月 21 日，总督斋藤实与政务总监又召集韩圭卨、李商在等教育会成员，提出与其在朝鲜设立东洋大学分校，不如设立官立综合大学，而第一阶段的措施就是可以把官立医科专门学校改为朝鲜医科大学，总督府对此正在计划之中。② 对此，在教育会 9 月 26 日的创立总会上，会员们一致批判了总督府的上述举措，向日本政府寄去了陈情书，表明了决意要在朝鲜设立民立大学的坚定立场。

鉴于朝鲜人设立民立大学的坚决要求，日本当局不得不在 1922 年 2 月 4 日发布的第二次《朝鲜教育令》中加入了在朝鲜设立大学的规定。但是

---

① 总督府当局许可设立日本东洋大学分校所有权．许可朝鲜设立在学 [N]. 东亚日报，1920-08-04 (2).

② 关于在朝鲜设立大学及高等学校 [N]. 东亚日报，1920-09-21 (2).

朝鲜爱国人士依然没有放弃依靠自己民族的力量建立大学的努力。1922 年 11 月，朝鲜教育会召开了朝鲜民立大学期成会，决定向地方派遣委员，宣传民立大学的宗旨，以在全国范围内募集发起人和资金。对此，《东亚日报》在社论中以《关于民立大学期成委员的派遣》为题，呼吁民众积极参与。部分内容如下：

> 这所大学的成立与否关系到我们的体面和朝鲜人的生命存续，这样说一点也不为过。第一，该大学是依靠民众力量成立的最高学府。第二，是承载民众理想的最高结晶。基于民众的最高学府的发展，会促进朝鲜的科学发展，这种发展最终会转化为朝鲜人的固有文化。民众理想的最高结晶通过发挥其价值，使我们确信朝鲜的前进方向只能依靠科学发展。因此，民立大学的期成不仅给予我们知识，更赋予了我们基于科学发展的生命，根本的道理就是确保了我们的生命、为我们创造了权利。由于缺乏资金、实力不足，希望朝鲜的兄弟姐妹为此大事业贡献力量。有财力者多出资金，贫困者多出力，共同期待这项事业的成功。朝鲜民族虽然贫弱，但只要齐心合力，一定能促成此项事业。①

1923 年 3 月 29 日起连续三天，来自全国各地的发起人在首尔钟路的中央基督教青年会馆召开了民立大学期成会发起总会，选举出了李商在为临时议长，李升薰、南宫檍、曹晚植等 30 人为委员，以及 7 名监察委员和 7 名会费保管委员。会议第一天发布了《民立大学发起趣旨书》，第二天和第三天主要讨论了期成会的组织机构设置、资金募集和管理以及集会和会务等相关问题。《民立大学发起趣旨书》阐述了大学教育是朝鲜的当务之急，呼吁全朝鲜人为设立民立大学而努力，其地位与作用"可与《三一独

---

① 关于民立大学期成委员的派遣［N］. 东亚日报，1922-12-16（1）.

立宣言书》相提并论"①。内容如下：

　　如何改变吾人的命运？是政治、外交还是产业？当然，这些
都需要。但最为基础的要件、最紧急的先决条件、最有力量、最
为必要的是教育。何故？知方能动，知方能行事，知后方能用于
政治、外交的发展。不知怎能期待事业的作为与成功？换言之，
政治、外交只有待教育发展才能尽其效能，产业也只有待教育发
展才能期其作业。教育是吾人开拓前进的道路上唯一可行的方法
与手段。但教育业有阶段与种类之分，民众的普遍知识可以通过
普通教育授予，而深远的知识与蕴奥的学理只能通过高等教育获
得。若要进行社会最高的批判、培养有能有为的人才，最需要最
高学府的存在。不仅如此，实际上大学与人类进化有莫大的关
系，文化的发达与生活的提高均要通过大学才能获得。试观欧美
文化与欧美人的生活，其发达和提高的原动力全都在于大学的存
在。他们的光明与命运，都是因为12、13世纪以法国为首，意大
利、英国、德国等诸国在各地成立的大学而绽放光芒、开拓前进
的。换言之，文艺复兴在于大学的蓬勃，宗教改革也因大学的发
展，英、法的政治革命也从大学酝酿，产业革命也得益于大学的
催发，交通、法律、医药、商工业都因大学而铸成。因此，如今
吾朝鲜人也想在世界的一隅作为文化民族的一员与他人比肩，维
持生存并期待文化的创造与向上，除设立大学外别无他道。

　　但近3年来，各地向学勃兴，学校设立与教育设施颇有发展，
这些都源自吾人可贵的觉醒。这些虽然可贺，但遗憾之事是至今
无大学之存在。当然，官立大学即将设立，不至全无。但半岛命
运的将来绝不是一所大学可满足，而且如此重大的事业应由我们

①　孙仁铢.韩国近代教育史［M］.首尔：延世大学出版部，1971：182.

民族直接经营，更是我们的义务。因此，吾等痛感如此，敢于向
全天下同胞倡议成立民立大学，若兄弟姐妹都来支持、赞成、推
进，定成之。（《东亚日报》，1923 年 3 月 30 日）

此外，发起总会还决议通过了《民立大学的建设规划与方案》，共分
为三期。第一期设立法科、文科、经济科、理科 4 个学科，利用 400 万元
购入 5 万平方米用地，建设 10 栋教室和 1 个大讲堂。第二期以 300 万元新
设工科，并对理科与其他学科进行扩充。第三期利用 300 万资金设置医科
与农科（《东亚日报》，1923 年 3 月 30 日）。至此，设立民立大学最重要的
任务就是组建地方部，尽快募集所需的 1000 万资金。1923 年 4 月？日，
召开了第一次中央执行委员会，选出委员长李商在，常务委员李升薰、俞
星濬、韩龙云、洪性偰、俞镇泰等。之后，这些委员在首尔以及各个地方
进行巡回演讲，筹备建立地方部的同时，进行募集资金活动。1923 年 5
月，朝鲜各地已经成立了百余个民立大学地方部，甚至在中国奉天（今沈
阳）和美国夏威夷都展开了募集资金活动。《朝鲜日报》在社论中专门对
地方部的活动与作用进行了报道。

总揽中央事务的中央干部们的责任当然重大，但没有各个地
方部的援助，这项事业无论如何也是不可能进行下去的。……倾
力于民立大学的中央与地方的诸位干部以及一般同胞工作如此勤
勉。……同胞们给予了极大的响应，干部们的活动也热烈进行
着，梦想的实现指日可待。（《朝鲜日报》，1923 年 5 月 17 日）

然而，筹集 1000 万资金并不是容易的事情。1923 年夏季朝鲜南方因
水灾遭受了很大的经济损失，同年 9 月日本关东大地震对朝鲜也造成了一
定程度的影响，进入 1924 年，7 月全国性的水灾又使募集资金活动陷入了
困境。另外，京城帝国大学成立后，总督府当局以"民立大学期成会人士

抱有不纯思想"为由,对相关人士进行跟踪监视,防止他们开展鼓吹排日思想的讲演活动,并阻碍资金募集,这成为民立大学设立运动的最大阻力。这些外部不利条件加上一些人缺乏民族团结意识和坚定的求知欲望(《东亚日报》,1925 年 9 月 1 日),最终导致这场轰轰烈烈的民立大学设立运动走向了失败。但这一运动反映了朝鲜人对于设立大学的强烈要求,促使日本当局不得不让步建立了京城帝国大学,这在某种程度上反映了民立大学设立运动对日本在朝鲜殖民教育政策产生的重要影响。这场运动虽然最终失败了,但其并不是一场单纯的教育运动,而是借助这种形式进行的一场政治运动、民族运动①,也为之后朝鲜民族运动的展开提供了原动力。

三、改良书堂运动

1919 年以后,日本在朝鲜的殖民主义教育不断推进的同时,朝鲜的民族反抗运动也越演越烈,掀起了文化救国的教育振兴运动。在这种复杂的历史背景下,朝鲜传统教育机构中的乡校、书院、成均馆等或被废除或丧失了原有的功能,但唯有书堂一直存续下来,而且保持并发展了原有的教育功能,迸发出了新的活力。这源于一些书堂能够积极顺应时代发展和民族要求,在教育形态和内容方面做出改良,对当时朝鲜民族教育的发展做出了重要贡献。改良书堂在本质上与传统书堂不同,其开展近代教育科目教学,设立的目的在于民族教化。②

对传统书堂的教育内容、经营形态等进行改善,以更好地满足学生接受近代教育的要求,这一现象虽然在 1910 年已经有所显露,但对书堂进行彻底改良,把其活用为近代初等教育机构的提议在 1920 年后开始活跃起来。③ 1920 年 9 月《开辟》杂志题为《关于朝鲜文化建设的蓝图》一文就论述了书堂教育的改良论,"应该在每个面设立一所小学,但万事不可能

---

① 金基锡. 南冈李升薰 [M]. 首尔:韩国学术情报,2005:275-276.
② 车锡基. 韩国民族主义教育研究 [M]. 首尔:进明文化社,1976:275.
③ 卢荣泽. 日帝下民众教育运动史 [M]. 首尔:探求堂,1979:103.

都尽如我们之意，当下的救急之策就是改良书堂教育①"。在此杂志 1920
年 11 月 5 日朴达成的《首先为书堂改良叫好》一文中对改良书堂的校舍、
教师、学生、教学科目等都提出了要求。他认为书堂的校舍应该改建成可
以容纳五六十人，教师不应是只懂得汉学的旧派人物，应该录用能够教授
朝鲜历史和算术，并且了解世界形势、时代发展的兼具新旧学问的人物。
应该改善教学方法，使学生在几个小时内能够快乐地学习。教学科目上，
应该教授《千字文》、史略、古文、四书三经及朝鲜语、日本语、算术、
地理、历史等。另外，该杂志 1921 年 6 月 12 日妙香山人也针对书堂改良
发表了文章，他认为由于学校数量少，只能吸收一部分入学申请者，而导
致另外的学生大都进入书堂，鉴于这种情况，应该对书堂进行改良，在书
堂中教授学校的教学科目，除此之外，别无他法。而且即便实行"一面一
校"制，学校数量还是不足，只能让居民对书堂进行改良。

以上对于改良书堂的建议主要围绕四个方面展开：一是因为初等教育
机构数量的不足，才不得不对书堂进行改良，加以活用。二是改善旧式的
教育形式和教学方法，以提高教学效果。三是在教学内容上，保留一些传
统教学科目的同时，引入近代的、民族教育的内容，如朝鲜语、算术、地
理、历史等。四是以正规普通学校为标准对书堂进行改良，以更好地适应
时代的要求。从这几个方面可以看出朝鲜人对于当时民族教育问题的用心
和努力，而实际上改良书堂也正是围绕以上几个方面进行了改善和改良。

改良书堂的建议虽然主要讨论对传统书堂进行改良，但实际上有些是
在传统书堂的基础上进行的改良，还有一部分从一开始设立时就是改良式
书堂，这种情况一般是原计划设立私立学校，但由于日本殖民当局的镇压
政策转而改为设立改良式书堂，也有直接设立改良书堂的情况。② 当时
《东亚日报》就反映了这些情况，如黄海道延白郡松逢面青松里的刘盛锡
将传统书堂改为改良书堂（1923 年 8 月 4 日），平北龟城郡沙器面的面长

---

① 李敦化. 关于朝鲜文化建设的蓝图 [J]. 开辟（4号），1920（9）：12.
② 卢荣泽. 日帝下民众教育运动史 [M]. 首尔：探求堂，1979：105.

将8所传统书堂改成2所改良书堂（1925年3月6日）。对于直接设立改良书堂的报道，如济州岛的旧左面教育热潮涌动，设立改良书堂，教授普通学校科目（1921年5月13日）；江原道利川郡方丈面龟塘里以2000元设立基金，组织成立兼修新教育的改良书堂（1928年1月14日）。对于原计划设立私立学校转而改为设立改良书堂的报道，如平北龙川郡杨下面新西洞基督教会计划设立讲习所，但道当局不批准，不得已建立了改良书堂（1926年7月12日）；京畿道安城郡一竹面化曲里的有志人士为消除文盲欲设立学院，利用13年时间积累资金、新建教室、录用教员后，当局不予许可，只能以改良书堂的名义招收学生（1932年10月5日）。

关于改良书堂的发展规模，由于统计资料都是以广义的书堂来记载的，因此很难把握改良书堂具体的数量情况，但通过总体考察书堂的规模发展，也可窥见一斑。

表 3-18　书堂统计表（1919—1937）

年度	书堂数	教员数			学生数		
		男	女	合计	男	女	合计
1919	24030	24173	12	24185	275261	659	275920
1920	25492	25602	19	25621	290983	1642	292625
1921	24195	24507	24	24531	295280	2787	298067
1922	21057	21663	36	21699	275952	4910	280862
1923	19613	20240	45	20285	251063	5788	256851
1924	18510	19067	34	19101	226420	5324	231744
1925	16873	17347	43	17390	203580	4730	208310
1926	16188	16524	41	16565	192241	4597	196838
1927	15069	15485	24	15509	184541	4719	189260
1928	15957	15429	40	15469	186195	5477	191672
1929	11469	11885	23	11908	157066	5181	162247

续表

年度	书堂数	教员数			学生数		
		男	女	合计	男	女	合计
1930	10036	10477	73	10550	144913	5979	150892
1931	9208	9527	67	9594	140034	6867	146901
1932	8630	8937	70	9007	134639	8029	142668
1933	7529	7889	75	7964	137283	10822	148105
1934	6843	7997	111	8108	139381	14303	153684
1935	6209	6766	110	6876	142468	19306	161774
1936	5944	6455	88	6543	147558	22441	169999
1937	5681	6110	101	6211	145365	27421	172786

资料来源：朝鲜总督府统计年报.1929，1944.

从表3-18中可以看出，1919年以后书堂教育的发展在以下几个方面表现出了与前一阶段不同的发展特点：第一，1920年前后，书堂数和学生数达到最高值。其原因在于"三一"运动后民族意识高涨，受到教育热的影响，为了避开当局对私立学校的镇压，纷纷设立书堂，而民众也为了接受民族教育进入书堂学习。第二，书堂数量虽然呈现了一直减少的趋势，但学生数却没有大幅度减少，尤其是1930年学生数量基本保持了平衡的状态。这一方面反映了当局对书堂的压制逐渐加强，导致书堂数量逐渐减少，另一方面是由于部分书堂向正规学校的方向发展，即改良书堂的逐渐增加，能够吸纳的学生数相应增多。第三，女教员和女学生的数量持续增加，尤其是女学生的比例由1919年的0.2%增加到了1937年的15.9%，而男学生则逐渐减少。这一现象反映了朝鲜女性的自我觉醒和近代化趋势，这种情况大多出现在改良书堂，因为传统的书堂教育基本是仅针对男性的。至于男学生逐渐减少的原因，可能是考虑到将来就业的问题，而逐渐转向普通学校。

那么，1919年以后书堂教育，尤其是改良书堂为什么能够取得以上的发展呢？其中的原因可以总结为以下几点。首先，殖民体制下的初等教育机构数量不足，再加上这一时期兴起的教育热，民众都抱有至少应该接受最基本的初等教育的心理，因此很多学龄儿童选择书堂这一传统教育机构。其次，改良书堂的教育内容对民众具有一定的吸引力。改良书堂在保留一部分传统教育内容的同时，引入近代教育科目，既坚守了朝鲜的传统，又适应了时代要求。如《童蒙先习》《千字文》《蒙语类训》等是保留下来的传统教育科目，而算术、朝鲜语、历史、地理等则是新引入的近代科目。再次，一些民众对日本当局的殖民教育抱有反抗心理而不愿意进入殖民当局经营的官、公立普通学校，因此选择书堂这一在朝鲜有着悠久历史的民族教育机构。最后，由于书堂的设施比较简单，经营起来相对容易，而且殖民当局对书堂的管制相对宽松，因此有志之士纷纷组建书堂推行民族教育。

总之，1920年后兴起的改良书堂顺应了时代要求，继承并发展了书堂的初等教育机构功能，一定程度上解决了这一时期普通学校不足、学生就学难的问题，对朝鲜民众的启蒙教育和降低文盲率发挥了重要作用。另外，改良书堂是朝鲜人对抗殖民教育、坚守民族教育的产物，对提高朝鲜民众的民族思想和爱国意识更是起到了不可替代的作用。

四、爱国学生运动

"三一"运动中，朝鲜的爱国学生发挥了先锋主导作用，显示了学生阶层爱国力量的强大。但学生运动并没有就此止步，而是以此为嚆矢，以新的指导思想和方式继续反抗日本的殖民统治。在教育上，20世纪20年代后，当民族运动者们开展民立大学设立运动、开设改良书堂、组织各种团体进行教育振兴运动的时候，学生们也在校园内秘密结社、组织同盟休学，在校园外开展民族启蒙运动和旨在恢复国权的抗日救国运动，图求民族解放。

　　20 世纪 20 年代学生运动的开展，首先受益于各种学生团体的组建，其中影响力较大的学生团体分别是朝鲜学生大会和朝鲜学生科学研究会。朝鲜学生大会起源于 1920 年 4 月 18 日首尔中等以上学校的 200 多名学生在中央礼拜堂召开的朝鲜学生亲睦大会发起总会，会议的目的是谋求学生智育、休育、德育的发展，统一引导学生的思想（《东亚日报》，1920 年 4 月 18 日）。同年 5 月 9 日，大会的名称变更为朝鲜学生大会，800 多名学生参加了创立总会，并通过了大会的目的及主要工作，即"谋求学生大众的团结与亲睦、奖励朝鲜物产、打破地方热"（《东亚日报》，1920 年 5 月 10 日）。可以看出，朝鲜学生大会强调学生内部团结一致的同时，还积极响应当时民族主义者发起的实力养成运动，会员们通过演讲会、讨论会、运动会、地方巡回演讲等形式，提高学生和一般民众的民族意识。在大会创立 10 日后的 5 月 19 日召开的学术演讲大会上，进行了题为《学生与社会》的演讲（《东亚日报》，1920 年 5 月 21 日），6 月 24 日学术讲演会的题目为《时与机》（《东亚日报》，1920 年 6 月 23 日）。此外，朝鲜学生大会进行的具有重要意义的大型活动就是夏季巡回演讲，即利用暑假时间巡回于各地，对普通大众进行文化知识普及、文化启蒙等。如演讲团关北队 7 月 28 日铁原之行的演讲题目分别是《教育的急务》《农事改良与农村问题》，30 日咸兴之行的演讲题目是《产业竞争与吾人的前途》《改造的第一步》《青年的理想》，关西队 28 日在开城的演讲题目是《现今的时势与精神改造》《践行成功的要素》《解放女子》。① 从这些大会的演讲题目不难看出，当时青年学生对国家和社会强烈的责任感和使命感，以及与时俱进的先进思想。

　　如上所述，朝鲜学生大会创立之后，通过学术演讲会、讨论会等进行学术研究、普及知识，加强学生的团结和民众的启蒙。但是，这些活动最终招致了日本殖民当局的强行制止。1922 年 7 月 8 日，总督府组织召开了

① 车锡基.韩国民族主义教育研究［M］.首尔：进明文化社，1976：302.

首尔市内 7 所中学的校长会议，会议决议"坚决不允许中等学校的学生参加朝鲜学生大会，如有参加者，断然令其退学"（《东亚日报》，1923 年 7 月 11 日）。此后，朝鲜学生大会的成员虽然经过各种努力试图维持大会的运转，但最终还是面临了解体的命运。大会解体后，专门学校的学生在 1923 年 2 月创立了朝鲜学生会（《东亚日报》，1923 年 2 月 13 日），虽然学生数量、活动范围有所缩小，但继续维持了之前进行的一些文化启蒙活动。此会在 1923 年组织了第一届专门学校联合学术演讲大会，1924 年 1 月组织了第二届。除此之外，还组织了辩论大会、音乐会、全朝鲜学生田径大会、专门学校联合网球大会等。①

另外，随着 20 世纪 20 年代社会主义思想在朝鲜传播开来，受此影响的学生团体也相继成立，其中规模较大的就是 1925 年 9 月发起的朝鲜学生科学研究会，其纲领为"普及社会科学，统一学生思想，相互团结，实施以人为本的教育，解决朝鲜学生面临的问题②"。在此纲领指导下，1926 年 4 月 24 日召开的第一次定期总会通过了以下决议事项：

　　一、利用暑期，在重要城市设立暑期大学。
　　二、利用暑期，各会员在乡村设置农村讲座，努力开展启蒙运动。（《东亚日报》，1926 年 4 月 29 日）

遗憾的是，上述计划由于"六·十万岁"运动的爆发而没能付诸实践。但 1928 年研究会在经过对内部机构进行细化整理后，在 7 月 1 日召开的第 5 次执行委员会决议通过了以下事项：

　　一、利用暑期放假之事
　　二、关于一般集会之事

① 金镐逸. 日帝下学生团体的组织与活动 [J]. 史学研究, 1973, 22: 133-138.
② 朝鲜总督府警务局. 高等警察用语辞典 [M]. 东京: 近泽商店印刷部, 1933: 250.

1. 举行讲座、演讲会、音乐会、戏剧会、讨论会等。

2. 设立农村短期讲习会、林间学校。

三、关于一般社会情况调查之事

1. 调查行政、教育、金融机关及产业组合的状况。

2. 调查人口、土地分布及各职业、产业部门的状况。

3. 调查一般人民的生活程度。

四、关于读书与写作之事。（《东亚日报》，1928 年 7 月 5 日）

从以上的决议事项可以看出，研究会的活动呈现了逐步深入的特点，与朝鲜学生大会活动的共同点是通过举办各种讲座、演讲会等进行知识普及，但其重点在于科学知识及科学思想，尤其重视面向农村的活动。例如，1925 年 10 月 30 日的第一次演讲会的题目是《关于相对性原理》和《经济思想的历史变迁》（《东亚日报》，1925 年 10 月 29 日），11 月 5 日第二次的题目是《旧社会的科学与新社会的科学》（《东亚日报》，1925 年 11 月 4 日），11 月 28 日第一次科学讲座的题目是《关于生物的进化》（《东亚日报》，1925 年 11 月 27 日），1926 年 4 月 22 日举行的康德诞辰纪念演讲会上，演讲的题目分别是《康德的一生》《关于康德的学说》《关于康德的道德哲学》（《东亚日报》，1926 年 4 月 23 日）。

纵观朝鲜学生大会与朝鲜学生科学研究会这两个团体的宗旨与活动，虽然分别属于民族主义和社会主义两个思想阵营，但在致力学术研究、启蒙民众、鼓舞民族意识、培养民族力量上步调是完全一致的。

20 世纪 20 年代的学生运动除了通过以上学生团体进行学术研究、文化启蒙外，还通过同盟休学运动，即拒绝进行学业的方式来反抗日本的殖民统治和殖民教育。"六·十万岁"运动之前，同盟休学主要是在实力养成的思想立场上进行的学生运动，学生们提出的要求主要是针对教育制度的改革，包括排斥日本人校长与教师、修改教学方法与教学课程、扩充学校设施、进行学校升格等。① 对于日本人校长、教师的排斥主要是因为其侮辱、殴打学生，使用暴力性语言，教学不认真等。如 1921 年 5 月 6 日京城医学专门学校的久保教授在给 10 名一年级学生上解剖学课时发生了物品丢失事件，之后久保发表了"朝鲜人在解剖学上本来就与野蛮人相近，从过去的历史看肯定是你们朝鲜人偷走了"这样侮辱性的言论。因此愤怒的 100 余名朝鲜学生在 6 月 4 日发表了声明书后，进行了同盟休学。类似的事件还有很多，仅 1925 年发生的 48 起同盟休学事件中，就有 38 起是针对日本人校长和教师的。② 因为教学方法和课程发起的同盟休学，主要是针对日本推行的同化教育，即在教育课程中大量加入日语、日本历史课，而减少或取消朝鲜语、朝鲜历史等民族教育科目，如 1922 年 2 月 7 日的咸南元山保光学校的同盟休学事件就是因此而发生的（《东亚日报》，1922 年 2 月 16 日）。

"六·十万岁"运动后，同盟休学的性质发生了很大变化，转向了反抗殖民教育以及日本帝国主义的统治，具有了民族运动的性质。学生们的要求主要体现在以下几个方面：取消奴化教育，教授朝鲜历史，在校内使用朝鲜语，允许学生会自治，言论集会自由。③ 如 1927 年 11 月京城第一高等普通学校的 300 多名学生提出"现在的教育方法不培养朝鲜的精神，而是进行着在日本人压迫下让我们变成日本臣民的教育"，向学校提交陈情书后，发起了同盟休学。（《东亚日报》，1927 年 11 月 15 日）

从以上同盟休学的原因和事件可以看出，这不只是一种简单的校园事件，而是具有民族运动的性质，"不是反对某个校长或某个教师，而是要吐露民族的愤慨与青年的热血"④。因此，同盟休学也遭到了日本当局的镇压，1921—1928 年间，受到处罚的学生达到了 7674 人。⑤

---

① 车锡基. 韩国民族主义教育研究 [M]. 首尔：进明文化社，1976：292.
② 金镐逸. 日帝下的学生运动研究 [D]. 首尔：中央大学，1965：114-115.
③ 金镐逸. 日帝下学生运动的形态 [J]. 亚细亚学报，1975，11：7.
④ 中央高等学校. 中央 60 年史 [M]. 全州：民众书馆，1968：151-152.
⑤ 车锡基. 韩国民族主义教育研究 [M]. 首尔：进明文化社，1976：297.

　　把20世纪20年代学生运动推向高潮的是1926年的"六·十万岁"运动和1929年的光州学生运动。"六·十万岁"运动是继"三一"运动后，朝鲜全体学生参加的反抗日本殖民统治的有组织、有计划的又一次学生运动。这场运动的导火线是1926年4月26日大韩帝国最后的皇帝纯宗驾崩，虽然没有实权但在精神上具有民族象征意义的纯宗突然离世，所有朝鲜人都沉浸在悲痛之中。而且有传言称纯宗不是病死，是被日本人毒杀，使民心更加悲愤。在这样的情况下，学生们预想在纯宗的葬礼日6月10日会有数十万人聚集，因而决定在这天进行游行示威形式的独立运动。6月10日上午，数千名学生走上街头呼喊"朝鲜独立万岁"的口号，散发檄文，一直持续到下午。这场运动最终被有所准备的日警镇压下来，大量学生遭到逮捕。"六·十万岁"运动虽然以失败告终，但再一次在民众心中种下了民族独立的种子，这种精神也被三年后的光州学生运动所继承。

　　1929年11月3日以光州为起点的学生运动，是一场扩散到朝鲜全国范围的抗日民族运动。运动的起因源自光州高等普通学校和日本人学校光州中学两所学校学生之间发生的冲突，但根本的原因还是因为长时间积累起来的对日本人、日本殖民统治的民族反抗情绪。

　　光州高等普通学校成立于1920年，成立之初本是私立学校，1923年被改为公立学校。虽然学校历史比较短，但学生的反日活动从很早就开始了。在1923年与光州日本人中学的一场棒球比赛中，日本人裁判故意偏向日本学生做出了不公正的裁判，愤怒的朝鲜学生殴打裁判后发起了同盟休学，这是光州第一起同盟休学事件。学生们意识到要想有效地推进抗日活动就必须组成团体。因而与同在光州的农业学校、师范学校等先后共同组织了醒进会、光州学生读书会等团体，共同发起了多次同盟休学，反抗日本的同化教育、民族差别教育等。学生们对学校教育、对日本统治的不满也在这些事件中逐渐累积起来。

　　1929年10月30日，在光州开往罗州的汽车上，几名日本男学生公然戏弄同行的朝鲜女学生，同行的其他朝鲜学生气愤不过与日本学生争执起来，日本学生不仅不道歉反而用言语侮辱朝鲜学生，由此导致了双方学生的集体打架事件。此后，事态逐步扩大，警察和学校进行强行镇压的同时，日本人所办报纸《光州日报》发表报道维护日本学生而一味责难朝鲜学生，朝鲜学生积压已久的怒火和不满被彻底点燃。他们拿起木棒、农具等走上街头，高喊"朝鲜独立万岁""废除殖民地奴化教育""撤销日本人的光州中学"等口号，进行示威游行。与此同时，光州其他学校的学生也积极响应加入其中，而后知道真相的其他地方的学生也纷纷响应支援，最终演变成了一场全朝鲜学生的抗日民族运动。

综上所述，20世纪20年代朝鲜学生开展的一系列反抗日本殖民教育、殖民统治的运动反映了他们高涨的民族意识和争取民族独立的决心，同时也说明了日本在殖民统治之初就推行的民族同化教育政策，尤其是"三一"运动以来推行的"文化政治"并没有彻底征服朝鲜人。

第四章

"皇民化"教育政策的推行

1937 年，日本继强占中国东北建立伪"满洲国"后，进一步把战争的魔爪伸向了中国内陆，发动了全面侵华战争，这对作为日本侵略战争"兵站基地"的朝鲜提出了更高的要求。为了满足战争需要，1938 年朝鲜总督府接连公布了《陆军特别志愿兵令》、第三次《朝鲜教育令》等法令。日本对朝鲜的统治目标在"一视同仁"的基础上，要求进一步实现"内鲜一体"，对朝鲜人的教育也由渐进的民族同化走向了极端的"皇民化"。

第一节　"皇民化"政策与教育

一、"皇民化"政策的出台

1937 年日本侵华战争全面爆发，作为日本帝国主义侵略战争"兵站基地"的朝鲜的战略地位显得尤为重要。为了支撑侵华战争，日本首先需要朝鲜提供强大的人力、财力、物力做后盾。尤其是随着战争的扩大，深感兵力不足的日本考虑在殖民地征兵，企图借以充实其战争动员体系。1938 年 2 月 22 日，日本以第五十九号敕令的形式公布了《陆军特别志愿兵令》，并谎称此举为"内鲜一如，无差别待遇的第一阶段"。

随着战争的进一步扩大，1942 年 5 月日本内阁会议又做出"对朝鲜同胞施行征兵制，并自 1944 年起加以征集"的决定，把原来的志愿兵制改为义务征兵制，规定凡是适龄青年必须入军队服役。但是，让从未真正享有过正常日本"帝国臣民"地位和权利的殖民地被支配民族来充当"皇军"，为"大东亚圣战"服务要冒很大的风险，需要对殖民地人民进行彻底的"精神洗脑"，从根本上"改造"殖民地民族，以致"形、心、血、肉全部一体化"的程度，否则其后果将不堪设想。于是，旨在完全泯灭朝鲜人民族意识的"皇民化"便提上日程，一场覆盖朝鲜半岛乃至境内伪满朝鲜人聚居区的"皇民化运动"全面铺开。

1936 年 8 月，南次郎赴任朝鲜第七任总督。他在 1929 年至 1936 年间曾历任朝鲜军司令官、日本陆军大臣、关东军司令官等职，是一个坚定的"皇道派"法西斯主义者。南次郎上任后，就以"能亲迎天皇幸行的'皇民化'的朝鲜""能实现征兵制的忠君爱国的民心"作为其统治目标，在1937 年 4 月第二次道知事会议上，提出了"国体明征、鲜满一如、教学振作、农工并进、庶政刷新"的五大施政纲领，"皇民化"政策正是在这五个纲领的指导下具体实施起来。

为了彻底摧毁朝鲜人的民族信念，使朝鲜人只知日本而不知有朝鲜，在普及"皇道精神"的美名下，日本殖民当局提出了新的民族同化目标，即"内鲜一体"，这也是"国体明征"的基本含义。为此，日本殖民当局首先在朝鲜宣扬日本的神道精神，建立神宫神社，强迫朝鲜人参拜，并要求每家供奉神符，以此来消除朝鲜人的民族信仰。日本殖民当局还一手炮制了皇国臣民誓词，要求所有朝鲜人背诵。1938 年，日本在朝鲜成立朝鲜联盟，领导开展国民精神总动员运动。除了一系列的精神洗脑外，1939 年11 月修订的《朝鲜民事令》开始强迫朝鲜人"创氏改名"，一律不允许使用原有的朝鲜姓氏，而改用日本式姓名，以此来彻底拔除朝鲜人的民族根源。此外，奖励日鲜通婚也是当局推行"皇民化"的一项重要举措，通过这一途径来消除朝鲜人的民族性。

日本侵华战争全面爆发后，日本在朝鲜推行"皇民化"政策，在中国东北伪"满洲国"则声称要建设"皇道乐土"。为使二者联系起来，日本在治安、产业、交通、文化等方面加强二者"合作"，达到"鲜满一如"，共同支持日本的侵略战争。为此，南次郎和关东军司令官协商共同加强对苏国境警备，共同镇压抗日武装力量。此外，还成立了鸭绿江开发"鲜满"共同技术委员会，在鸭绿江、图们江分别架设了连接朝鲜和伪"满洲国"的桥梁，为"鲜满"之间的各种合作和联系提供便利。在资源合作上，制订了鸭绿江水力发电计划，加强两地间的粮食合作，以确保发挥其后方基地的作用。另外，日本还鼓励朝鲜人向满洲移民，其中暗含了利用朝鲜人开发东北农业资源的野心以及故意制造矛盾而离间两地人民关系的目的。

"皇民化"教育是"皇民化"政策的重要一环，也是南次郎实现"教学振作"施政方针的重要手段。1938 年，日本再一次修订了《朝鲜教育令》，取消此前针对日语常用者和非日语常用者并行的两种教育制度，在形式上消除朝鲜人和日本人之间的差别教育，不仅在学校名称、教育年限、教科书使用上与日本保持一致，教学宗旨、教学科目等也参照日本国内的标准。为此，之前虽然课时数量少，但一直作为正科的朝鲜语被改为随意科，而日语则向常用化发展。另外，还一如既往地利用修身、历史、地理等科目向学生灌输崇拜天皇和"内鲜一体"的思想。除了利用教学科目和内容对朝鲜学生进行天皇制思想注入外，还在学校举行一系列的课外活动，如早会、神社参拜、升旗仪式、时局讲话等，使学生的头脑完全淹没在日本思想中。

相对于权利而言，日本的"皇民化"政策更多的是强调朝鲜人的义务。在"皇民化"的口号下，日本进一步加强了对朝鲜的经济剥削和资源掠夺。在"农工并进"方针指导下，日本开始共同发展朝鲜的农业与工业。这较日本此前在朝鲜的经济发展政策，产生了较大的变化。因为此前日本在朝鲜一直实行重农政策，侧重朝鲜发挥日本后方粮食基地的作用，但随着日本进一步扩大侵略战争,朝鲜的工业发展尤其是军需工业、重化工业的发展被提上日程。为此,大量的日本垄断资本、大财团进入朝鲜,如三井、三菱、住友、日产等,大肆掠夺朝鲜的矿产资源、开发利用水力资源,使朝鲜的民族资本无处立足,20世纪30年代朝鲜资本家在主要的产业资本系统中所占的比例只有6%。① 农业方面,为了保证战争前线粮食供给,1937年后,朝鲜总督府相继发布了《米谷配给统治法》《朝鲜米谷市场株式会社令》《朝鲜米谷配给调整令》等,实行粮食配给制度。1940年,为实施《新朝鲜米谷增殖计划》,对各个行政区域、个人都进行了生产管制、强行分配生产量。为了确保战争所需而日本国内又生产困难的羊毛和棉花,总督府还强制推行了"南棉北羊"政策,即在朝鲜北部盖马高原一带利用草原饲养绵羊,而在南部则要求种植棉花,满足军需纺织工业的发展。此外,军用食肉、皮革原料、木材等也是日本掠夺的对象。

日占以来,朝鲜人的反日运动从未间断。为使朝鲜人成为合格的"皇民",日本殖民当局不允许他们在思想和行为上有任何的"异动"。为此,日本进一步加强了在朝鲜的军事、警察力量,发布一系列法令来镇压反日民族运动,尤其严格管制"思想犯"。1936年12月发布《朝鲜思想犯保护观察令》,不仅对出狱后思想犯的一举一动进行监视,还在首尔、光州、平壤等地建立七处"保护观察所",收容"思想犯"。1937年7月,设置"朝鲜情报委员会",以调查研究情报、宣传等为名目,搜集朝鲜爱国人士的活动信息。同年10月,为防止一些爱国者从国外"潜入",在京畿道和咸镜北道新设置了外事警察科。1941年5月开始实施《国防保安法》,防止军事、外交、财政、经济等方面的机密外泄。日本除了对朝鲜爱国人士进行拘捕、杀害毫不手软外,还对言论、集会、出版、结社等进行极端压制,如1940年8月,对20世纪20年代实行"文化政治"后允许发刊的朝鲜语报纸《东亚日报》《朝鲜日报》做出了停刊处理。

---

① 金雲泰. 日本帝国主义的韩国统治 [M]. 首尔:博英社,1986:457.

综上所述，"皇民化"政策涉及朝鲜人的精神、教育、经济、生活等各个方面。如此对朝鲜人进行层层的"皇民"武装，背后隐含的则是驱使和奴役，以此来满足日本法西斯主义者的侵略野心。

二、第三次《朝鲜教育令》与"皇民化"教育方针

在日本"皇民化"政策下，朝鲜的教育也朝着"皇民化"的方向发展，因为教育始终都是为日本殖民统治服务的。"皇民化"教育，在根本上是要"把半岛人改变成忠良的皇国臣民"，即使朝鲜人彻底"日本人化"，让朝鲜人以一个"精纯的日本人"的身份或是在后方被肆意剥削，或是走向战场充当炮灰。

1938 年 3 月，朝鲜总督府又一次对教育令进行了修订，发布了第三次《朝鲜教育令》，同时发布的还有各级学校规程。在新教育令发布之际，总督府发表论告称：

> 值此改正朝鲜教育令发布之际，告知疆内官民，希望能引起深思。朝鲜统治的目的就是让各位同胞在本质上成为真正的皇国臣民，内鲜一体，立于东亚范围内，共同追求和平的快乐。……在推进新东亚建设过程中，我帝国负有重任……为了顺应这一时势，就必须要以大国民的志操和信念的炼成为基础，贯彻国体明征、内鲜一体、忍苦锻炼这三大教育方针。①

上文直截了当地表明了对朝鲜人的同化，让朝鲜人"本质上成为真正的皇国臣民"。同时强调在"新东亚建设"中，为了培养"大国民的志操和信念"，要在教育上贯彻"国体明征、内鲜一体、忍苦锻炼"的纲领。对于这三大纲领的具体含义，时任总督府学务局长的监原时三郎进行了如

---

① 咨询枢密顾问朝鲜教育令改正之事［N］. 朝鲜总督府官报（号外），1938-3-4：2.

下说明：

> 　　第一，今后的教育目标不是培养可以称为半岛人的特殊人群，而是培育皇国日本的臣民，即天皇陛下的忠良赤子。这在之前虽然也没有不同，但今后要更清楚地认识到这一点，以明确的意识向这个目标努力。对此，不论是教育者、受教育者还是家长、社会都要统一认识，否则会没有效果，因此，需要所有人对此有充分的认识。
>
> 　　第二，我们的教育不是对内地人子弟和半岛青少年分开培养，而是以同一个标准对两者进行皇国臣民的培养……
>
> 　　第三，我们的教育虽然培养知识者，但不是以培养什么都不会做的知识分子阶层或资产阶级为目标的，坚决否认这一点。……学到的知识一定要能立即运用到实践中，实践要建立在正确知识的基础上。……要想做到这样，绝不是单凭读书、听课就可以达到的，是要通过隐忍痛苦、锻炼身心才能得到的。①

通过以上的说明可以看出，"国体明征"首先要求朝鲜人有明确的日本国家意识，"内鲜一体"是把朝鲜人的命运同日本捆绑在一起，从而放弃反抗，而"忍苦锻炼"则是同日本的武士道精神联系在一起，随时准备为"君国"奉献身心。在这里教育的根本意义不在于学习和传递知识，而是根据日本的殖民侵略需要"奉公服务"。第三次《朝鲜教育令》正是在此方针的基础上制定的，其内容特点主要表现在以下几个方面：

第一，各级学校都以"皇国臣民的培养"为教育目标。前两次教育令侧重强调"国民性格的培养"，而这次教育令的目标更加直接明确，即要求朝鲜青少年做"天皇领导下的日本国的臣民"。

----

① 朝鲜总督府学务局学务课. 关于朝鲜教育革新之全貌 [M]. 首尔：朝鲜印刷株式会社，1938：19-20.

《小学校规程》

第1条 小学校留意儿童身体健全发展，涵养国民道德，使其获得生活中必需的普通知识技能，努力培养忠良的皇国臣民。

《中学校规程》

第1条 中学校施予男子所需的高等普通教育，尤其培养国民道德，努力培养忠良有为的皇国臣民。

《高等女学校规程》

第1条 高等女学校施予女子所需的高等普通教育。尤其注意国民道德与妇德的养成，培养贤妻良母的资质，努力培育忠良至醇的皇国女性。

第二，各级学校名称、修学年限与日本国内一致，都依照日本相应的学校令进行。

第三次《朝鲜教育令》

第2条 普通教育依据《小学校令》《中学校令》《高等女学校令》进行。

第3条 实业教育依据《实业教育令》进行。

第4条 专门教育依据《专门学校令》、大学教育及其预备教育依据《大学令》进行。

第6条 师范学校的修业年限为7年，其中普通科5年，演习科2年。女子的修业年限可以为6年，在普通科缩短1年。

《小学校规程》

第2条 小学校分为寻常小学校、高等小学校。

第3条 寻常小学校的修业年限为6年，但暂时根据地域的情况可以缩短为4年。高等小学校的修业年限为2年，可以延长为3年。

《中学校规程》

第9条　中学校的修业年限为5年，可以设置1年以下的补修科，必要的情况下可以设置2年的预科。

《高等女学校规程》

高等女学校的修业年限为5年或4年，根据地域情况可以缩短为3年。高等科与专攻科为2年或3年，补修科为2年以下。

可以看出，中小学的学校名称都参照日本国内，去掉了之前的"普通"二字，而且取消了日本人和朝鲜人的招生差别，实行日鲜共学。修业年限虽然参照日本的标准有所延长，但也同时做出了根据情况可以缩短年限的特殊规定，而日本国内对应的《小学校令》则没有这一规定。

第三，除师范学校外，各级学校的朝鲜语都为随意科目，在中等学校新设公民科。

《小学校规程》

第13条　寻常小学校的教学科目为修身、国语、算术、国史、地理、理科、职业、图画、手工、唱歌、体操。可以为女童增加家务与裁缝。除了以上科目外，可以增加朝鲜语，设置朝鲜语为随意科目。

第14条　高等小学校的教学科目为修身、国语、算术、国史、地理、理科、职业、图画、手工、唱歌、体操。可以为女童增加家务与裁缝。除了以上科目外，可以增加朝鲜语，根据地方情况可以增加需要的科目，这些都设置为随意科目。

《中学校规程》

第10条　中学校的教学科目为修身、公民科、国语及汉文、历史、地理、外国语、数学、理科、实业、图画、音乐、体操。

除了以上科目外，可以增加朝鲜语，为随意科目。

《高等女学校规程》

第 11 条 高等女学校的教学科目为修身、公民科、教育、国语、历史、地理、外国语、数学、理科、实业、图画、家务、裁缝、音乐、体操。……根据各地情况，除了以上科目外，可以增加朝鲜语、书法或是朝鲜总督认可的科目，这些为随意科目或选修科目。

不难看出，以上各级学校教学科目，除了国语、国史、地理、修身这些发挥民族同化作用的科目继续占有重要位置外，朝鲜语的位置被进一步边缘化，成为无关痛痒的随意科目，与被完全取消也仅有一步之遥。公民科是在中学校新设的科目，在高年级教授，其本质上同修身一样，主要强化日本道德、日本文化相关的教育。

第三次《朝鲜教育令》很大程度上减少了一直以来日本和朝鲜之间的民族差别教育，在学校体系、修学年限和教育内容上基本和日本国内的规定保持了一致。但不能忽略的是，日本并没有采取措施扩大朝鲜的教育规模和教育水平，例如，各级学校入学率没有显著提高，对私立学校的政策没有一丝放松，大学的数量仍然只保持一所等，因此第三次《朝鲜教育令》对朝鲜教育的发展并没有什么实质性的意义。相反，日本在给予朝鲜人如此之小的"恩惠"的同时，通过各种"皇民化"教育政策，把民族同化教育推向了最高峰，而全然不顾朝鲜人所蒙受的身心伤害。因为日本从未把朝鲜人视为真正的"皇民"，只不过视其为日本殖民掠夺和对外侵略的奴隶罢了。

第二节　"皇民化"教育的实施

一、课程内的天皇制思想注入

在日本的"皇民化"教育方针下，朝鲜各级学校的教育内容也被完全纳入军国主义的体系中，不论是课程的安排还是内容的设置，都成为赤裸裸的为"皇民化"服务的工具。

首先，进一步加强日语教育的绝对化，实行"日语常用"，禁止使用朝鲜语。语言不仅是表达的工具，也是思维的表现，更是一个民族的符号。日本一直认为朝鲜语是朝鲜人民族思想的根基，进而千方百计地阻碍朝鲜人使用母语。前两次《朝鲜教育令》时期，日语一直被视为"国语"，各级学校的日语课时数也远多于朝鲜语，但朝鲜语一直作为必修科目被保留。到了第三次《朝鲜教育令》时期，日本为彻底推行"皇民化"教育，把朝鲜语由必修课改为随意课。《小学校规程》第37条还规定"校长决定各教学科目的教授"，从当时大部分官、公立学校的校长都是日本人这一情况来看，朝鲜语课几乎是不上的。而且，进一步提高日语学习水平和程度的要求。

《小学校规程》

第7条　习得国语、正确使用的同时，能够自由自在地运用。通过彻底进行国语教育，努力涵养皇国臣民的性格。

第32条　寻常小学校3年级以下的学生中，对于校长认为有必要的儿童，可以每学年每周增加2课时以内的国语补充授课。

《中学校规程》

第7条　正确使用国语，并能自由自在地运用。通过彻底进行国语教育，努力涵养皇国臣民的性格。

　　第 32 条　对于校长认为有必要的学生，在 3 年级以下可以每学年每周增加 2 课时以内的国语补充授课。

　　根据以上规定，对日语学习的要求是"能够自由自在地运用"，对于不能达到此程度的学生还要进行补课，普及日语的力度明显加强了。不仅教材和课上用语都使用日语，在课下休息时间和日常生活中也规定不允许使用朝鲜语，一经发现，就予以学生体罚、罚款、扣分。

　　其次，增设精神教育课。前两次教育令时期，修身课是日本在朝鲜的学校课程中安排的专门进行日本精神灌输、民族同化的主要阵地，在各级学校中都进行教授。进入第三次《朝鲜教育令》时期，为了完成"皇民化"的教育目标，在保留原有修身课的基础上，在中学校、高等女学校、师范学校又增加了一门精神教育课，即公民科。公民科进一步强化了修身课的教育内容，主要鼓吹作为日本的皇国臣民应该遵守的日本文化与道德思想。对于这一学科的培养目标，几个学校的规程进行了明确的规定。

　　《中学校规程》

　　第 13 条　公民科以我国的国体、国宪为基础，习得公民生活需要的事项，尤其涵养遵法奉公的志念，以培养健全的皇国臣民资质为要旨。

　　《实业学校规程》

　　第 14 条　公民科使学生理解国体与国宪的本意，明确了解我国统治的特质，以此为基础理解立宪政治的大要。尤其努力培养遵法奉公的志念，教授国民生活中需要的经济事项，正确认识经济生活与国民发展的关系，崇尚我国固有的淳风美俗，重视协作生活的训练，理解共存共荣的本来含义，努力培养作为大国民的素质。

《师范学校规程》

第9条　教授公民科时要避免偏向理论，重视生活中必需的事项，并时常把其归结为道义，努力涵养作为皇国臣民的德操。

以上规定着重要求朝鲜青少年在明确日本"国体、国宪"的基础上，"遵法奉公"，培养"皇国臣民的资质"，这也是"皇民化"教育的主要目标。学校使用的公民科教科书也是按照以上的要求进行的编排，以1942年3月发行的中等学校使用的《中等公民》为例，教科书目录前被插入了《天壤无穷的神功》《神武天皇檀原奠都的诏》《御誓文》《告文》《皇室典范上谕》《宪法发布敕语》《大日本帝国宪法上谕》《纪元二千六百年纪元节诏书》《对美国、英国的宣战诏书》等一系列所谓的诏书、敕语。而在书后的附录中，则刊载了《大日本帝国宪法》《皇室典范》等。中间的10个单元目录如表4-1所示：

表4-1　《中等公民》教科书单元目录

单元	题目
1	我们的国家
2	我们的家
3	我们的乡土（1）
4	我们的乡土（2）
5	我们的国体
6	国体与国法
7	帝国议会
8	征服枢密顾问
9	裁判所
10	国政运用与我们的义务

资料来源：朝鲜总督府. 中等公民（男子用，上），1942-3.

　　仅从目录就可以看出，公民科通过鼓吹日本的国粹主义、皇国主义、天皇主义、大国主义、海外侵略主义等，向朝鲜青少年灌输日本法西斯精神，从而让他们履行"公民"义务，"为国奉公"，因此公民科是在修身基础上对朝鲜人精神教育的进一步强化。

　　最后，利用体育课、音乐课进行"皇国臣民"教育。随着战事的扩大以及在朝鲜志愿兵制度的实施，日本开始强化朝鲜学校的体育课程，以备战时之需。通过体育课，使朝鲜学生既在精神上"忠于天皇"，又有强健的身体冲向战场。为此，日本在朝鲜特意编排了一套"皇国臣民体操"，其主要内容是："为了使人们切身体会皇国臣民之信念，在原有的学校体操中加入剑的因素，达到锻炼身心的目的，此谓皇国臣民体操……皇国臣民体操虽源于剑道，却不同于剑道，也不同于木剑体操。因此，不能依靠剑道老师的指导，应该由剑道老师推广到体操教师以及一般教师，以达皆习熟此体操之目的。"① "皇国臣民体操"不仅是体育课的主要内容，在一些课外的仪式或活动中也安排了这项内容。如每天的朝会时，为了"培养皇国臣民的自觉、涵养日本精神并提高身体素质"，"皇国臣民体操"是其中一项重要活动。② 此外，唱歌或音乐课也一直是初、中等学校的正式课程，日本也没有忽略利用这一课程对朝鲜青少年进行"皇民"思想的注入，尤其是推行"皇民化"教育以来，音乐课的课时和内容被进一步强化，成为"皇民化"教育和战争动员的手段。如1939—1941年出版的《初等唱歌》(1~6卷)，包含了很多反映日本文化和鼓吹战争的歌曲，有《富士山》《军旗》《日本的孩子》《靖国神社》《军神西住大尉》《樱花》《大东京》《军舰》《皇国臣民》《兴亚行进曲》《太平洋行进曲》《国民进军歌》《日本海海战》等。其中，《皇国臣民》一歌的歌词部分内容如下：

---

① 朝鲜总督府学务局学务课. 关于朝鲜教育革新之全貌 [M]. 首尔：朝鲜印刷株式会社，1938：149.

② 金雲泰. 日本帝国主义的韩国统治 [M]. 首尔：博英社，1986：500.

> 生为皇国的百姓，闪耀光芒
>
> 在日章旗下为国捐躯
>
> 亿万的我们，以坚强的誓言，成为天皇的盾牌
>
> 作为国家的宝贝，享受百姓的荣光
>
> 尊崇天皇的圣语，和睦一家
>
> 亿万的我们，以坚强的誓言，成为国家的根本

以上歌词内容着重向学生灌输"忠君爱国"的思想，教化他们随时准备走上战场为天皇、为国家献出自己的生命。音乐是人的精神食粮，因此与其他学校课程相比，能更加直接地对学生的思想和情绪产生影响。在日本的"皇民化"教育下，音乐的作用已经由陶冶个人情操沦为了培养为日本献身精神的工具，朝鲜青少年的心灵受到了极大的摧残。

二、课程外的民族抹杀政策

日本除了利用学校教育课程对朝鲜学生进行"皇民化"教育外，还对学生的课外生活进行渗透和干涉，妄图彻底抹杀朝鲜人的民族性。

首先，强迫参拜神社，背诵"皇国臣民誓词"。皇权神化是日本法西斯主义的主要特点，这种思想也被强加灌输于朝鲜人。1919 年 7 月，作为"朝鲜统治上的紧要事件"，日本在朝鲜设立了朝鲜神社，1935 年改名为朝鲜神宫。"皇民化"运动推行以来，奉行"一面一神社"主义，神社、神祠的数量迅速增加，强迫所有朝鲜人进行参拜。在学校、机关团体和家庭内设立神棚，供奉日本天照大神的牌位，每逢节日和纪念活动时都要进行参拜，并向日本天皇所在的方向进行东方遥拜。寄宿在学校的学生，每日三餐饭前都要向日本天照大神之位、天皇御影跪拜祈祷，以示"虔诚效忠"。此外，朝鲜总督府还在 1937 年 10 月制定了"皇国臣民誓词"，原文为日语，有两个版本，专供小学生背诵的内容是：

　　我们是大日本帝国的臣民。

　　我们要合心效忠天皇陛下。

　　我们要忍苦锻炼，做坚强国民。

　专供中学生以上及普通人背诵的誓词内容是：

　　我们是皇国臣民，以忠诚报答君国。

　　我们皇国臣民应相互关爱协助，以巩固团结。

　　我们皇国臣民要忍苦锻炼，以宣扬皇道。

　　"皇国臣民誓词"的内容紧紧围绕"国体明征、内鲜　体、忍苦锻炼"的教育纲领，字字句句都透露出所谓"忠君爱国"的思想。对于以上的誓词内容，要求学校、机关团体、公司等每天早上或一些仪式之前大声背诵。在家庭中，则要求做成字幅挂在墙上。1939 年 11 月，总督府领导下的朝鲜教育会在首尔的南山上设立了"皇国臣民誓词之塔"，塔的正面雕刻了日本的宫城，左右两侧分别是两个版本的誓词，设立当天召集了万余人进行参观朗诵。为了把朝鲜人彻底改造成所谓的"皇国臣民"，让他们每天反复背诵这些誓词，形成心理暗示，这在本质上是一种心理暴力。

　　其次，强制"创氏改名"。1939 年 11 月，朝鲜总督府修改了《朝鲜民事令》，废除了朝鲜民族固有的姓名制度，实行日本式氏名制。为了强迫学校里的教师和学生"创氏改名"，对学校不改姓名的教师进行罢免，对不遵守的儿童不允许入学，对在校生则不允许升入上一级学校。"创氏改名"不是仅在学校强制推行，而是针对所有朝鲜人。对于不遵守这一制度的普通民众，警察局就把其记录为"不逞鲜人"或"非国民"，对其进行跟踪调查。不仅如此，还利用非常奸诈的方法对这些人进行制裁，把他们列入劳务征用的优先对象或是从粮食配给对象中排除是常用的手段。姓氏名称是一个家庭，乃至一个民族最根本的特征，日本通过在朝鲜强制推行

"创氏改名"制度，来剥夺朝鲜人的家庭传统和民族特征，植入日本的天皇制家庭制度，这种极端的民族抹杀政策在世界殖民史上也是绝无仅有的。

最后，举办各种课外活动和仪式、仪典，灌输"皇道思想"。日本不仅通过教学过程中的课程设置和教材内容对朝鲜青年进行"皇民化"教育，还对教师、学生的日常生活和课余活动进行严加管制和监督，不给他们任何思想自由的时间和空间。对于日本的一些节日，要求学校师生举行特别的仪式进行纪念。《小学校规程》第45条做了如下的规定：

> 纪元节、天长节、明治节及1月1日，召集教师与儿童，在学校举行下面的仪式。
>
> 教师与儿童合唱《君之代》①。
>
> 教师与儿童面对天皇陛下、皇后陛下的御影行最敬礼。
>
> 校长奉读《教育敕语》。
>
> 校长基于《教育敕语》的内容宣读圣旨的趣旨。
>
> 教师与儿童合唱祝日相应的歌曲。

除了以上规定外，设在京城师范学校的朝鲜初等教育研究会还制定了《皇国臣民教育实践的学校经营》，经过总督府学务局的推荐，在京城师范学校第二附属小学校率先进行实践，并作为朝鲜所有小学校的模范。其中《训育》一章的部分内容如下②：

> 训育的意义
>
> 国民教育的最终目的是培养忠良有为的皇国臣民。训育是养

---

① 《君之代》为日本国歌，主要是赞扬日本天皇的内容。
② 朝鲜公民教育会.皇国臣民教育的原理与实践［M］.首尔：行政学会印刷所，1938：90-102.

成作为皇国臣民应具有的完全的道德人格。训育在本质上以陶冶儿童的性格、使其形成良好习惯及锻炼道德意志为目的，在教育的各种作用中，占据核心地位。这就是学校实行顺应国家要求的训育的原因所在，学校训育的意义也体现在这里。

训育的纲领

奉行教育敕语的趣旨，根据朝鲜教育的三大纲领，使儿童在日常生活中体验、创造感恩奉仕的精神，注重培养其忠良有为的皇国臣民的性格。

训育的方针

努力使学校成为国民道德实践的阵地，发扬感恩奉仕的校风。

教师应保持亲爱威重，确立教育的态度，注重人格感化。

留意儿童的心意发展，根据其实际生活进行适当的个性指导。

以自觉团结为基础，进行协作社会的训练。

尊重儿童的自发活动，使其确立自律的态度。

注意各学科与学校活动的联系，进行全面陶冶。

根据时代与乡土的实际情况，设定敬神、礼仪、协力、刚健、勤勉、节约、诚实、感谢、克己、规律、公德、卫生等的实践科目，并彻底推行。

训育的活动

敕语御制的奉体实践：敕语、诏书的讲解奉读，敕语、诏书下赐纪念日仪式，敕语、诏书的朗诵，御制敕歌的听诵，圣训的颁布。

敬神思想的涵养：月例参拜神宫神社，全校参拜，奖励星期日、祝祭日参拜，参拜神宫神社例祭，遥拜神宫神社，演练拜神法，毕业、入学时的参拜，配用御神符，参拜劝农神社，清扫圣地。

确立式典仪礼的态度：参列四大节日祝贺式，奉拜奉安殿，遥拜宫城，送迎皇族、王公族，祝祭日讲话演练式典礼仪。

国家意识的昂扬：奉唱国歌，升降、整理国旗的方法，朗诵皇国臣民誓词，各种国民纪念日与讲话，各种国民周间活动的实践，合唱爱国行进曲。

爱重国语：设定国语强调时间，奖励常用国语，表彰爱用国语的儿童，国语演练会，各种报告会。

……

训育实践明细（部分）

月份	学校活动
……	……
9月	1 日　儿童代表参拜神宫 升国旗仪式 震灾纪念日 6 日　爱国日 13 日　乃木祭 18 日　满洲事变纪念日 21—23 日　秋季皇灵祭 下旬　秋夕 秋季运动会 秋季大扫除

10月	1 日　儿童代表参拜神宫 升国旗仪式 始政纪念日 京城府体育日 穿着冬季服装 检查服装、学习用品 6 日　爱国日 13 日　戊申诏书下赐纪念日 16—18 日　京城神社例祭 17 日　神尝祭 朝鲜神宫例祭 23 日　靖国神社祭 24 日　教育敕语下付纪念日 30 日　教育敕语焕发纪念日
……	……

可以看出，《小学校规程》着重对节假日的各种活动内容做出规定，《训育》把每月每日的活动都进行了细化，而且每月 1 日进行的儿童代表参拜神宫、升国旗仪式和 6 日的爱国日活动是固定不变的。这些繁复密集的活动不仅占去了学生大量的学习时间，更重要的是活动的内容大都是对学生进行"皇道"思想的灌输，使学生在潜移默化中接受同化教育。

三、对私立学校的全面镇压

日本强占朝鲜以来，私立学校一直是朝鲜民族运动的精神支柱和根据地，虽然一直受到日本当局的残酷镇压，但私立学校的命脉延续了下来，通过坚持秘密进行民族教育，来抵抗日本的殖民主义教育。1937 年后，日本在朝鲜强制推行意在彻底抹杀朝鲜人民族意识和民族精神的"皇民化"教育，朝鲜的民族主义私立学校成为日本进行"皇民化"教育的第一大障碍。因此，日本当局实行了对民族主义私立学校全面镇压的政策，朝鲜的民族主义私立学校受到了前所未有的打击。

第三次《朝鲜教育令》出台后，1938 年 3 月朝鲜总督府发布了新修订的《私立学校规则》，这是自日本强占朝鲜以来对《私立学校规则》的第十次修订。其中，对于私立学校的设立延续了之前的"财团法人制"，各级私立学校的名称、学制要与日本国内保持一致，分别改称为小学校、中学校、高等女学校。在教学科目上，要求遵守各级学校规程，规定日语为国语，朝鲜语被设定为随意科，进行殖民主义精神教育的修身为必修课，日本史被奉为国史，朝鲜史则被完全排除。为了严密监视学生的思想与言行，在各个学校设立了敕语奉安所，禁止学生使用朝鲜语，强迫其进行创氏改名、参拜神社、做皇国臣民体操、背诵皇国臣民誓词等，对于大学生还要求穿着统一制服，进行军事训练。由此看来，与官、公立学校相比，私立学校不论是在教育形式上，还是在教育内容上，都没有丝毫的自主余地，进行民族教育的空间被完全挤压。

为了全面压制私立学校的发展，日帝殖民当局不允许朝鲜的民族主义者设立新的学校。20 世纪 20 年代以后，朝鲜的一部分爱国民族人士认为积累民族实力的捷径在于教育，因而热衷于教育事业，形成了一股设立学校的热潮，而这股热潮一直延续到了 20 世纪 30 年代后期。但这时日本当局一改之前标榜的"文化政治"，实行"皇民化"教育，自然对新的私立学校的设立采取完全压制的政策。如黄海道安岳郡的 100 余名有志之士筹集 50 万元资金向当局申请设立高等普通学校，收到的答复是"设立公立学校或实业学校"。① 这样的例子不只一例，殖民当局对中等私立学校的设立控制得更加严格。②

不仅私立学校的新设受到严格控制，总督府还强迫勉强维持下来的私立学校修改教学目的与教学内容，否则给予关闭处理。其中，普成专门学校、延禧专门学校、惠化专门学校、明伦专门学校被关闭。而日本当局为

---

① 李万圭. 朝鲜教育史 II [M]. 首尔：거름，1991：233.
② 李万圭. 朝鲜教育史 II [M]. 首尔：거름，1991：233.

了呼应战争的要求，还将一些学校进行了改造，如在延禧专门学校原址建立了工业经济专门学校，在普成专门学校原址建立了拓殖经济专门学校。而对于大邱的信明女学校，以"信明"二字蕴含基督教色彩为由，把其改为"南山"。①

再者，日帝当局还通过强行罢免朝鲜人教师，使日本人掌握学校领导权来强行接管私立学校。私立学校的校长大部分被直接罢免，或者派日本人担任教头来掌握学校的实权，对学校进行监视的同时，开展符合当局要求的教育。对于一般的朝鲜人教师，会找出各种理由对其进行开除处理，安插日本人教师，把学校变成日本式学校。如在梨花女子专门学校，即便有金活兰校长任职，又安插了日本人近藤作为视学官来指导学校运行，还把李熙昇、金尚镕、韩稚振、金信实、朴恩惠等教师开除，安排了佐伯等日本人教师。②

此外，当局还强迫所有私立学校在短时间内组织财团法人，否则就对学校进行关闭处理。这一措施的目的并不是为了壮大学校的发展，而恰恰是为了迫使一些基督教学校、民族主义学校彻底关闭。因为在短时间内筹集大量财产、设立财团，几乎是不可能的事。如当局要求信明学校在年末前两周内组建财团法人③，这在当时来说是无法完成的。

除了以上政策外，日本当局还采用各种形形色色的手段对私立学校进行镇压。如认为梨花女子专门学校的校徽上画有首尔的南大门不合适，要求更换；认为同德学校的校歌曲调与爱国歌相似，要求修改；要求梨花专门学校校长金活兰的发型改为日式。④ 如此细小的事情日本殖民当局都强

---

① 信明五十年史编纂委员会．信明五十年史［M］.庆尚北道：庆北印刷所，1957：162.

② 梨花七十年史编纂委员会．梨花七十年史［M］.首尔：梨花女子大学校，1956：135、138、140-141.

③ 信明五十年史编纂委员会．信明五十年史［M］.庆尚北道：庆北印刷所，1957：159.

④ 吴天锡．韩国新教育史［M］.首尔：现代教育丛书出版社，1964：371.

加干涉，可以看出当时对于私立学校的镇压政策，是前所未有的。

因为私立学校一直是朝鲜民族主义教育的阵地所在，因而从日本侵华战争全面爆发一直到日本战败，日本当局都对朝鲜的私立学校实行了前所未有的高压政策，也是私立学校经历的最严酷的时期，只有极少数的学校在夹缝中存活了下来，体现了朝鲜人坚忍不拔的民族斗志。

第三节　"皇民化"教育的危害及实质

一、"皇民化"教育对朝鲜人的精神荼毒

自日本强占朝鲜、推行殖民主义教育以来，始终以强制手段推行民族同化政策。尤其是"三一"运动后，日本标榜在朝鲜推行"文化政治"，不仅进一步加强了同化教育，还对朝鲜人打开了一部分官员任用的大门对其进行怀柔拉拢，因而培养了一部分亲日势力。这些人活跃在司法、军队、警察、舆论、教育、文化以及朝鲜总督府的各个机构中，给朝鲜民族运动的发展造成了一定影响。1937年以后，日本又在朝鲜强制推行了一系列极端的"皇民化"政策，妄图彻底同化朝鲜民族。"皇民化"要求所有朝鲜人放弃母语，以日本语为国语；放弃原有的姓氏，改为日本式姓氏；放弃原有的宗教信仰，参拜日本神社；放弃本民族的生活习惯，改从日本的生活方式。这是一种从外部强迫进行的种族异化过程，迫使一个有着悠久历史与文化的民族无条件彻底抛弃自己的文化传统，而去认同、接纳异族文化。在这样的过程中，有尖锐的矛盾冲突，有激烈的文化冲撞，但也有一部分人在某种程度上被日本的殖民意识所侵蚀软化，逐渐滋生出亲近日本及其文化的倾向。因此，必须指出的是，日本在朝鲜强制全面推行的"皇民化"运动，对朝鲜人的民族精神造成了难以抚平的伤害。

首先，一些朝鲜人的民族意识和国家认同遭受了极大的负面影响，这

在本质上其实是对一个民族精神的无情摧残。日本首先剥夺了朝鲜人使用自己民族语言的权力，把日语强行定为朝鲜的国语进行大力普及，从最初在学校加大日语教育力度直至国民生活的日语常用化，掌握日语的朝鲜人数逐年增加。如表4-2所示，朝鲜人掌握日语的人数比例1923年只占4.08%，而到了1943年比例增加到了22.15%，这些人中大多数都是年轻人。朝鲜人不仅被迫学习日本的语言，还被迫接受日本的历史、道德、宗教、风俗、习惯等，这最终造成了很多朝鲜人认为自己是日本人，不说朝鲜语，对朝鲜历史文化茫然不知，道德观念和生活方式完全日本化，并以此为荣。

表4-2 掌握日语的朝鲜人数量（1923—1943）

年度	掌握日语人数	占总人口比例
1923	712267	4.08%
1928	1290241	6.91%
1938	2717807	12.38%
1940	3573338	15.57%
1943	5772448	22.15%

资料来源：近藤钊一. 太平洋战争下终战末期朝鲜的政治［M］东京：东京反邦协会朝鲜史研究会，1961：199-200.

此外，通过一些文学作品也可以发现，一些文人在日本的"皇民化"教育下失去了自我，反而为侵略者卖命助威。诗人卢天命在她的诗《新加坡沦陷》中写道：

亚细亚的世纪曙光来临了

日本军最终从英美的毒牙中把新加坡夺回来了

……

多么期望已久的清晨呀

> 这是东亚民族一起盼望的日子
>
> 刷新了我们被压制了许久的苦痛记忆
>
> 日本的太阳冉冉升起
>
> 把罪恶的身躯拉向黑暗深处
>
> 嘲笑那正在呻吟的英美吧。①

诗歌的主旨完全是为日本的侵略战争摇旗呐喊，说明这位朝鲜诗人已经彻底沦为日本军国主义的忠实拥护者。另外，日本的殖民教育也让一部分朝鲜人滋生了民族自卑心理和劣等感，他们甚至对自己的民族性产生了怀疑，其中比较典型的就是以李光洙为首提出的"民族改造论"。

李光洙是朝鲜近代文学的先驱，他早期创作的启蒙主义小说《无情》，表达了接受新文明、新教育的自强思想。1905 年李光洙留学日本，1919 年起草了东京朝鲜留学生发起的《二八独立宣言》，之后逃到上海担任大韩民国上海临时政府机关报纸《独立新闻》的主编。就是这样一位曾经为民族启蒙、独立奔走的文学家竟然在 1921 年 4 月被日本当局收买后回到朝鲜国内，从此开始了亲日活动。在 1922 年 5 月《开辟》杂志发表了名为《民族改造论》的文章。该文以"我以饱满的希望和满腔的热情，把这篇文章献给思考朝鲜民族将来如何以及怎样做才能引导这个民族从现在的衰颓走向幸福与将来的兄弟姐妹们"② 为开头。文章的开头似乎表现了对民族、国家将来问题的担忧，但文章的内容却丝毫没有涉及如何争取民族独立、反抗日本殖民统治的内容，而是对自己的民族失去了信心、充满了民族自卑感。李光洙在文中写道："我是对朝鲜民族的命运悲观的人。……我们民族的性质是恶劣的。因此，这样的民族的将来只能是逐渐衰退堕落，最终走向灭亡。……如果以民族改造为目的，就不应该带有政治色

---

① 亲日人名字典编纂委员会. 亲日人名字典 [M]. 首尔：民族问题研究所，2010：766-767.

② 李光洙. 民族改造论. 李光洙全集 10 [M]. 首尔：三中堂，1971：116.

彩。民族改造这项事业，至少也要用上 50 年或 100 年。"① 李文洙认为朝鲜人的民族性是劣等的，因而朝鲜只能沦为日本的殖民地，把日本对朝鲜的殖民统治合理化了。

除李光洙外，尹致昊也是典型的受日本"皇民化"毒害的民族变节者。尹致昊早年曾留学日本，1883 年回国后参与开化派的活动致力于朝鲜自主权的确立与政治改革。之后，辗转留学中国、美国。1897 年加入独立协会，1898 年成为会长，开展了一系列自主国权、自由民权、自强改革运动。1905 年《乙巳条约》签订后，尹致昊辞去官职，参与组织成立大韩自强会，并被选为会长，此后又担任了韩英书院院长、大成学校校长等职，进行青少年启蒙运动和救国运动。1912 年，由于日本残害朝鲜民族运动领导者，尹致昊被捕入狱。1915 年出狱后继续参加了新教育运动和民族实力养成运动。就是这样一位坚定的民族主义者，在 20 世纪 20 年代后逐渐向亲日团体靠拢。1937 年日本在朝鲜开展"皇民化"运动以后，尹致昊没有经受住历史的考验，走上了背叛民族，为日本帝国主义卖命的道路。他分别在国民精神总动员朝鲜联盟和国民总力朝鲜联盟担任常务理事和理事，开展亲日活动。1941 年更加入了网罗朝鲜亲日势力的朝鲜临战报国团并成为顾问，1945 年被任命为贵族院议员。尹致昊的亲日思想如同其在 1920年 4 月 29 日的日记中写的："对于朝鲜人来说，与政治上的独立相比，经济、道德上的独立和自我信赖更加重要。如果不能实现经济、道德上的独立和自我信赖，政治独立毫无用处。"② 他在批判朝鲜人的民族劣根性的同时，似乎对朝鲜独立不抱希望，完全失去了民族自信。

卢天命、李光洙、尹致昊只是朝鲜民族变节者的一个缩影，对于这些人，近年来韩国相继出版了《亲日派 99 人（1·2）》（反民族问题研究所编，石枕，1993 年）、《亲日变节者 33 人》（金三雄，伽蓝企划，1995

---

① 李光洙. 民族改造论. 李光洙全集 10 [M]. 首尔：三中堂，1971：118.
② 金尚泰. 尹致昊日记 1916—1943：通过一个知识分子的内心世界看殖民地时期 [M]. 首尔：历史批评社，2001：173.

年)、《亲日人名字典》(民族问题研究所,2009 年)等书对日本强占朝鲜期间的亲日卖国人士进行清算,其中《亲日人名字典》收录的人数达到了4776 名。以上几本书中的名单虽然存在一些争议,但这也可以从侧面反映当时一些朝鲜人被殖民者同化,丧失了民族意识和国家认同的民族悲剧。

不能否认,像李光洙、尹致昊这样曾为民族独立奔走奋斗的知名人士,最后走向民族的对立面,有他们自身的原因。但更多的人则是被日本推行的民族同化乃至"皇民化"教育所迷惑,曾经坚定的民族精神逐渐坍塌,最终陷入自我怀疑和自我否定。即便如此,朝鲜的绝大多数人还是认清了日本侵略者的本质,经受住了考验,无论从表面的生活方式,还是内在的文化思想上都未变成"皇民",始终还是名副其实的朝鲜人,否则朝鲜也不可能迎来最终的民族解放。

二、"皇民化"教育的实质

所谓"皇民化",借用日本侵略者的解释就是"皇国臣民化",即朝鲜人的日本人化。表面看"皇民化"教育就是使朝鲜人享受同日本人完全相同的教育,享有与日本人同等的自由、权利与义务。而实际情况并非如此,"皇民化"教育只是一个美名,是日本侵略者蒙骗、利用殖民地人民的伎俩罢了。

首先,"皇民化"教育政策是日本强占朝鲜以来一直实行的民族同化教育政策在战事扩大情况下的极端疯狂发展。1911 年,日本吞并朝鲜后不久就在朝鲜发布了第一次《朝鲜教育令》,规定在朝鲜的教育要"基于《教育敕语》之主旨,培养忠良之国民"。为此,日本通过普及日语教育对朝鲜人实行民族同化,"国语"教育成为朝鲜教育的重点。1919 年"三一"运动爆发以后,慑于朝鲜人强烈的反日活动和民族情感,日本改为实行所谓的"文化政治",在教育上通过标榜"一视同仁""内鲜融合""内地延长主义",进一步加快了民族同化的步伐。到了 1937 年,为了支撑侵华战争,日本不仅需要统和日本和朝鲜的生产及资源,而且也需要加强朝鲜与日本的精神纽带，以期思想统一。为此，南次郎上台后提出"国体明征、内鲜一体、忍苦锻炼"的"皇民化"教育方针，将殖民主义教育推向了最高峰。因此，"皇民化"教育并不是1937年以后才开始实施的，而是一个逐步推进的过程，到日本侵华战争全面爆发后，逐渐被日本殖民当局推向了极致。"皇民化"作为一种复杂而残忍的洗脑机制，是以彻底抹杀朝鲜人的民族性与民族文化为前提的，使朝鲜人经受了殖民文化的洗礼，忍受了文化撕裂的痛苦。这种从外部强迫进行的种族异化过程，对殖民地人民造成的精神荼毒与伤害，是无法衡量的。

其次，"皇民化"教育的最终目的是培养朝鲜人作为"下等公民"供日本殖民者任意驱使与奴役，为日本充当"大东亚圣战"的炮灰。既然所谓的"皇民化"就是朝鲜人的"日本人化"，那么，"皇民化"了的朝鲜人是否与"内地人"享有同等的权利呢？事实并非如此。殖民主义者一方面加大"皇民化"力度，宣扬所谓"内鲜一体"，但在具体的政治、经济、社会问题上，仍然保持了一直存在的歧视、差别制度。即便是经过"创氏改名"，尊崇"皇道"与"神道"的"皇民化"了的朝鲜人，在法律与政治地位上，也不能享受与日本人相同的权利与待遇，只能作为"鲜系日本人""半岛人"而单方面履行"皇民"的义务与牺牲。朝鲜的统治权始终牢牢掌握在日本人手里，朝鲜人没有真正意义上的参政权，支配者与被支配者之间的主从关系丝毫没有得到改变。日本之所以将同化教育极致化，其中最重要的原因就是在推行"大陆政策"的过程中，遇到了兵源问题。随着战争的进一步升级，日本不能不考虑其在殖民地内的征兵问题，企图借以充实战争资源。然而在朝鲜，由于朝鲜人没有参政权，因此根本谈不上兵役义务。为了将朝鲜人拉上战场，首要前提就是将他们变为日本人。因而，1938年2月，日本在朝鲜首先颁布了《朝鲜陆军特别志愿兵令》，实行陆军志愿兵制度，进而又在1943年2月修订了《兵役法》，最终在朝鲜实行了征兵制。因此，朝鲜人的"皇民化"是解决日本战场上所需的兵源问题之关键一环，是要朝鲜人作为日本人上战场，而不是作为日本人享受权利。

最后，"皇民化"教育只是给予朝鲜人"皇国臣民"的美名，只有皇民之名，而无皇民之实，朝鲜的教育水平和日本国内相比自不必说，朝鲜境内的朝鲜人和日本人之间的教育也一直存在巨大的差别。第三次《朝鲜教育令》发布之前，生活在朝鲜的日本人和朝鲜人的教育是区别实施的，各自在不同的教育机构接受教育，差别教育显而易见。第三次《朝鲜教育令》发布之后，日本标榜实施"皇民化"教育，除了在朝鲜实行与日本国内相同的教育制度外，还实行了统一学校名字、朝日共学的制度，即朝鲜人与日本人使用完全相同的教育机构。这一政策表面看来是完全消除了朝鲜人与日本人的民族差别教育，但不论是教育制度层面还是教育实际，歧视差别仍然存在。例如，在小学校修业年限上，虽然参照日本国内的标准延长为 6 年，但同时也做出了根据情况可以缩短为 4 年的特殊规定，而日本国内则不存在这一制度，实际上很多地方直到殖民地末期还大量存在 4 年制的小学校。另外，殖民当局标榜的共学制度在实际中也没有彻底贯彻，1938 年以后在朝鲜人初等教育机构就学的日本人比例没超过 0.1%，与之前相比完全没有增加，在日本人公立小学校就学的朝鲜人虽然稍有增加，但 1943 年这样的学校数量也只占所有日本人小学校的 5%。[1] 而且，日本殖民当局记录的官方文件资料中对朝鲜人与日本人学校也是区分记录的。1938 年的资料称朝鲜人小学校为"原普通学校"，称日本人小学校为"小学校"。1939 年至 1940 年的资料称前者为"小学校 2 部"或"第 2 小学校"，称后者为"小学校 1 部"或"第 1 小学校"。[2] 此外，各级学校日本人入学率也远高于朝鲜人。表 4-3 是对大学预科及官、公立专门学校 1937—1941 年一年级学生的入学人数统计。可以看出，日本人学生的入学人数远多于朝鲜人，而且每年都多出 1 倍左右。可见，同样是"皇民"，与日本人相比，朝鲜人的教育机会受到了很大的限制。

---

① 赵美恩. 朝鲜教育令与在朝鲜日本人教育制度［J］. 历史教育, 2013, 125：88.
② 赵美恩. 朝鲜教育令与在朝鲜日本人教育制度［J］. 历史教育, 2013, 125：89.

表4-3 大学预科及官、公立专门学校 一年级学生入学人数统计

人数 年份	大学预科		官立专门学校		公立专门学校	
	朝鲜人	日本人	朝鲜人	日本人	朝鲜人	日本人
1937	56	111	141	312	52	106
1938	35	74	173	357	58	106
1939	78	131	210	385	55	113
1940	80	127	259	424	57	109
1941	81	166	205	548	67	104

资料来源：李万圭. 朝鲜教育史Ⅱ[M] 首尔：거름，1991：253.

因此，所谓的"皇民化"教育，根本目的就是让朝鲜人在精神上达到真正的"皇民"，绝对忠于日本天皇，而实际利益却不能奢求。

第四节　朝鲜人反抗"皇民化"教育的斗争

日本在朝鲜强制推行的"皇民化"教育，使朝鲜人面临前所未有的民族意识抹杀危机，虽然有一部分人在殖民当局的残酷镇压下表现了屈服、合作的姿态，但也有一部分人开展了激烈的抵抗活动。如果整个民族都屈服于日本的势力之下，就不可能拥有建立近代国家和民族独立的希望。①也就是说，虽然"皇民化"教育使朝鲜的社会、教育环境处在了前所未有的黑暗时期，但是朝鲜的一部分民族主义人士仍然利用各种方式进行了可歌可泣的抵抗与斗争。

针对日本在朝鲜推行的抹杀朝鲜语、普及日语的政策，朝鲜的民族主

---

① 张世胤. 日本的殖民地朝鲜支配实态与韩国人的对应[C]//韩日强制并合100年的历史与课题. 东北亚历史财团，2013：198.

义人士和教育者通过成立朝鲜语学会进行民族固有语言的研究、普及和保护工作。朝鲜语学会起源于 1921 年 12 月首尔市中学的 7 名朝鲜语教师组织发起的朝鲜语研究会，成立之初学会就制定《规约》明确了研究会的主要目的和活动内容，内容如下：

1. 以研究朝鲜语的正确法理为目的。
2. 每月举行一次研究发表会，并适时召开演讲会、讲习会。
3. 安排会员分管各项事务。①

按照《规约》，朝鲜语研究会每月举行一次例会，轮流发表研究成果，互相交流讨论。1927 年 2 月，研究会创刊发行了杂志《韩文》，虽然中间由于财政困难一度停刊，但 1932 年 5 月又恢复了发行。1931 年 1 月，朝鲜语研究会改名为朝鲜语学会，继续推进朝鲜语普及工作。1935 年，学会成立了朝鲜纪念图书出版馆，并出版了金允经的著作《朝鲜文字及语学史》。

朝鲜语学会成立以来，投入精力最多的事业就是朝鲜语辞典的编纂工作。1929 年，来自全国各地的 198 名有志人士发起成立了朝鲜语辞典编纂会，并发表了《趣旨书》，部分内容如下：

一直以来，有志于文化开发的民族无不把语言、文化的整理与统一视为要务，所有的文明民族都为了确立自己的言文标准制定标准语和标准文字，同时编纂标准辞典，以达到言文的统一。……因此，今天任何一个拥有自己语言、文化的民族，没有不拥有辞典的。我们朝鲜民族虽然拥有自己的语言和文化，但迄今为止都没有一本辞典。这导致了朝鲜语言的极度混乱，使朝鲜

---

① 韩文学会 50 周年纪念事业会. 韩文学会 50 年史 [M]. 首尔：文学会，1971：5-6.

民族的文化发展走到了今天这种荒废的境地。……如今,为使落后于世界的朝鲜民族重生,捷径就在于以文化的提高与普及为紧急任务。而促进文化发展的方法,就是要促进形成文化基础的语言的整理与统一工作。为此,最佳的方法就是辞典的编纂。①

由《趣旨书》可以看出,朝鲜语学会是为了挽救民族的语言文化而进行朝鲜语辞典的编纂工作。作为辞典编纂的基础工作,学会克服各种困难,分别在1933年发布了《正字法统一方案》、1936年发布了《标准语查定》、1940年发表了《外来语标记法》。

然而,随着日本对朝鲜语抹杀政策的进一步深化,朝鲜语学会的工作最终遭到了殖民当局的镇压。1942年8月,日警在对爱国学生进行调查时,故意牵连出作为朝鲜语学会成员的老师,进而波及整个学会。当局以学会成员鼓吹民族精神为由,把学会定性为独立运动团体做进一步调查。最终导致29名学会会员被逮捕,作为嫌疑者接受审问的达50多人②,这就是日本当局故意制造的"朝鲜语学会事件"。

因为这次事件,朝鲜语学会的工作遭受了巨大打击,但余下的人并没有就此放弃,继续进行守护民族语言的工作,终于在1957年完成了辞典全六卷的编纂工作。朝鲜语辞典编纂作为一项学术事业,不仅对保存朝鲜民族的固有语言文化做出了贡献,表现了强大的民族主义精神,同时也是对日本推行的民族文化抹杀政策的强有力抵抗。

日本推行的"创氏改名"政策,也遭到了朝鲜民众的抵制与反对。不论对于日本人还是对于朝鲜人来讲,姓氏都是种族血脉延续的标志。让朝鲜人创日本姓改日本名,等于是背叛祖先的行为,因此绝大多数朝鲜人是坚决抵制这种行为的。但在实际生活中,如果不"创氏改名"则会受到殖

---

① 李熙昇. 守护国语的罪——朝鲜语学会事件. 韩国现代史(第五卷) [M]. 首尔: 新丘文化社, 1969: 335-336.
② 车锡基. 韩国民族主义教育研究 [M]. 首尔: 进明文化社, 1978: 366.

民当局制造的各种威胁和压迫，如不允许子女上学、优先劳务征用、不给予粮食配给等"非国民"待遇。在这种情况下，很多朝鲜人迫于现实的压力而不得不忍辱负重，改名换姓。据统计，截至日本规定的 1940 年 8 月 10 日"创氏改名"的最后期限，提交改姓名的朝鲜人大约有 322 万户，约占总户数的 80%。[①] 即便如此，为了不完全抹去自己的民族文化特点，一些人采取了非常巧妙的办法来保存自己本来的姓名。最普遍的方法就是把自己的本籍或本籍的一个字作为日本姓或日本姓的第一个字，以让后世不忘本籍或本姓。例如韩姓的本籍是朝鲜清州，因而韩姓者改日本姓时便使用"清水""清源""清州"等。还有的人利用拆字、谐音的方法，如将张姓改为"弓长"，吕姓改为"宫内"等。有些人则千方百计地找借口没有改姓，如姓南的人以朝鲜总督南次郎姓南为由，没有改姓换名。还有一些复姓的人以本姓为二字为借口，没有改姓。现实中，即使"创氏改名"之后，大多数人在家仍使用原来的姓名，记载家谱时也用原姓名，小孩出生起名时照旧起朝鲜名，直至上学时才不得不在形式上使用日本姓名。

日本不断深化的殖民主义教育，腐蚀到了朝鲜文化教育的各个领域。然而，教育不是机器，在日本的高压政策下，依然有人保持了清醒、坚定的民族精神，运用无声的武器抵抗日本的精神同化，为民族独立而大声呐喊，诗人尹东柱就是其中一位。

尹东柱 1917 年 12 月出生于中国延边和龙县明东村，这里也是跨境过来的朝鲜人开展抗日独立运动的摇篮，因此尹东柱从小就被独立运动人士爱国的思想耳濡目染。1938 年 2 月，尹东柱返回朝鲜国内，进入延禧专门学校学习，并在报纸和杂志上发表了一系列爱国诗篇。1938 年 9 月尹东柱写的《悲痛的一族》是把在日本压迫下痛苦挣扎的朝鲜人民进行比喻的作品。1941 年，尹东柱又在延禧学校发行的杂志《文友》上相继发表了《自画像》《崭新的路》等诗歌作品，抒发痛失祖国之苦、亡国之恨以及对

---

① 金雲泰. 日本帝国主义的韩国统治［M］. 首尔：博英社，1986：49.

现实的愤懑与苦闷之情。尹东柱的诗中，最具代表性的要数 1941 年 11 月他在延禧学校毕业之前创作的《序诗》了，该诗反映了诗人在那段黑暗的时间里，面对自己良心的真实告白，心怀"抬头仰望悠远苍穹时，敢言我生命中没有一丝悔恨"的信念，呼唤人们拯救自己的祖国和民族。全文如下：

> 序诗
>
> 愿直到生命的最后一刻
>
> 抬头仰望悠远苍穹时，敢言我生命中没有一丝悔恨
>
> 那摇动枝叶的风
>
> 也使我痛苦不堪
>
> 我要以爱恋星儿的心
>
> 去深爱这所有的生与灵
>
> 然后，沿着这条赋予我的路走下去
>
> 今夜又见繁星，在风中闪过

1942 年 4 月，尹东柱东渡日本留学。留学期间，尹东柱常与朝鲜留学生们汇聚在一起，宣扬民族独立思想。1943 年 6 月，以开展朝鲜独立运动的罪名，尹东柱被日本警察逮捕入狱。在狱中，虽然受尽日本警察的各种威逼利诱和残酷刑罚，尹东柱仍宁死不屈，苦盼民族解放。然而，诗人尹东柱最后还是没有等到黎明的到来，受尽酷刑后死在狱中，年仅 29 岁。

尹东柱虽然没有像朝鲜其他一些民族主义人士一样进行激烈的武装斗争或独立运动来反抗日本的殖民统治和殖民教育，但他通过深刻的自我审察，抒发精神世界里失去祖国、失去民族的苦痛伤悲，来表达对日本殖民统治的抵抗，呼唤民族的解放和自由，成为朝鲜那段黑暗时间的一盏明灯，照亮着后人。

第五章

战时体制下的殖民主义教育

    1941年，日本孤注一掷地发动了太平洋战争。为了应对这场不可能胜利的侵略战争，日本抛出"大东亚共荣"理论，不仅日本国内，殖民地朝鲜也被迫进入战时体制。战时体制最大的特点就是所有一切都让步于战争、服务于战争，日本前所未有地加强了对殖民地朝鲜的统治和掠夺。教育一直是日本为其侵略战争服务的工具，随着侵略战争的升级，日本在朝鲜的殖民教育也走上了赤裸裸地为战争服务的轨道，完全丧失了教育本来的功能。

第一节　战时教育体制的确立

一、战时体制的确立

    所谓战时体制，就是不仅军事，国家的政治、经济、社会等也都成为决定战争胜负的要素，为了有效动员这些要素而形成的体制。1937年，日本全面发动侵华战争后，妄图以"速战速决"的方式取得战争的胜利。然而，战况并没有像日本当初预计的那样发展，战争的长期化迫使日本国内逐渐转向战时体制。朝鲜作为日本侵华战争的后方基地，也开始逐渐向战时体制转化。

然而，日本的侵略野心不止于朝鲜和中国，早在 1936 年 8 月，广田内阁就把"向南方海洋发展"确定为"基本国策"的一个重要方面。1939年 2 月，日本侵占中国海南岛，3 月吞并中国南沙群岛，迈出了南进的第一步。1940 年春夏之交，日本进一步确定了"北守南进"的政策。一方面因为日本迫切希望夺取南洋丰富的资源，另一方面德国在欧洲战场的胜利，更加刺激了日本南进的欲望。

1941 年 12 月 8 日，日本偷袭珍珠港，悍然发动了太平洋战争。战争初期，由于日本做了充分准备，集中优势兵力进行突然袭击，英美等国在东南亚兵力薄弱，因而日本迅速取胜，很快占领了马来亚、新加坡、菲律宾、缅甸等地。但自 1942 年 5 月起，随着日本中途岛海战的失利、瓜岛争夺战败，太平洋战局发生了逆转，美军越战越强，日军节节败退，最终走向了穷途末路。

为了支撑这场侵略战争，日本国内完全进入战时体制，对殖民地朝鲜的政策也转入了为战争体制服务的轨道。太平洋战争爆发之际，朝鲜总督南次郎就强调统治朝鲜的首要方针就是"加强皇国臣民的自觉和以天皇主体说为基础的对国体本义的透彻认识，同时在物质、肉体、精神、道德等方面贯彻增强战斗力的责任和义务"①。1942 年 5 月，小矶国昭赴任朝鲜第 8 任总督，其发表的论告宣称其施政目标为：皇民的炼成，决战生活的确立，必胜生产力的扩充，征兵制度的实施。② 为了达到上述目标，日本对朝鲜的行政管理、国民的动员、经济体制、教育制度等方面都进一步加强了法西斯统治。

首先，为了有效地管理、监督朝鲜的供应体制，日本把朝鲜总督府的行政体制纳入了日本一元化的中央行政体制，同时对朝鲜的殖民掠夺机构进行改革。1942 年 11 月，日本发布第 725 号敕令，在第 1 条规定内务大

---

①　朝鲜总督府. 施政三十年史［M］. 首尔：朝鲜印刷株式会社，1940：409.

②　孙仁铢. 韩国近代教育史［M］. 首尔：延世大学出版部，1971：291.

臣统理朝鲜总督府的相关事务，第 8 条规定管理局掌管朝鲜总督府的相关事务。紧接着又发布了第 829 号敕令，第 1 条规定内务大臣在朝鲜总督府事务的治理上，对朝鲜总督可以进行必要的指示，第 2 条规定内阁总理大臣及各省大臣在相应事务上要对朝鲜总督进行监督。与之前相比，这次还对内务省的官制进行了改革，废止了拓务省，进一步强化了日本国内对朝鲜总督的监督。此外，为了支持侵略战争，日本开始加强朝鲜的粮食增产、开发地下矿产资源、生产军需物资、进行征兵等政策，为此对朝鲜总督府的行政机构进行了改革。其主要有以下几点：新设矿工、农商、交通三局；废除税务监督局、营林署、土木出张所、谷物出张所等，在各道新设财务部，最大限度地废除了地方的独立部门，统合在道知事的管理之下；以往农林局的山林部门由矿工局移管，农商局管理农、水产、商业及生活必需物资的生产和配给；陆海空的交通运输全部纳入交通局管理；税务监督局、税务署、海关从财务局分离，并且新接管专卖行政事务。以上这些改革，对一些行政部门进行了精简与整合，尤其对关系到殖民地的掠夺、剥削部门进行了统一管理，以配合日本的决战体制。

其次，强制动员大量的朝鲜青壮年走上战场或充当劳动力。继 1938 年 4 月实施陆军特别志愿兵制度以后，1943 年 8 月总督府又宣布实施海军特别志愿兵制度，1944 年 4 月最终实行了义务兵役的征兵制。与此同时，为了配合日本战时的军需工业化政策，也需要征用大量的劳动力。1939 年 7 月，殖民当局公布实施了《国民征用令》，1942 年 10 月又发布了《关于战时征用朝鲜劳务者的方案》，大量朝鲜人被征用到煤矿、水力发电站、公路铁路、军需工厂、飞机场、军事基地等地，进行艰苦的劳动。劳动力的劳动地点不仅在朝鲜，还有很多人被强征到日本、南洋、萨哈林等地，1939—1944 年间被征用到日本的朝鲜人达到 42 万人之多，强征至萨哈林的人数有 16000 多人，到南洋的也有 5000 多人，总数超过了 44 万。[①] 因

---

① 洪以燮. 日帝殖民地时代的历史性质 [C]. 韩国近代史论 I. 知识产业社，1977：60.

为涉及军事机密，很多被征用劳务者的家人甚至都无法获知他们的劳动地点和生死情况，很多人最后下落不明或客死他乡。更惨无人道的是，日本殖民当局在 1944 年 8 月发布了《女子挺身队勤劳令》，数十万 12~40 岁无配偶的朝鲜女性或被动员到朝鲜的军需工厂，或被强征到战争前线充当慰安妇，这是日本帝国主义犯下的不可原谅的滔天罪行。

另外，日本还加强了朝鲜战时殖民经济体制的构筑。随着战局的扩大，朝鲜的经济产业结构也随着日本所谓"高度国防国家体制"政策的确立被大幅调整，进入战时经济时期，尤其是重化工业开始受到绝对重视。黄金成为改善战时国际收支的有力手段，日本为了确保黄金的产量，把开采黄金列在了朝鲜资源开发的首要地位。继 1931—1936 年的《产金增产 5 年计划》之后，1937 年 9 月又发布了《朝鲜产金令》，确立了 1938—1942 年的《产金增产 5 年计划》，使朝鲜的黄金产量大大增加，总量几乎达到日本国内水平。太平洋战争爆发后，与黄金相比，军需矿物的供给成为重点。日本国内的钢铁产业原料都依赖进口，尤其是 1943 年后战局对日本不利，铁矿石更是大部分从朝鲜掠夺，朝鲜的铁矿石产量连年增加。此外，黑铅、云母、钴等战时必需的原料，日本国内根本不能生产，全部由朝鲜提供。而且，朝鲜矿产资源的开采绝大部分都由日本的三菱、三井等大财团垄断，更有利于日本的抢掠。粮食是战争中必不可少的，日本在朝鲜延续了以往的粮食增产计划政策，1940 年实施《新朝鲜米谷增殖计划》，1941 年开始又实施了麦类、土豆、地瓜、大豆、谷了等杂粮的增产计划。同时，当局还强化粮食的供给管理。1942 年，总督府成立朝鲜粮谷株式会社及各道粮谷株式会社，直接对粮食的买入、配给、卖出及进出口进行管理。1943 年，为了进一步强化粮食的综合管理和供给政策，日本殖民当局发布了《朝鲜粮食管理特别会计法》和《朝鲜粮食管理令》，确立对 40 余种粮食的国家统一管理。

最后，为了支持日本的侵略战争，适应其政治压迫、经济掠夺的需要，朝鲜的教育也向战时体制转化。实施的一系列战时教育措施，都紧密围绕日本的法西斯战争，完全破坏了学校正常的教学秩序，朝鲜的教育基本陷入了崩溃状态，直至 1943 年 8 月 15 日朝鲜光复之后才逐渐恢复正常。

二、第四次《朝鲜教育令》与"国民炼成"的教育方针

1943 年 3 月 8 日，总督府发布第四次《朝鲜教育令》。紧随教育令其后的是 3 月 27 日发布的各级学校规程，分别是《中学校规程》《高等女子学校规程》《实业学校规程》《实业补习学校规程》以及《师范学校规程》。《国民学校规程》已于 1941 年 3 月 31 日先期发布，之前的小学校改名为国民学校。

第四次《朝鲜教育令》较为简短，正文内容共 6 条，主要规定了各级学校教育应该遵循的法令。部分内容如下：

> 第 2 条　普通教育依据《国民学校令》和《中等学校令》中中学校和高等女学校的相关部分。……
> 第 3 条　实业教育依照《中等学校令》中实业学校的相关部分。……
> 第 4 条　专门教育依照《专门学校令》，大学教育及预备教育依照《大学令》。……
> 第 5 条　师范教育依照《师范教育令》中师范学校的相关部分。……

国民学校、中等学校、师范学校等各级学校教育的具体规定都是依照《朝鲜教育令》制定，均凸显新教育令下的朝鲜教育方针，即旨在"国民炼成"的教育方针。如《国民学校令》《中等学校令》《师范学校令》等学校令的第 1 条都强调学校的教育目标是以"国民炼成"为目的。

《国民学校令》

第1条　国民学校以遵循皇国之道、实施初等普通教育、进行国民之基础炼成为目的。

《中等学校令》

第1条　中等学校以遵循皇国之道、实施高等普通教育及实业教育、炼成国民为目的。

《师范学校令》

第1条　师范学校以遵循皇国之道、炼成国民学校教员为目的。……高等师范学校以遵循皇国之道、炼成中学及高等女子学校教师为目的。

对于"国民炼成"的目的和具体实施方法，在各级学校规程中有具体的规定。

《国民学校规程》

第2条　国民学校应注意以下事项对儿童进行教育。

1. 依据教育敕语的主旨，在教育的各个方面修炼皇国之道，巩固对国体的信念，致力培养皇国臣民的自觉。

2. 奉行一视同仁的圣旨，习得忠良皇国臣民的资质，养成内鲜一体、信爱协力的美风。

3. 略。

4. 明确我国文化的特质，同时分析东亚与世界的大势，使学生自觉皇国的地位与使命，同时启发其大国国民的资质。

5. 避免授课、训练和保护的分离，达到心身一体，锻炼统一的人格。

6. 发挥各学习科目特色的同时，注意相互之间的紧密联系，统一到皇国臣民的炼成上来。

7-12. 略

13. 习得醇正的国语，并准确自如地使用，彻底进行国语教育，努力涵养皇国臣民的性格。

14. 授课用语要使用国语。

《中学校规程》

第1条 中学校应奉行教育敕语的主旨，依据朝鲜教育令，遵循中学校令第1条的本义，根据以下的方针开展教育。

1. 阐明国体的本义，修炼皇国之道，彻底培养至诚尽忠的精神。

2. 奉行一视同仁的圣旨，彻底理解内鲜一体的本义。

3. 充分了解皇国在东亚和世界上的使命，自觉履行皇国臣民的责任和义务，涵养匡扶皇运的信念与实践力。

4. 学行一体，修炼身心，陶冶皇国臣民的德操与见识，养成创造、活用的能力，磨炼坚韧不屈的体力与气力。

5. 举国一体，养成修文练武的风气，崇尚实质刚健，重视合作与劳动。

6. 略。

7. 注意教育内容的统一，通过校内外生活达到皇国臣民的炼成。

8. 正确使用国语，努力进行彻底的国语生活。

此外，《高等女学校规程》《实业学校规程》和《师范学校规程》都有同上类似的规定。各级学校规程不仅强调遵循"皇国之道"、培养"至诚尽忠"的意识，还鼓吹"大东亚圣战"，进而鼓动朝鲜人通过"磨炼体力""重视劳动"，达到"修炼身心""心身一体"，最终炼成"国民"而履行"国民的责任和义务"。那么青年学生参加"国民炼成"后，具体的

"责任和义务"是什么呢？1943 年 4 月，总督小矶国昭在道知事会议的训示强调：

> 朝鲜的教育部门在国家的决战体制下尤其要……深入贯彻学行一体、心身一如的炼成方针，……今年要尽全力保证粮食的增产，让国民学校以上各级学校的学生加入产业报国中来，勤劳奉仕。……以取得增产和炼成两方面的效果。①

同时，朝鲜总督府的政务总监田中武雄也在其训示要旨中强调：

> 决战之下，更应该昂扬行学一体的精神，强化学生的劳动动员，并使其积极化、组织化，在进行劳动实践的同时，锻炼身心，习得学业。因此，学校要果断进行整备转换、强化军事教育、劳动动员等一系列与教育相关的战时非常措施……培养必胜的根基。②

以上两段讲话道破了所谓的"国民炼成"，最终目的就是要求青年学生在"遵循皇国之道"的基础上，积极响应日本对外战争的劳动动员和军事动员，同日本人一道加入"大东亚圣战"中去，此时学习科学知识已经不是他们的首要任务。

根据第四次《朝鲜教育令》和各级学校规程强调的"国民炼成"教育方针，日本对朝鲜的教育制度和内容进行了以下几个方面的调整。

第一，小学校改名为国民学校。根据 1941 年 3 月公布的《国民学校令》，日本国内的小学均改称国民学校，朝鲜因此也发布《国民学校规程》，将以前的小学校改称为国民学校。但学校名称的一致并不代表两地

---

① 道知事训示 [N]. 朝鲜总督府官报，1943-4-7 (12).
② 政务总监训示要旨 [N]. 朝鲜总督府官报，1944-4-1 (12).

实施同样的制度，因为日本的国民学校为 8 年制的义务教育，而朝鲜的国民学校为 6 年，且不是义务教育。

第二，朝鲜史、朝鲜地理课同之前一样被排除于学校教育科目之外，朝鲜语科目则被完全废除。第三次《朝鲜教育令》中，朝鲜语、朝鲜语及汉文在形式上还属于随意科目，但这次教育令发布后，朝鲜语课程在各级学校中被完全排除。因为此时日语在朝鲜经过了 30 多年的强化教育，已经达到了一定的普及程度，朝鲜语失去了作为交流工具的存在意义，最终被完全废除是顺理成章的事情。

第三，在初等学校、中等学校及师范学校设置统合性科目，分别是国民科、理数科、艺能科、职业科和体炼科。国民科包括修身、国语、国史和地理；理数科包括算术和理科；艺能科包括音乐、习字、图画、手工，女生设家务和裁缝；职业科包括农业、工业、商业、水产；体炼科包括体操和武道。以上课程中，国民科旨在培养"皇国"精神，理数科、艺能科、职业科主要为了培养"国民"技能，体炼科则是为了增强"军国"素质，所有课程的最终目标归结为基于"皇国之道"的"国民炼成"。

第四，缩短中学校以上学校的教育年限。中学校教育年限由 5 年改为 4 年，专门学校由 4 年缩短为 3 年，大学预科由 3 年变为 2 年，京城帝国大学缩短 6 个月。教育年限的缩短，与日本战时体制下缺乏支持战争的劳动力和兵力有直接关系，其目的就是让朝鲜青年在最短时间内尽快投入"大东亚共荣圈"的建设中去。

第二节　战时体制下的非常教育

一、精神教育的强化

日本在朝鲜的统治进入战时体制后，要想大量地动员朝鲜的兵力资源和劳动力资源，不确保他们抱有"坚定的国民精神"，对于日本当局来说是非常危险的事情。虽然自日本强占朝鲜以来，一刻也没有放松过对朝鲜人的同化教育，直至"皇民化"教育，但要让朝鲜人冲向战场为日本卖命，殖民当局并没有足够的自信，对朝鲜人的"忠诚心"还是持怀疑态度，下面陆军省兵务局长的发言就证明了这一点。

> 朝鲜人思想性格的弱点是放纵不羁，缺乏内地人具备的一以贯之的以肇国本义为基础的道义观，没有精神依托，应该在精神要素的涵养，尤其对皇民及皇军意识上进行彻底的教育指导。即从根本上消除民族对立观念，启蒙培养国家观念，特别是忠君爱国的精神，使其抱有坚定的日本人信念，同时理解建军的本义以及皇军军纪的真髓，努力使其具有军人的素质。①

上述发言强调朝鲜人与日本人相比在"皇民及皇军意识上"存在的问题，从"军人素质"的角度要求加强对朝鲜人的精神教育，把精神教育的重要性与征兵制紧紧联系在了一起。围绕这一要求，日本主要在以下几个方面强化对朝鲜人的精神教育：

首先，开展日语普及运动。战时体制下，日语教育的目的和性质与之前相比，产生了一定的变化，与在朝鲜实行的征兵制联系在一起。日本强占朝鲜以来从未间断对日语进行普及教育，但之前普及日语更大的意义在于通过教授日语，输入日本的文化和意识，可以说主要强调的是日语的同化教育功能。进入战时体制后，当日本以"大东亚共荣圈"理论动员殖民地人民为其卖命时，日语被赋予了更重要的地位。因为日本从朝鲜征集劳动力和兵力，要求他们在精神上绝对忠诚于日本，而为了让这些人更好地服务和听从指挥，也需要他们掌握日语这一必不可少的交流工具。尤其是

---

① 对朝鲜兵采取的教育．陆密级昭和 18 年．陆密第 2848 号，1943-8-14．转引自辛珠柏．日帝末期朝鲜人军事教育［J］．韩日民族问题研究，2005，9：159．

前线的士兵，如果不懂日语，内务生活和前线战斗都将产生极大的问题，可以说日语的普及程度关系到朝鲜征兵制的成败。因此战时体制下，不论从"国民"精神教育的角度，还是考虑到兵力、劳动力的征集利用问题，都促使日本殖民当局进一步加强对朝鲜人的"国语"教育。也就是说，战时体制下的日语教育，强调通过日语教育注入"国民"思想意识的同时，也重视其作为"皇军"所必须掌握的交流工具的意义。

　　然而，朝鲜 20 岁左右的征兵适龄者中，日语的普及程度却不能让殖民当局满意。据统计，1941 年在征兵适龄者中只有四分之一左右的人懂得日语①，这对即将在朝鲜实行征兵制的殖民者来说是非常严峻的问题。造成这一现象的原因主要是以往殖民当局主要通过学校教育进行日语普及，但朝鲜儿童的入学率一直维持在较低的水平，农村地区则更为严重。因此，这一时期的日语普及扩大到整个朝鲜社会。

　　学校教育中，殖民当局采取了完全抹杀朝鲜语、单一强调日语的政策。第三次《朝鲜教育令》时期，虽然朝鲜语被划成随意科目，但至少在形式上保留了一直以来的朝鲜语和日语共存的局面。第四次《朝鲜教育令》发布后，各级学校规程都删除了涉及朝鲜语教育的规定，朝鲜语被完全废除。相应的，日语被提到了前所未有的高度，教学内容和教学过程全部使用日语，使朝鲜学生处于全日语的学习环境中。

　　对于普通民众的日语教育，主要通过讲习会和一些青年训练机构进行。有些讲习会附设于学校或工作单位，但更多的是通过爱国班进行。爱国班是 1940 年总督府组织成立的国民总力联盟的基层组织，主要对朝鲜一般民众进行日本"国民"的教化活动。学校或工作单位的讲习会吸收的对象大都属于中产阶级，这些人接受过相当程度的教育，有一定的日语基础，因而从普及日语的角度来看，作用较小。爱国班由于人员比较分散，殖民当局就通过使用各种伎俩强拉朝鲜人参加。如在 1942 年 5 月咸镜北道

---

① 大野绿一郎. 关于征集朝鲜人的具体研究［G］. 大野绿一郎关系文书，1942：1279.

的府尹郡守会议的《咨问答辩书》强调"对不参加本国语讲习会的人停止物资配给"①，"对达到全家都掌握国语的家庭，在物资配给上给予相当的奖励"②。在战事体制物资相当匮乏的情况下，实行这种奖惩措施，无异于强迫。这体现了殖民当局普及日语的急迫程度，也反映了当时朝鲜人在物质上、精神上面临的双重压迫和考验。

日语教育还在各种青年训练机关进行，主要有青年训练所、朝鲜青年特别炼成所、青年训练所别科、军务预备训练所等。这些机关设立的主要原因是日本在朝鲜实行征兵制，因而除了必要的军事训练外，日语也是其中的必修科目。

其次，在各级学校新设国民科，培养朝鲜人的"国民"精神。国民科包括修身、国语、国史和地理，如课程名称所体现的，主要强调对日本文化的认知和日本"国民"精神的涵养，使学生自觉践行"日本国民"的使命。各级学校规程中国民科的教授要旨中体现了设立这一科目的主要目的。

《国民学校规程》

第3条　国民科主要习得我国的道德、语言、历史、国土、国势等，尤其理解国体的精华，涵养国民精神，自觉皇国使命，养成忠君爱国的志气。使学生感受出生在皇国的喜悦，体会敬神奉公的真正含义。教授我国的历史、国土，培养优秀的国民性格，同时阐明我国文化的特质，养成创造发展的努力精神。与其他学科相互联系，注意教授政治、经济、国防、海洋等相关事项。

《中学校规程》

第3条　国民科主要习得我国的文化及国内外历史，阐明国

---

① 大野绿一郎.咸镜北道管内状况［G］.大野绿一郎关系文书，1942：1203.
② 大野绿一郎.咸镜北道管内状况［G］.大野绿一郎关系文书，1942：1203.

体的本义，涵养国民精神，自觉皇国使命的同时，引导付诸实践。

高等女学校、实业学校以及师范学校的规程中对国民科教授要旨的描述与上述内容大同小异。与之前相关科目的教授要旨相比，除继续强调了"国民性格培养""忠君爱国""涵养国民精神"等，还增加了"皇国使命""国防""奉公"等体现战时体制下对朝鲜人进行战争动员的内容。实际教学中，各级学校的所有课程中，国民科所占的比例最高。以国民学校为例，国民科所占比例最高达到了48%。此外，国民科的教学内容与此前相比，也产生了一定的变化。下面选取了国民学校使用的《初等国史》和《初等修身》教材的部分内容。

第3课 服从

天皇的尊意在历任天皇的治世中都没有改变，进入昭和的圣代，天皇陛下把东亚各地都拉向我们这边，在天皇的恩宠下，大东亚共荣圈正被逐渐构筑。①

第4课 政事

现在天皇陛下登用的大臣以及其他官吏都在负责各自的政事，各个地方的官吏也服从天皇陛下的命令，一亿国民都齐心协力、极尽忠义。北之桦太到南之台湾、南沙群岛，西至朝鲜，都在皇室的恩宠之下。由于大东亚战争（太平洋战争——笔者注），马来半岛、东印度诸岛也都集于皇室的恩宠下，北从满洲到蒙古、中国，南从泰国、缅甸至菲律宾，在东亚各地天皇的威势都璀璨绽放，这些地方像一个大家庭一样逐渐亲热起来。②

---

① 朝鲜总督府. 初等国史［M］. 首尔：朝鲜书籍印刷株式会社，1944：15.
② 朝鲜总督府. 初等国史［M］. 首尔：朝鲜书籍印刷株式会社，1944：21.

第 19 课　四海

为了维护世界的和平，各国应该遵守道义，光明正大地相交。不遵守这一规则、损伤他国名誉而只顾本国利益的行为是罪恶的。如果有这样的国家，那就是扰乱世界和平，为了让天皇圣心舒平，我们皇国臣民一定要坚决打击这些国家，大东亚战争（太平洋战争——笔者注）正是这样的表露。整治不理解大日本真意之者，以谋求东亚安定与世界和平。……我们生于道义之国日本，应该努力成为世界的领导者，注意平素的行为，以做出表率。因此，我们应该喜悦地等待世界上所有的人像一家人一样亲热、情谊深厚的那一天。①

可以看出，殖民当局以"大东亚共荣圈"理论美化战争，鼓吹日本天皇的"八纮一宇"理念，以此来蛊惑朝鲜人支持并加入其法西斯战争。

最后，殖民当局还通过成立各种团体机构，对朝鲜人进行精神统治和教育，其中具有代表性的就是国民总力朝鲜联盟。1940 年 10 月，日本国内成立了名为大政翼赞会的极右政治团体，大力推行军国主义法西斯教育，开展法西斯精神总动员。该组织成立后不久，朝鲜总督府就组织成立了国民总力朝鲜联盟，对朝鲜人展开精神动员。在总督府的强行要求下，各级学校的自治学生会被迫解散，成为国民总力联盟的一员。1940 年末，各级私立学校的学生会也被编入国民总力联盟的分会。国民总力联盟的主要组织有总务部、修养部、体炼部、国防训练部、勤劳报国部、文化部、后生部等，从这些组织的名称可以看出其主要功能就是对朝鲜人进行精神、军事和劳动动员。爱国班作为国民总力联盟的基层组织，每天组织班员召开朝会，进行宫城遥拜和皇国臣民誓词的背诵。把每月 1 日定为爱国日，进行时局座谈，强化对"内鲜一体"的认识。此外，爱国班还组织日

---

① 朝鲜总督府. 初等修身 [M]. 112-114.

语讲习会活动以及勤劳储蓄、节米爱国等活动。

二、工业教育的扩大

日本强占朝鲜以来，一直重视朝鲜作为日本粮食基地的作用，因此与工业相比，农业的发展较受重视。然而自 1931 年日本侵略中国东北、1937 年日本侵华战争全面爆发直至 1941 年挑起太平洋战争，日本逐步扩大其侵略战争，日本国内的重化工业、军需工业已不能完全满足日本的战争需求。于是，20 世纪 30 年代后期，日本开始调整在朝鲜的工业政策，积极扩大发展重化工业和军需工业。20 世纪 40 年代，朝鲜的工业生产在总产业中的比重已经超过了 40%。①

工业生产的发展自然对工业技术人才提出了较高的要求。低级劳动力可以通过强制动员的方式获得，但高级的技术人才则无法通过此种方式获得。而且，由于 20 世纪 30 年代后期日本国内军需工业的发展，从日本引进技术人才也非常困难。因此，不论是新发展的工业部门，还是在原有基础上进行规模扩大的企业，都面临技术人才短缺的问题。《东亚日报》甚至报道了企业为了争抢工业学校毕业生而展开争夺战的情况（《东亚日报》，1936 年 1 月 21 日）。这样的局面，促使总督府采取各种措施来缓解工业技术人才的短缺。

1943 年 10 月 13 日，日本发布了《关于教育的战时非常措施方策》，要求大学和专门学校的理工科扩大招生，文科减少招生，以满足战时的技术型劳动力需要。为此，朝鲜总督府也参照日本国内，采取以下几个方面的政策对朝鲜高等教育机构的理工科教育进行了扩充和相应的调整。

第一，增加高等教育机构理工科招生，减少文科招生。在京城帝国大学及其预科、专门学校扩大理工科、医学科招生，减少文科招生。② 京城帝国大学作为朝鲜唯一的大学教育机构，成立之初只有法文学部和医学

---

① 崔秉甲. 日帝 1930 年代后工业教育扩大政策研究 [J]. 教育研究，1997，7：209.
② 朝鲜总督府. 朝鲜年鉴 [M]. 首尔：京城日报社，1944：185.

部，直到 1938 年才新设了理工学科。1944 年，京城帝国大学理工学部及预科理科招生人数增加了 50%，京城高等工业学校招生增加了一倍，釜山高等水产学校招生增加了 50%。① 总体上看，大学、专门学校的文科专业招生由 1943 年的 830 人减少到了 610 人，而理工科由 1943 年的 1234 人增加到了 2275 人。② 表 5-1 是 1938—1943 年间，朝鲜工业类学校的发展情况，反映了这期间工业学校数量以及学生数量的增长趋势。

表 5-1　工业类学校发展情况（1938—1943）

年度	实业类工业学校				工业专门学校			
	学校数	学生数			学校数	学生数		
		朝鲜人	日本人	合计		朝鲜人	日本人	合计
1938	2	175	264	439	1	96	215	311
1939	3	302	412	714	3	287	313	600
1940	6	828	849	1677	3	468	398	866
1941	8	1248	1308	2556	3	406	527	933
1942	9	1893	1812	3705	3	370	634	1004
1943	12	2802	2402	5204	3	250	724	974

资料来源：崔秉甲 . 日帝 1930 年代后工业教育扩大政策研究［J］教育研究，1997，7：215.

第二，停办一些文科学校，扩充或新设工业学校。对于文科学校的停办，总督府给出的理由就是为了"培养在经济产业部门担当事务的职员，以及进入大东亚各地区进行建设工作的人才，满足国家当下的迫切要求"③，实际上就是为了满足战时体制下对技术人才的需求。1944 年，京城法学专门学校和京城高等商业学校被迫停止招生，在其基础上新设京城

① 郑在哲 . 日帝对韩国殖民地教育政策史［M］. 首尔：一志社，1985：496.
② 大野谦一 . 关于朝鲜战时教育非常措施的概要［J］. 文教朝鲜，1944，220：14.
③ 朝鲜总督府 . 朝鲜年鉴［M］. 首尔：京城日报社，1944：186.

经济专门学校。同年，停止了普成专门学校、延禧专门学校及惠化专门学校的招生，新设京城拓殖经济专门学校和京城工业经营专门学校。同时，新设平壤高等工业学校，对京城高等工业学校的招生规模进行了扩充。另外，还在一些专门学校新设了军需工业相关专业，如在京城工业专门学校新设了电气化、电气通信、机械专业，在平壤工业专门学校新设了金属工业、造船、航空机械等专业。之所以新设这些专业，是因为随着日本本土受到美国空军轰炸，需要在朝鲜扩大相关的工业设施，因而需要这方面的新型人才。

第三，为了弥补理工科教师的不足，采取新设或扩充理工科教师培养机构的措施。理工科招生规模的扩大以及多个工业学校的新设，再加上之前没有重视朝鲜的工业教育，师范教育也一直处于落后水平，造成理工科教师资源出现了很大缺口，因此迫切需要加强理工科教师的培养。1944年，朝鲜总督府开始实施加强师范教育的政策，把大邱师范学校和平壤师范学校升格为相当于专门学校的水平，同时还在京城帝国大学附设了理科博物中等教员养成所，以应对理工科教师紧缺的情况。

第四，1939年发布《工厂企业技术者培养令》，设立工厂企业技术者培养所。养成所是企业自己承担费用，通过实业学校培养技术工人。入所资格和教育课程基本和实业学校类似，相当于附设在实业学校的1~2年短期速成科。这样，不仅有利于保证就业，还可确保企业培养自己实际需要的各类技术人才。

第五，为在实业部门就业的人提供学历上升的机会。总督府推行的扩充和增设工业学校的措施，也有一定的局限性，那就是不能在很短时间内培养出大量的高级技术人才。为解决这一问题，1942年7月，总督府制定了《实业学校毕业程度检定规程》，在第1条中规定了"为从事或欲从事实业相关工作的人实施实业学校毕业程度检定"，与此同时，在同日公布的告示中规定"实业学校毕业程度检定规程合格者可以视为符合专门学校入学资格"，这在制度上使实业学校毕业者以及从事实业的工作者直接进入专门学校学习成为可能，有助于进一步提高他们的学历水平。此外，为了在最短时间内使学生尽快进入社会工作，总督府在 1941 年 1 月 12 日发布了第 292 号府令，规定 1942 年毕业的大学学生和专门学校学生减少 6 个月的授课，实业学校及各类私立学校学生减少 3 个月的授课，提前毕业。

三、军事教育的加强

随着日本在朝鲜先后实行志愿兵制和义务兵役制，青少年成为主要的兵力后备力量。为了准备把青少年拉上战场，20 世纪 40 年代，尤其是太平洋战争爆发后，朝鲜总督府开始对朝鲜的青少年进行军事教育，培养预备军事力量。

学校教育中，体育课是进行军事教育的最主要工具。实施第四次《朝鲜教育令》以后，根据各级学校规程，学校均新设体炼科，代替原来的体操。国民学校体炼科包括体操和武道，每周 4~5 课时，中学校及以上学校的体炼科除体操和武道外，还增加了军事训练，每周 6~7 课时，仅次于国民科（每周 9~10 课时）和理数科（每周 8~10 课时）。对于体炼科的教学目的和要求，1941 年 3 月发布的《国民学校规程》和 1943 年 3 月发布的《中学校规程》中分别做了如下规定：

《国民学校规程》

第 11 条 体炼科的要旨是锻炼身体、陶冶性情，培育阔达刚健、吃苦耐劳的身心，同时培养奉公献身的实践能力，增强战斗力。

注意将礼仪礼节、姿态和其他训练效果应用到实际生活中。

……

强健的体力和顽强的精神是国家发展的根基，也是国防发展所需。

第 12 条 体炼科的体操应该图求身心的健全发展，实行团体训练，培养遵守纪律、崇尚合作的习惯。

体操应该教授体操、军事训练、游戏竞赛和卫生。

初等科初期应将重点放在游戏和简单容易的全身运动上，以后逐渐转向复杂的运动，并有规律地进行集体运动。

高等科要相应提高程度，尤其重视男学生的军事训练。

……

军事训练尤其重视团体训练，崇尚纪律与合作，努力培养服从精神。

第13条　体炼科的武道教授简单的武道基本动作，锻炼身心，涵养武道的精神。

初等科教授男学生剑道与柔道。高等科相应提高程度。

女学生教授长刀。

《中学校规程》

第5条　体炼科的要旨是锻炼身体、陶冶精神，培育刚健不挠的身心，提高国防能力，增强献身奉公的实践能力。

从以上规定可以看出，体炼科已经超出了一般体育课的范畴，完全适应战时需要和"国防发展所需"，不仅加入了军事训练的内容，还注意团体训练，强调遵守纪律、服从精神、崇尚合作等，基本上是参照军队士兵的标准对学生进行军事教育和军事训练。1943年4月26日，总督府发布《战时学徒体育训练实施要纲》后，学校体育更加向军事训练性质转变。

殖民当局不仅在学校教育内容中加入军事教育，还试图对日常生活实行军事化管理。朝鲜总督府学务局规定，自1942年第一学期开始，中等学校学生都穿着统一的制服，颜色为军绿色，帽子也以战斗帽代替学生帽，而且男学生要打绑腿后才能进入学校。这等于是只要给一杆枪，这些学生就可以立即变成一名士兵走上战场，学校已经沦为后备士兵的培养基地。

另外，考虑到朝鲜青少年的低入学率，尤其中等学校以上的入学率一直保持较低的水平，导致多数适龄青年无法通过学校教育接受军事训练，因此殖民当局通过在社会上组织成立一些训练机构，对社会上的朝鲜青少年进行军事教育和军事训练。这些军事教育机关主要有青年训练所、朝鲜青年特别炼成所、青年训练所别科、军务预备训练所等。

（一）青年训练所

青年训练所创立于 1929 年，初期的目的在于"锻炼青年身心，增强国民资质"。1938 年，总督府发布的《青年训练所规程》中规定"要求青年明确国体观念，增强皇国臣民的意识，信爱协力，加强团结，同时锻炼身心，授予职业和实际生活中必需的知识技能"。① 同时还规定，训练所的训练时间为 4 年，入学者为 16 岁以上、未满 17 岁的男子，训练项目有修身、公民科、军事训练、普通学科、职业。其中，军事训练的主要内容包括部队训练、军中勤务、旗信号、距离测量、军事讲话等，共 400 学时，占总学时的一半，因此可以说军事训练是青年训练所的主要功能。而且从入所年龄上看，毕业后正好符合征兵的年龄要求。

1940 年，当局规定六年制的国民学校中要设置公立青年训练所，国民学校初等科在读学生或毕业后没有进入上一级学校的 13 岁至 22 岁的朝鲜人和日本人都属于公立青年训练所的训练对象。1943 年，总督府学务局计划将青年训练所升级为青年学校，并正式承认其学历。② 继而在 1945 年，总督府制定《青年学校规程》，青年训练所的运营进一步倾向于军事训练机构。

（二）朝鲜青年特别炼成所

朝鲜青年特别炼成所是根据 1942 年 10 月总督府制定的《朝鲜青年特别炼成令》而设立的训练机关，其目的在于"对朝鲜青年男子进行身心锻炼和其他训练，培养将来服务于军务所需的资质，同时炼成劳动所需的素质"③，也就是为了将来把朝鲜青年编入日本军队进行准备性的基本军事训

---

① 改正青年训练所规程 [N]. 朝鲜总督府官报，1938-3-31（1）.
② 社论. 私人炼成所的设立 [N]. 每日新报，1942-12-16（1）.
③ 朝鲜青年特别炼成令 [N]. 朝鲜总督府官报（号外），1942-10-1（1）.

练，同时也为劳务动员做准备。

根据《朝鲜青年特别炼成令》的规定，炼成所的学员主要是 17 岁以上，未满 21 岁，没有进行国民学校初等科学习的朝鲜男子，主要的炼成科目是训育、学科教育、军事训练以及劳动，时间为 1 年，共 600 学时，其中训育和学科教育为 400 学时，军事训练和劳动共 200 学时（1942 年炼成时间是 10 个月，共 450 学时，其中训育和学科教育为 350 学时，军事训练和劳动共 150 学时）。另外，《炼成令》也规定了对于符合条件的人，是"有义务接受炼成"，没有正当理由而不去接受炼成的人，要处以拘留或罚款，因此无异于强迫。

第一次炼成于 1942 年 12 月 1 日开始，约有 35000 人进入 721 个炼成所接受训练。① 第一次炼成结业式在 1943 年 9 月 30 日举行，成绩不合格的人要进行"再炼成"。② 第二次炼成于 1943 年 4 月 1 日开始实施，至 1943 年公、私立炼成所合起来共有 1953 所，约 11 万名的朝鲜男子接受了训练，到 1944 年公、私炼成所更是达到了 2721 个。③

（三）青年训练所别科

虽然大量朝鲜青年被编入青年训练所和朝鲜青年特别炼成所接受训练，但朝鲜总督府还是认为存在一定的"死角地带"，其中包括国民学校初等科毕业后既不升学也不进入青年训练所的青年。因此，朝鲜总督府于 1944 年决定设立青年训练所别科来解决这一问题，规定每个府、邑、面设立 1 所，根据各府情况的不同可设立 1 所以上。别科的训练对象为 20 岁的青年，由各道知事选定。④ 别科的教育重点在于国语和军事训练，1944 年共进行了 300 学时，其中修身、公民、普通学科合起来共 150 学时，军事训练 150 学时。

---

① 社论. 特别炼成所开所 [N]. 每日新报, 1942-12-1 (1).
② 青春的力与美 [N]. 每日新报, 1942-9-28 (2).
③ 辛珠柏. 日帝末期朝鲜人军事教育 [J]. 韩日民族问题研究, 2005, 9：171.
④ 辛珠柏. 日帝末期朝鲜人军事教育 [J]. 韩日民族问题研究, 2005, 9：172.

（四）军务预备训练所

军务预备训练所是根据朝鲜总督府 1944 年 4 月 22 日发布的《朝鲜总督府军务预备训练所规程》而成立的，目的是对预备服役或已经接到现役征集裁定的人进行集中训练。训练所作为"炼成皇军要员资质的地方"，分为两部，1 部的训练对象是朝鲜青年特别炼成所结业者，2 部是国民学校以上毕业者。1 部的训练时间为 2 个月，2 部为 6 个月。在训练内容上，1 部的课程分别为训育（修身、公民）、普通学科（国语、历史、地理、数学）、术科（军事训练、体操、刀枪术）以及内务训练，2 部的课程为训育（修身、公民）、普通学科（国语、历史、地理、数学、理科）、术科（军事训练、体操、武道）及内务训练。

第三节　战时体制下的学生动员

一、学兵制

太平洋战争的爆发和日本侵华战争的胶着状态，使日本的兵力资源紧张问题日益突出。1937 年 12 月日本陆军有 95 万，4 年后的 1941 年 12 月太平洋战争爆发之时，陆军兵力达到 210 万。① 为了解决兵源不足的问题，日本开始着手实施在殖民地朝鲜征兵的政策。1938 年 4 月在朝鲜实施陆军特别志愿兵制度以后，1943 年 8 月总督府又宣布实施海军特别志愿兵制度，1944 年 4 月最终实行了义务兵役制。对于朝鲜的在校学生，日本在加强各级学校军事教育的同时，1943 年 10 月发布了《陆军特别志愿兵临时采用规则》，开始在朝鲜实施学兵制，把大学及专门学校的在校学生赶上了日本的侵略战场。一方面因为这些学生正好符合征兵年龄，另一方面的

---

① 山田朗. 军备扩张的近代史［M］. 东京：吉川弘文馆，1997：167.

原因是他们从一开始接受的就是日本的殖民教育，不仅熟练地掌握日语，而且也是进行动员工作相对"安全"的一个群体。

　　根据日本殖民当局的要求，学兵征集的方法是在各个学校设立临时学兵接收处，由学生提交学兵志愿书。这一政策遭到了朝鲜青年的强烈抗议，志愿征兵者寥寥无几，为此总督府通过各种方法对学生展开游说。对于官立专门学校，通过国民总力联盟对学生进行劝说和劝导，而私立专门学校则通过学校的教官和下派的军官对学生进行大力游说。此外，还邀请社会上一些有名望的人士举行讲演会，如尹致昊、曹晚植、李光洙、崔南善、李圣根等，进行学兵动员。这些人中，有人婉言拒绝，但李光洙、崔南善等已被日本当局收买，当然是欣然前往。然而，日本殖民当局对以上政策取得的"成果"仍然不满意，最后以分配任务的方式，要求每个私立专门学校的教师劝说 3~4 名学生应征，导致很多教师不得不辞职以示反抗。在这些威逼利诱政策之下，很多学生在名义上是自愿，实际上却是被强制征集。如表5-2所示，截止到1943年11月12日，所统计学校的征兵合格人数中，37.8%的学生提交了志愿书。

表 5-2　学兵志愿人数统计

学校	合格人数	志愿人数	百分比
普成专门学校	268	43	16.0%
延禧专门学校	293	102	34.8%
明伦专门学校	73	23	31.5%
惠化专门学校	150	51	34.0%
法学专门学校	40	40	100.0%
高等商业学校	32	32	100.0%
釜山高等水产学校	22	22	100.0%
京城帝国大学	92	51	55.4%
京城帝国大学预科	15	8	53.3%
合计	985	372	37.8%

资料来源：适龄学徒宣誓踊跃志愿 [N] 每日新报，1943-11-12 (2).

太平洋战争后期，征集的部分学兵开始被日本当局派往其在各地的战场。1944 年 1 月 19 日、20 日两天中，通过首尔火车站运出的学兵就达 4385 人（《东亚日报》，1968 年 8 月 15 日），虽然有小部分日本留学生，但绝大多数都是朝鲜各专门学校的学生。这些人在部队里因为"思想不忠"、动作迟缓等原因，时常遭到日本士兵的打骂虐待，因此很多被派往中国的学兵最后投靠了上海的大韩民国临时政府，在中国继续开展抗日活动，也有很多人殒命战场，成为这场战争的无辜牺牲品。

另外一些学兵则被留在朝鲜国内，准备进行最后的"决战"。进入 1945 年，战况对日本更加不利，同年 2 月日本已经决定准备展开"本土作战"。朝鲜人也被动员起来在济州岛、群山到釜山的海岸线一带紧急准备应对美军的登陆。为此，总督府开始组织一种日常的军事组织，即由学生构成的学徒队。1945 年 7 月 11 日，在朝鲜总督府和朝鲜军组织召开的朝鲜大学和专门学校校长会议上，决议 7 月末之前组成学徒队（《每日新报》，1945 年 7 月 12 日）。同时要求以各道知事为学徒队的道队长，与部队的内务部长一起，在各道积极推进学徒队的成立。以黄海道为例，1945 年 7 月 31 日成立了学徒队，下设中学校学徒队和国民学校学徒队（《每日新报》，1945 年 8 月 2 日）。学徒队平时进行基本的军事训练，准备在战争需要时，随时担当防空、防卫的任务。学徒队还有一个重要任务就是准备在美军登陆朝鲜半岛后，根据队员的学习专业和教育程度，让其负责哨探、传令、战斗、交通线修复、伤兵救护、迫击炮和电波探测仪的操作等（《每日新报》，1945 年 4 月 11 日）。在战争的最后阶段，日本还强制动员由一般朝鲜人组成国民义勇队，"为大日本天皇战斗到底"。可见，组建学徒队的根本目的就是让朝鲜的青年学生充当军人参加到战争中去，最终沦为战争的牺牲品。

二、劳动动员

战时体制下，日本主要在两个方面对朝鲜人进行动员，一个是国防，另一个是生产。学生作为青年的最主要力量，日本在两个方面都对朝鲜学生进行了强制动员。国防动员体现在前述的学兵制，而在产业方面则进行了劳动动员。这里的"勤劳"是干苦力活的意思。对朝鲜学生的劳动动员情况，随着日本前方战况的发展而不断扩大、升级。

日本对朝鲜学生的劳动动员，其实早在日本侵华战争全面爆发之前就已经开始，职业科的实习就是其中具有代表性的例子。当局把实习课安排为学校正常课程的一部分，主要以学生进行农业劳动的形式进行。正式对朝鲜学生进行劳动动员是在日本侵华战争全面爆发以后，1938 年 6 月 11 日总督府下达了《关于学徒勤劳奉仕工作的实施》，要求在中等以上学校以学生为对象组织勤劳报国队，一般都是利用寒暑假一周左右的时间，去适合集体劳动的、雇佣劳动力较难的地方进行劳动。因此这一时期劳动动员的目的和意义在于"培养强健的皇国臣民"的同时，"对国家经济做贡献"，没有把学生完全视为劳动者，仍然保留了教育的基本功能。①

太平洋战争后，尤其是 1943 年 2 月瓜岛战役失利后，为了挽回战局，日本开始在日本国内和朝鲜制订新的动员计划。1943 年 5 月 3 日，日本内阁确定了《国民动员实施计划》，接着在 7 月 22 日总督府政务总监下达了《学徒战时动员体制确立要纲》以下简称《确立要纲》（1943 年《文教朝鲜》）的通牒，学生动员由原来的临时动员转向了日常动员，从而在朝鲜正式确立了战时学徒动员制度。根据《确立要纲》的规定，学生的劳动时间延长到了每年 30~60 天，劳动内容也不仅限于一般的体力劳动，重点开始转向粮食增产、国防设施建设、紧急物资生产、运输等军需产业方面。

就在朝鲜总督府按照《确立要纲》的要求在朝鲜具体实施学徒动员的过程中，1943 年 9 月 3 日，意大利向盟军投降。9 月 30 日，日本在内阁与大本营御前会议上确立的《今后应采取的战争指导大纲》划定了包含千岛群岛、小笠原、缅甸等地作为"绝对国防圈"，并争取时间补充在瓜岛战

---

① 姜明淑. 日帝末期学生劳动动员的实态与特征 [J]. 韩国教育史学，2008，30（2）：13.

役中损失的空军兵力。1944 年 3 月 18 日，政务总监下达了《学徒动员非常措施要纲》和《学徒动员非常实施要纲》的通牒，把学徒的动员时间延长到了每年 4 个月。根据以上两个《要纲》的规定，要求根据学校的种类、学生的年龄与性别，尤其根据理工科学生的专业把他们安排到军事相关的产业进行劳动。4 月 28 日，总督府学务局进一步发布了《不同学校动员基准》，对各级学校的动员工作进行了细分，同时规定动员到工厂的学徒的劳动时间为 1 年，即全年动员，这是在一个多月的时间里第二次采取措施延长学生的劳动动员时间。为了有体系地对学生进行动员，总督府还发布训令要求组织成立以政务总监和道知事为部长的"总督府·道学徒动员本部"，接受工厂方面提出的学生动员申请并进行受理，结果是学生几乎每天都被动员去劳动。这时的劳动动员已经完全超出了临时动员的范畴，而且为了解决动员造成的上课时数减少的问题，第四次《朝鲜教育令》发布后，对中等以上学校的教育年限进行了缩短，正常教育的外衣被逐渐剥离，显露出了战时教育的本来面目。

1944 年以后，战局朝着对日本更为不利的方向发展，7 月 7 日，美军占领塞班岛，日本设定的"绝对国防圈"被打破，败局已定。8 月 22 日，日本内阁发布《学徒勤劳令》，朝鲜总督府也于 10 月 30 日公布了《学徒勤劳令施行规则》[①]，把学徒动员的对象扩大到了中等学校的低年级和国民学校的高等科学生，而且另外规定在动员其他道的学生时，不必经过总督府，只要通过道知事向校长提交申请就可以，与卫生、救护、农林、水产、畜产等相关的动员任务，直接向学校校长申请就可以对学生进行动员。

1944 年 12 月，美军首次对日本首都东京进行了轰炸。1945 年 2 月和 3 月，美军分别占领了马尼拉和硫磺岛，日本本土进入美国空军控制之下，战争进入了最后阶段。1945 年 3 月 18 日，日本内阁发布《决战教育措施

---

① 学徒勤劳令施行规则 [N]. 朝鲜总督府官报，1944-10-30 (2).

要纲》，主要内容如下：

> 总动员所有的学生到粮食增产、军需生产、防空防卫等决战
> 之下紧急的部门。
> 除国民学校初等科之外，1945 年 4 月 1 日至 1946 年 3 月 1 日
> 各学校全部停课。
> 对于已经被动员的学生，进行与劳动紧密相关的学习与修养
> 指导。①

为此，朝鲜总督府也进一步强化"决战"下的劳动动员体制，对中等以上学校停课一年，之后国民小学也被停课。所有学生被动员到劳动场地和军需工厂进行劳动，教育进入了瘫痪状态，名存实亡。

日本殖民当局对学生的劳动动员，首先体现在粮食增产方面，主要依据的是 1943 年 3 月学务局长下达的《关于国民学校和其他学校积极参加粮食增产的文件》。积极动员学生参加粮食增产活动，一方面因为战时日本对粮食需求的增加，另一方面也因为对劳动力的持续动员造成农村劳动力的老龄化、妇女化、幼年化。下面举几个比较典型的事例，1943 年 4 月 12 日，京城帝国大学的学生被动员到水原西湖贮水池的疏通建设中，到 6 月 26 日为止，每次有 16 所大学和专门学校的 500～700 名学生被动员到此进行一周的劳动。② 黄海道的学生被动员到农家住宿，参加生产劳动，其中男学生 35 天，女学生 28 天。③

军需生产和国防设施建设也是动员学生劳动的主要部门。这方面的动员一般都根据学生的所学专业进行安排，因此除了一些简单的生产劳动外，有些还需要技术操作。为了在京畿道高阳郡建立一处航空滑行训练

---

① 孙仁铢. 韩国近代教育史 [M]. 首尔：延世大学出版部，1971：300.
② 学徒动员体制确立 [N]. 每日新报，1943-6-27 (1).
③ 学徒住宿到农家投入战时粮食增产 [N]. 每日新报，1943-5-20 (4).

场，动员了 27 所学校的 56000 余名学生进行了 70 多天的劳动。① 京城工业学校、仁川工业学校、京城电气学校的 440 多名学生，从 1944 年 6 月 20日起，被分别安排到 16 个工厂进行劳动。② 为了代替战时缺乏的航空燃料，总督府还计划从 1945 年 5 月开始动员国民学校、中等学校学生进行采集松树油的劳动。③ 还有一些女学生被动员进行缝补军装、扫除等工作。淑明高等女学校的低年级学生每天有 25 人被安排进行朝鲜神宫及其附近的清扫工作。对于当时的这种情况，淑明校史中有这样一段访谈记录如下：

> 1941 年 12 月太平洋战争爆发以后，如同全国各地所有学校一样，我们学校实行一边教育、一边增强战力的畸形路线。学生们只是在身份上是学生，而在生活上，却分不清究竟是士兵、职工、还是工人。因此，淑明也在日帝的暴压之下，做出了教育上的牺牲。上课只是形式上的存在，被缩短为很少的几节课，其余的时间都为了增强战力而去进行云母作业。就是用于把云母晶体瓣成小块儿，所以学生们的手指都被磨破，精神也被麻痹，成为年少的苦力。④

总的来说，一般是中等教育机关、高等教育机关的理工科学生被动员到专门的工厂，文科专业学校、师范学校学生被动员进行粮食增产和国防设施建设，高等女学校的学生多被动员到纺织工厂。⑤

为了防止学生的抵触和反抗，确保对学生进行有效动员，殖民当局利

---

① 动员学生着手建设五万平米的滑行跑道 [N]. 每日新报，1944-5-17.

② 安排技术专业学生直接进入 [N]. 每日新报，1944-6-15.

③ 安排技术专业学生直接进入 [N]. 每日新报，1945-3-27 (2).

④ 淑明五十年史编纂委员会. 淑明五十年史 [M]. 首尔：淑明女子中高等学校，1956：93.

⑤ 郑在哲. 日帝对韩国殖民地教育政策史 [M]. 首尔：一志社，1985：466.

用成绩评定、升学制度、配给制度等手段，使学生即使不情愿也不得不参加。① 1943 年中学入学考试中，以"对儿童身心有利的准备教育"的名义，只对六年级的国语和算术教科书内容进行出题考试，不出应用题。② 1944 年第二学期开始对学生进行全年动员后，为了解决学生的成绩评定问题，日本殖民当局决定劳动动员的成绩与上课的成绩同等对待。到了 1945 年，中等以上学校的入学考试取消了笔答考试，通过劳动动员成绩、身体检查、口头考试等几个方面的成绩进行决定，而且考试委员是由相关单位的职员和军事教官组成。因此，从考试科目和考试委员的构成上来看，劳动动员和军事训练的成绩占了很大的比重。配给制也是对学生进行动员的手段，从 1943 年夏季开始实施。如果学生不参加劳动动员，中午只能饿肚子。对于动员活动积极的学校，当局还对其进行表彰。

由于殖民当局对青年学生的军事动员和劳动动员，学校已经无法维持正常的教学秩序，教育功能丧失殆尽。

第四节　朝鲜人对战时教育的反抗

为了把朝鲜推上"大东亚圣战"的战车，日本推行战时非常教育措施的同时，还通过各种方式对朝鲜人进行强制性战争动员。饱受日本人压迫的朝鲜人不甘于同法西斯主义者同流合污，奋起反抗，但在殖民当局战时体制的高压政策下，这一时期朝鲜人的反抗斗争大都是隐蔽、分散的。

对于殖民当局的学兵动员，以普成专门学校、延禧专门学校、京城帝国大学的学生为中心展开了学兵拒绝运动。领先发起这一运动的是普成专门学校法律系三年级学生李哲承，他联合同校同学一起商议利用学术研讨

---

① 辛珠柏. 日帝的教育政策与学生的劳动动员 [J]. 历史教育, 2001, 78: 100.

② 决定中学入学考试考试方法, 不进行国语与算术 [N]. 每日新报, 1942-12-22 (3).

会的机会，与首尔市内的专门学校及大学学生组成联合会，一同进行抗议活动。在与京城帝国大学、延禧专门学校等校的代表接洽、开会的过程中，由于新加入的惠化专门学校代表的疏忽泄露了秘密，被总督府当局发现。接到报告的小矶国昭总督并没有急于逮捕李哲承，而是与其面谈，试图让其悔罪。而李哲承却在当场控诉了殖民当局的不合理政策，其中包括日本警察政策的不当、日本人对朝鲜人的压榨、教育的不平等、朝鲜学兵血的代价以及今后是否要关闭普成专门学校等。此后，参与这一运动的各校学生有的被逮捕，有的逃散，学兵拒绝运动被迫中断。①

学兵拒绝运动虽然最终失败了，但表明了朝鲜人对日本殖民当局推行的学兵动员政策的抵制与反抗，坚守了朝鲜人的民族气节。

另外，还有一些渴望朝鲜独立的青年学生通过组织秘密团体，一同谋划国家独立的道路，反抗日本的殖民统治和殖民教育。殖民当局记录下的多起"反日言行事件"反映了这一时期青年学生的爱国思想和反日活动的特点。1941 年 5 月 15 日京畿道警察部的一份针对违反《治安维持法》案件的审问书中记录了京畿公立中学四年级学生姜祥奎的抗日活动。

> 问：你为什么抱有民族意识而希望朝鲜独立？
>
> 答：小学五六年级在农村时从村里老人们那里听到一些小说和英雄传记，讲述了朝鲜原来也有一些英雄人物，但现在失去了祖国。他们说要想恢复祖国，无论如何只能依靠青年的力量。我深深叹服这些话，决心一定要像那些英雄人物一样。进入京畿中学后，每次听到国语常用、内鲜一体这些话，反抗的心理就更加强烈，心想一定要恢复原来的朝鲜，让朝鲜独立。去年看了电影《民族的祭奠》，看到孙基祯胜利受到褒奖流下眼泪的场面，心想朝鲜也有这样的英雄啊，要是他代表的是朝鲜而胜利该多么好，

---

① 高丽大学．六十年志［M］．首尔：高丽大学校出版部，1965：521．（参考）

这更加坚定了我独立朝鲜的意志。

······

问：你想用什么方法使朝鲜独立？

答：我写了十年计划。第一年主要是读书，并且与富人相交，让人们知道我是一个优秀的人；第二年进行兵器制造相关的研究；第三年调查朝鲜南部地方的军事要塞；第四年进行兵器制造，研究用兵方法；第五年对朝鲜北部的军事要塞进行踏查，寻找可以指导我的老师；第六年再做一些事情。大概是这样的方式，一个十年计划。

问：为了实现目的，你还对你的哥哥和其他四人进行了朝鲜独立的鼓动，是这样吗？

答：是的，没错。

问：进行了什么样的鼓动？

答：对每个人几乎都差不多。朝鲜是一个有着悠久历史的国家，在高丽时代势力更是扩大到了中国，还大败了丰臣秀吉的军队。流淌着这些祖先血液的我们也绝不是懦弱的。无法独立是因为我们只想着眼前的事情，忘记了祖国。朝鲜人团结一致进行起事的话，朝鲜的独立指日可待，我们应该向着这个目标勇往直前。我这样和他们说，来争取有同样理想的同志。①

以上的审问记录中，被审问者虽然出生于日本吞并朝鲜之后，接受的是日本的殖民教育，但在老一辈的影响下并没有忘记自己的国家和历史，并且怀抱恢复国权的理想。在制定计划后，通过联合其他爱国青年，组成团体付诸行动。在当时条件下，这名学生朝鲜独立的理想虽然不可能实现，但代表了朝鲜青年渴望国家独立、反抗日本殖民统治的爱国思想。

---

① 资料来源：国史编纂委员会韩国史数据库.

第四次《朝鲜教育令》发布后，殖民当局完全废除了朝鲜各级学校的朝鲜语教育，开展日语普及运动。对于这一举措，朝鲜人也通过各种方式进行抵制，来保住民族之魂。其中包括私下里秘密使用和宣传朝鲜语、组织团体进行朝鲜语研究等。水原高等农林学校的学生成立了东寮会，号召会员发挥"东寮精神"，即"不忘朝鲜民族精神，团结一致反抗日本人"①，增强民族意识，最终实现朝鲜的独立。之后，东寮会的几名领导成员又秘密吸收会员，组织成立了言文研究会，进行朝鲜语的使用和研究，因为他们认为"朝鲜国家的存在与否取决于朝鲜语的存废"②。毕业之后，他们还继续进行民族独立活动，直到 1942 年 8 月 24 日被水原警察署逮捕。

坚持使用朝鲜语的事例还有开城府南山町的林盛东被捕事件，在 1942 年 3 月 1 日对他的举报书中写道：

> 此人经常阅读朝鲜语语言杂志，民族主义色彩浓厚，对使用日语和对日本人、朝鲜人的差别待遇问题抱有不满。
>
> ……
>
> 同行中，此人常说："你不是朝鲜人吗？朝鲜人为什么要使用日语？"③

可以看出，日本殖民当局虽然从吞并朝鲜之初便实行了压制朝鲜语、加强日语的政策，但直到日本占领三十多年后，即便是在极端的高压政策下，朝鲜人依然坚持使用和研究自己的民族语言。

朝鲜人之所以始终保持了坚定的民族意识和爱国精神，同学校中朝鲜人教师的教育有着密不可分的关系。太平洋战争爆发后，日本为了鼓动朝鲜人走向战场为其卖命，大肆向朝鲜人宣扬"大东亚圣战"思想。但开城

---

① 资料来源：国史编纂委员会韩国史数据库.
② 同上。
③ 同上。

私立松都中学英文教师金炯敏在课上向学生讲述时局战况的同时，告诉学生："在夏威夷居住了很多朝鲜同胞，借这次日美战争的机会，他们一定会掀起独立运动。"① 提醒学生不能忘记自己的国家，增强民族独立的信心。

同样向学生传播爱国思想的还有甲山公立农林学校的教师金重冕。他利用上课时间或学生校外实习期间向学生宣传以下思想。

1. 犹太人虽然国家灭亡了，但他们的民族还在。他们民族团结心非常强，特别是掌握了世界的经济大权。

2. 你们总是看不起中国人，这样是不对的。朝鲜人是亡国奴，但中国人却是独立国家的优秀国民。

3. 朝鲜灭亡的原因是之前的政治人物总是进行派系斗争。

4. 金日成以少数兵力袭击了普天堡，抢夺了棉花等很多物资。

5. 朝鲜人不应该改姓，我就没有改姓。

6. 没有必要强制征兵。

7. 应该研究朝鲜的历史。

8. 日本人和朝鲜人存在不平等关系。

9. 反对战争，反对征收军费。②

上述言论不仅向学生宣传了民族独立和民族团结的精神，更号召他们起来反抗日本的殖民统治。正是在这种思想的影响之下，朝鲜人终于迎来了民族解放的春天。1945 年 8 月 15 日，日本宣布无条件投降。日本在朝鲜长达 35 年的殖民统治和殖民教育随之宣告结束，朝鲜人在对殖民主义教育进行清算的同时，在曲折中逐渐建立起了现代化的教育制度。

---

① 资料来源：国史编纂委员会韩国史数据库.
② 同上。

结　论

1910 年 8 月《韩日合并条约》签订至 1945 年 8 月日本在第二次世界大战中战败投降，日本在朝鲜进行了长达 35 年的殖民统治。作为日本殖民政策的重要组成部分，本书主要对日本在朝鲜的殖民主义教育政策进行了研究。日本在朝鲜实施的殖民主义教育政策经历了最初统监府时期的殖民教育渗透、吞并朝鲜后殖民教育政策的确立与实施、"三一"运动后的调整、日本侵华战争爆发后的"皇民化"教育、太平洋战争后的战时非常教育、直到日本投降后殖民教育的终结这几个发展阶段。通过对这几个阶段殖民主义教育政策的具体研究，得出以下几点结论：

第一，日本对朝鲜殖民主义教育政策的推行，中断了朝鲜自主进行近代化教育的努力。朝鲜开港后，内忧外患之下，由于清朝、日本以及西方传教士的影响，朝鲜的有识之士开始认识到引进近代学校教育制度的必要性，政府发布新学制，尝试建立近代学校，民间也逐渐兴起了建立近代私立学校的热潮，进而基本形成了近代学校教育体系。然而，随着日本加快对朝鲜侵略的步伐，在朝鲜设立统监府后即修改学制，进行殖民主义教育渗透。最终吞并朝鲜后，日本试图利用教育加强对朝鲜的殖民统治，通过发布《朝鲜教育令》推行殖民主义教育。至此，朝鲜建立近代国家的努力被强行中断，初步建立的近代教育制度被践踏，取而代之的是日本统治下的殖民主义教育制度。因此，一些学者主张的"殖民地教育近代化论"，即日本通过殖民教育把近代教育带到朝鲜并实现了朝鲜教育的近代化，这一观点是站不住脚的。

第二，日本在朝鲜殖民主义教育的基本方针与其在朝鲜的政治统治、经济掠夺和对外军事侵略密切联系且不断发展变化。主要分为四个阶段：

第一阶段，1910 年 8 月日本确立对朝鲜的殖民统治到 1919 年"三一"运动爆发，这一时期日本通过残酷的武断方式统治朝鲜，也是殖民主义教育政策的确立时期。根据第一次《朝鲜教育令》，在"依据《教育敕语》之主旨，培养忠良之国民；教育要符合时势与民度"的方针下，建立起了一套低级、简易的学校教育体系，进行民族同化教育，对朝鲜人建立的民族主义私学，则严加取缔。

第二阶段，"三一"运动爆发后，为了怀柔和瓦解朝鲜的反抗势力，日本转而实行"文化政治"，在教育上通过第二次《朝鲜教育令》抛出了"一视同仁"的教育方针。主要对普通教育和高等教育进行了调整，但整个教育体系和规模并不能和日本国内同日而语。这些政策调整一方面是因为朝鲜人的反抗和教育诉求的增强，另一方面是由于第一次世界大战后日本经济发展对殖民地朝鲜的产业发展和人才培养提出了新的要求。

第三阶段，日本发动全面侵华战争后，为了把朝鲜作为后方基地，为其提供人力、物力、财力，日本开始对朝鲜人施以彻底精神洗脑的极端民族同化教育，确立了"皇民化"的教育方针。根据第三次《朝鲜教育令》，不仅在学校教学内容加入"皇民化"教育的内容，还要求学生参拜神社、创氏改名等，达到日常生活的"皇民化"。

第四阶段，随着日本挑起太平洋战争，朝鲜被迫进入战时体制，教育也被牢牢束缚在了日本军国主义的战车上，推行战时非常教育。第四次《朝鲜教育令》确立了"国民炼成"的教育方针，教育已经脱离了正常的轨道，成为为战争服务的军国主义教育。

第三，日本通过民族同化教育抹杀朝鲜人的民族精神和独立意识，民族同化教育贯穿整个殖民主义教育的始终。日本对朝鲜人的同化教育最首要的手段是剥夺朝鲜的民族语言，把日语强加为朝鲜人的"国语"，通过日语教育来泯灭朝鲜人的民族性，灌输日本国民意识。四次《朝鲜教育令》实施过程中，学校课程中的朝鲜语被逐渐削弱，直至禁止使用，而日语则呈现出了逐渐加强的趋势，最终达到"常用"和"普及"。此外，日本还通过学校的修身课向朝鲜学生注入日本式道德和思想，进行"皇国臣民"的说教。历史课也成为日本进行同化教育的工具，在此期间从未开设过朝鲜历史课，在日本历史涉及朝鲜的历史内容时，则极尽歪曲和捏造，向学生灌输朝鲜历史的他律性论、停滞性论等殖民史观，使他们产生民族自卑心理，从而乐于做日本的"皇国臣民"。日本侵华战争全面爆发后，日本在朝鲜推行"皇民化"教育，不仅加强学校课程内的天皇制思想注入，还重视课程外的民族抹杀政策，达到同化教育的顶峰。

第四，日本在朝鲜实行愚民教育和民族差别教育，使朝鲜人无法摆脱被奴役的命运。通过限制朝鲜教育的水平、规模以及朝鲜人的受教育机会，让其作为日本的"忠良臣民"而任由殖民者摆布、驱使和奴役，而不赋予其与日本国民同等的权利。主要表现在着重发展初等程度的教育、压制中等教育机关的发展、重视实业教育、限制高等教育的发展、缩短各级学校的教育年限等方面。纵观整个殖民地时期的朝鲜教育，初期实行日本人、朝鲜人相区别的复线型教育，朝鲜人学校的程度和水平更低。后期虽然实现了一定程度的"日鲜共学"，但朝鲜人学生经常受日本人学生和教师的歧视和侮辱。另外，与日本国内的教育内容、水平和规模相比，朝鲜更是远远落后，对朝鲜人实行的殖民主义教育仅限于易于奴役的程度。与朝鲜王朝时期的封建教育相比，日本在朝鲜推行的虽然是所谓"先进"的近代教育，客观上的教育水平和普及程度有所提高，但日本殖民教育的最终归结点是对殖民地人民进行同化和奴化。因此，有些学者主张的日本的殖民教育为殖民地国家和地区的发展做出了贡献、促进了他们的教育近代化等观点，是隔断历史和断章取义的，更是今日日本政治右倾化的土壤。

第五，对于日本强制推行的殖民主义教育，朝鲜人的反抗斗争从未间断，并且千方百计通过各种方式进行民族主义教育。日本通过在朝鲜的殖民统治强行把朝鲜人纳入其殖民教育体系，但朝鲜的民族主义者和爱国志士在日本的高压政策下仍然投身教育事业，通过兴办书堂、夜学、私立学校等坚持秘密进行民族教育，通过开展民立大学设立运动为朝鲜人争取高等教育机会。即便是在日本开展"皇民化"教育时期，朝鲜的语言学者和教育者还成立了朝鲜语学会进行民族语言的研究和保护，还有文人学士运用无声的武器反抗日本的精神同化，为民族独立呐喊。与此同时，朝鲜的青年学生开展秘密结社与同盟休学等活动，"三一"运动、"六·十万岁"运动、光州学生运动、学兵拒绝运动等都是典型的反抗日本殖民统治与殖民教育的学生斗争运动。不能否认的是，个别朝鲜人对民族独立失去信心而屈服于日本的殖民统治，最终成为殖民者的走狗和帮凶，这也是日本通过殖民教育对朝鲜人进行精神荼毒的结果。

总之，日本在朝鲜的殖民主义教育政策，不论是在主观意图、客观效果，还是在办学目的和教育实践等方面，都脱离了教育的正常轨道。35 年的殖民主义教育，对朝鲜的民族发展、民族文化等方面造成的损失与伤害，是无法估量的。但不能忽略的是，日本的殖民主义教育不仅限于朝鲜，还包括中国的东北、华北等地。然而，至今日本仍存在一些右翼势力对其在这些国家和地区推行的殖民教育持有某种肯定、美化的观点。因此，今后对日本在不同国家和地区内推行的殖民主义教育政策与实态进行比较研究，将有助于更进一步揭露日本殖民主义教育的特点和本质。

参考文献

中文文献

［1］吴廷璆．日本史［M］．天津：南开大学出版社，1994．

［2］朴真奭，姜孟山，朴文一，等．朝鲜简史［M］．延吉：延边大学出版社，1998．

［3］李光麟著，陈文寿译．韩国开化史研究［M］．中国香港：社会科学出版社，1999．

［4］齐红深．日本侵华教育史［M］．北京：人民教育出版社，2002．

［5］朴今海．日本对东北朝鲜族的殖民主义教育政策［M］．延吉：延边大学出版社，2008．

［6］藏佩红．日本近现代教育史［M］．北京：世界知识出版社，2010．

韩语文献

一、古典文献及摘录性史料

［1］经国大典

［2］高宗实录

［3］皇城新闻

[4] 大韩每日申报

[5] 朝鲜总督府官报

[6] 东亚日报

[7] 朝鲜日报

[8] 每日新报

[9] 国史编纂委员会.韩国史数据库 [DB]. http://db. history. go. kr.

[10] 朝鲜教育研究会.朝鲜教育法规 [M].首尔:朝鲜印刷株式会社,1917.

[11] 朝鲜教育研究会.朝鲜教育者必携 [M].首尔:朝鲜印刷株式会社,1918.

[12] 朝鲜总督府.普通学校国史(下卷) [M].首尔:凸版印刷株式会社,1922.

[13] 朝鲜总督府.普通学校国史(上卷) [M].首尔:朝鲜书籍印刷株式会社,1923.

[14] 朝鲜总督府.中等教育国文读本(卷二) [M].首尔:朝鲜书籍印刷株式会社,1930.

[15] 朝鲜总督府.普通学校国语读本(卷七) [M].首尔:朝鲜书籍印刷株式会社,1933.

[16] 朝鲜总督府.施政二十五年史 [M].首尔:朝鲜印刷株式会社,1935.

[17] 朝鲜总督府学务局.关于朝鲜教育革新之全貌 [M].首尔:朝鲜印刷株式会社,1938.

[18] 朝鲜公民教育会.皇国臣民教育的原理与实践 [M] 首尔:行政学会印刷所,1938.

[19] 朝鲜总督府.施政三十年史 [M].首尔:朝鲜印刷株式会

社，1940.

[20] 朝鲜总督府. 初等国史（第五学年）[M]. 首尔：朝鲜书籍印刷株式会社，1944.

[21] 培材中高等学校. 培材史 [M]. 首尔：培材中高等学校，1955.

[22] 梨花女子大学. 梨花七十年史 [M]. 首尔：梨花女子大学出版部，1956.

[23] 高丽大学. 六十年志 [M]. 首尔：高丽大学，1965.

[24] 儆新中·高等学校. 儆新八十年略史 [M]. 首尔：儆新中高等学校，1966.

[25] 中央高等学校. 中央 60 年史 [M]. 全州：民众书馆，1968.

[26] 梨花女子大学. 梨花八十年史 [M]. 首尔：梨花女子大学出版部，1968.

[27] 李光洙. 李光洙全集 [M]. 首尔：三中堂，1971.

[28] 修信使记录 [G]. 首尔：国史编纂委员会，1974.

[29] （韩国近代史基础资料集1）日帝强占期的教育 [G]. 首尔：国史编纂委员会，2010.

[30] 许载英. 朝鲜教育令与教育政策变化资料 [M]. 京畿道：庆进图书出版，2011.

二、著作

[1] 朴尚万. 韩国教育史（中）[M]. 首尔：中央教育研究所，1957.

[2] 吴天锡. 韩国新教育史 [M]. 首尔：现代教育丛书出版社，1964.

[3] 李钟翊. 韩国现代史（第五卷）[M]. 首尔：新丘文化社，1969.

[4] 车锡基、申千湜. 韩国教育史研究 [M]. 首尔：载东文化社，1969.

[5] 孙仁铢. 韩国近代教育史 [M]. 首尔：延世大学出版部，1971.

[6] 赵恒来. 开港期对日关系史研究 [M]. 大邱：萤雪出版社，1973.

[7] 车锡基. 韩国民族主义教育研究 [M]. 首尔：进明文化社，1976.

[8] 卢荣泽．日帝下民众教育运动史 [M]．首尔：探求堂，1979．

[9] 郑在哲．日帝对韩国殖民地教育政策史 [M]．首尔：一志社，1985．

[10] 金雲泰．日本帝国主义的韩国统治 [M]．首尔：博英社，1986．

[11] 朴德俊．朝鲜近代教育史 [M]．首尔：한마당，1989．

[12] 李万圭．朝鲜教育史 II [M]．首尔：거름，1991．

[13] 刘奉镐．韩国教育课程史研究 [M]．首尔：教学研究社，1992．

[14] 韩国教育研究所．韩国教育史——近现代篇 [M]．首尔：草色出版，1993．

[15] 姜万吉．韩国近代史 [M]．首尔：创作与批评社，1994．

[16] 韩国教育史学会．韩国教育史 [M]．首尔：教育出版社，1996．

[17] 李慧英等．韩国近代学校教育百年史研究 II [M]．首尔：韩国教育开发院，1997．

[18] 吴成哲．殖民地初等教育的形成 [M]．首尔：教育科学社，2000．

[19] 郑善伊．京城帝国大学研究 [M]．首尔：文音社，2002．

[20] 咸宗圭．韩国教育课程变迁史研究 [M]．首尔：淑明女子大学出版部，2003．

[21] 弘文宗．日本在朝鲜的殖民地教育政策．1910—1945 [M]．首尔：学志社，2003．

三、期刊论文、论文集

[1] 姜东镇．日帝支配下的劳动夜学 [J]．历史学报，1970，46．

[2] 宋敏镐．日帝下的韩国抵抗文学 [C]．日帝下的文化运动史．全州：民众书馆，1970．

[3] 金镐逸．日帝下学生团体的组织与活动 [J]．史学研究，1973 (22)：115-161．

[4] 金镐逸．近代私立学校的设立理念研究 [J]．史学研究，1973 (23)：97-122．

[5] 金镐逸. 日帝下学生运动的形态 [J]. 亚细亚学报, 1975 (11)：207-246.

[6] 洪以燮. 日帝殖民地时代的历史性质. 韩国近代史论 I [C]. 首尔：知识产业社, 1977：1-11.

[7] 文炯满. 日帝的殖民教育与宗教教育的葛藤 [C]. 近代民族教育的展开与葛藤. 首尔：韩国精神文化研究院, 1982：133-184.

[8] 车锡基. 日帝下民众教育与殖民教育的葛藤 [C]. 近代民族教育的展开与葛藤. 首尔：韩国精神文化研究院, 1982：49-131.

[9] 柳年锡. 日帝时代朝鲜语科教育课程的变迁考 [C]. 顺天大学论文集（人文社会科学篇）, 1985 (4)：103-120.

[10] 金丁海. 1895—1910 私立学校的设立与运营 [J]. 历史教育论辑, 1987 (11)：121-153.

[11] 车锡基. 日帝下民立大学设立运动 [J]. 教育问题研究, 1989 (2)：1-9.

[12] 辛尧永. 日帝下朝鲜教育令研究——以第一次朝鲜教育令为中心 [J]. 教育研究, 1990 (9)：5-35.

[13] 古川宣子. 日帝时代初等教育机关的就学状况 [J]. 教育史学研究, 1990, 2 (3)：136-174.

[14] 崔阳镐. 日帝统治下韩国初等国史教育课程研究 [J]. 历史教育, 1990 (48)：47-116.

[15] 韩祐熙. 日帝殖民统治下朝鲜人的教育热研究：以 1920 年代公立普通学校为中心 [J]. 教育史学研究, 1990, 2 (3)：61-90.

[16] 洪德昌. 日帝初期的实业教育研究——以第一次朝鲜教育令为中心 [C]. 总神大学论文集, 1993 (12)：61-90.

[17] 崔有利. 日帝末期皇民化政策的性质——以日语普及运动为中心 [J]. 韩国近代史研究, 1995 (2)：234-258.

[18] 崔秉甲.日帝 1930 年代后工业教育扩大政策研究 [J].教育研究, 1997 (7): 205-222.

[19] 姜秉植.日帝对韩国殖民地教育实态研究——以 1910 年代为中心 [J].东西史学, 1997, 3 (1): 85-132.

[20] 朱益钟.1930 年代中叶以后朝鲜人中等学校的扩充 (1935—1943) [J].经济史学, 1998, 24 (1): 97-137.

[21] 郑慧静.1920, 30 年代韩国近代教育思想的展开与评价 [J].韩国教育史学, 2000, 22 (2): 235-259.

[22] 辛珠柏.日帝末期朝鲜人军事教育 [J].韩日民族问题研究, 2005 (9): 153-183.

[23] 崔勇基.日帝强占期的国语政策 [J].韩国语文学研究, 2006 (46): 9-32.

[24] 姜明淑.日帝末期学生劳动动员的实态与特征 [J].韩国教育史学, 2008, 30 (2): 1-23.

[25] 金翰宗.朝鲜总督府的教育政策与教科书发行 [J].历史教育研究, 2009 (9): 295-329.

[26] 许载英.日帝强占期朝鲜总督府的教科书政策与教科书编纂实态 [J].东洋学, 2009 (46): 43-64.

[27] 李秉谈.日帝强占期初等学校地理教科书中体现的日本主义与殖民性 [J].日本语文学, 2010 (47): 493-509.

[28] 全敏镐.学校令期统监府的教育政策研究——以学部及学部下属机关的教职员安排为中心 [J].韩国学研究, 2012 (43): 495-530.

[29] 张世胤.日本的殖民地朝鲜支配实态与韩国人的对应 [C].韩日强制并合 100 年的历史与课题.首尔:东北亚历史财团, 2013: 179-208.

[30] 赵美恩.朝鲜教育令与在朝鲜日本人教育制度 [J].历史教育, 2013 (125): 65-94.

四、学位论文

[1] 金镐逸. 日帝下的学生运动研究 [D]. 首尔：中央大学, 1965.

[2] 金镐逸. 韩国近代学生运动研究 [D]. 龙仁：檀国大学, 1987.

[3] 金在祐. 朝鲜总督府教育政策的分析研究 [D]. 首尔：汉阳大学, 1987.

[4] 古川宣子. 日帝时代普通学校体制的形成 [D]. 首尔：首尔大学, 1996.

[5] 吴成哲. 1930 年代韩国初等学校研究 [D]. 首尔：首尔大学. 1996.

[6] 李元浩. 日帝下修身科教育研究 [D]. 釜山：釜山大学, 1997.

[7] 郑善伊. 京城帝国大学的性质研究 [D]. 首尔：延世大学, 1998.

[8] 千志明. 韩末日本东亚同文会的朝鲜教育进出 [D]. 首尔：淑明女子大学, 2000.

[9] 朴哲熙. 殖民地时期韩国中等教育研究：1920—1930 [D]. 首尔：首尔大学, 2002.

[10] 金山春树. 旧韩末韩国日语教育考察——以大日本海外教育会的活动为中心 [D]. 首尔：高丽大学, 2006.

日语文献

[1] 弓削幸太郎. 朝鲜的教育 [M]. 东京：自由评论社, 1923.

[2] 高桥宾吉. 朝鲜教育史考 [M]. 首尔：帝国地方行政学会朝鲜本部, 1927.

[3] 大野谦一. 朝鲜教育问题管见 [M]. 首尔：朝鲜教育会, 1936.

[4] 文部省. 学制 80 年史, [M] 东京：大藏省印刷局, 1954.

[5] 石川松太郎. 近代教育史 [M]. 东京：诚文堂新光社, 1956.

[6] 近藤钗一. 太平洋战争下终战末期朝鲜的政治 [M]. 东京：东京

反邦协会朝鲜史研究会，1961.

[7] 姜德相. 现代史资料（第25卷）[M]. 东京：明治书房，1966.

[8] 小泽有作. 民族教育论 [M]. 东京：明治图书出版株式会社，1967.

[9] 海老原治善. 现代日本教育政策史 [M]. 东京：三一书房，1967.

[10] 山边健太郎. 日本统治下的朝鲜 [M]. 东京：岩波书店，1971.

[11] 李淑子. 写在教科书中的朝鲜与日本——朝鲜初等教科书的推移 [M]. 东京：ほろぶ现代图书，1985.

[12] 旗田巍监修. 日本在朝鲜教了什么 [M]. 东京：あゆみ出版，1987.

[13] 森田芳文. 韩国的国语、国史教育——朝鲜王朝期·日本统治期·解放后 [M]. 东京：原书房，1987.

[14] 山田朗. 军备扩张的近代史 [M]. 东京：吉川弘文馆，1997.

[15] 佐野通夫. 日本殖民地教育的开展与朝鲜民众的对应 [M]. 东京：社会评论社，2006.

[16] 本间千景. 韩国并合前后的教育政策与日本 [M]. 京都：思文阁出版，2010.

[17] 磯田一雄. 皇民化教育与殖民地国史教科书. 近代日本与殖民地4 [M]. 东京：岩波书店，1993.

[18] 稻叶继雄. 宇垣总督时代的朝鲜教育 [C]. 加州大学大学院教育学研究纪要，2001，4.

[19] 稻叶继雄. 山梨总督时代的朝鲜教育 [C]. 加州大学大学院教育学研究纪要，2005，8.

[20] 山下达也. 殖民地朝鲜的学校教员——初等教员集团与殖民地支配 [M]. 九州大学出版会刊，2011.

后 记

本书是我在博士论文的基础上补充完善而形成的。回想读博之时，曾对自己又重新做回学生兴奋不已，在之后的学习中困难却接踵而至。入学后，由于自己基础薄弱，不得不从基本的理论知识学起。论文开题之后回到工作岗位，一边工作一边搜集资料。写论文，熬到后半夜是常事。四年级时又带着身孕完成论文初稿，直到内审。虽然不是多么了不起的成就，但于我来说倾注了不少的心血，那段时间也是我人生中非常值得纪念和回忆的时光。

当初凭兴趣决定学习历史，殊不知兴趣与学术研究相距甚远。所幸遇到了对我悉心指导的多位老师，让我少走了不少弯路。首先感谢我的导师朴今海教授，老师首肯我的选题后就及时给予指导和鼓励。在论文的撰写过程中，老师更是不辞劳苦，从文章立意到文笔的润色，都提出中肯的意见，才使论文撰写顺利完成。老师不仅对我的论文写作热心指导，还在生活上对我关怀备至，其中让我深为感动的一件事是怀孕后回到延吉参加论文内审时，老师还为我接站送站，在此对老师表示深深的感谢，老师是我今后工作和生活中的榜样。

其次要感谢带我走上读博之路的金成镐教授，金老师的学术态度是我一直非常敬佩的，也是我今后需要学习的。另外，感谢一路走来给予我鼓励和支持的佟波、蒲笑微、王海凡、刘阳等兄弟姐妹，是你们让我的读博时光丰富多彩。

　　最后，书稿付梓在即，还要感谢我的父母、姐姐和弟弟，多年来你们一直是我的坚强后盾，没有你们的爱和鼓励，我也很难完成我的学业。感谢我的爱人，是你让我学会了坚持和乐观的生活态度，这份书稿的完成也有你的一份功劳。两个孩子茁壮成长，这份喜悦能和你们一同分享，是我的幸福。

　　博士毕业之后，虽有意修改论文进行出版，但由于工作变动、育儿等原因一直耽搁下来。当下书稿虽经过修补和完善，引用相关文献均尽可能使用原文或最大限度保留原意，但由于本人学识水平有限，文中难免有疏漏和不当之处，敬请同行专家和学者不吝批评指正。

曲波

2021 年 8 月